国家社科基金
GUOJIA SHEKE JIJIN HOUQI ZIZHU XIANGMU
后期资助项目

技术标准规制、企业出口行为与引致创新效应

Regulation of Technical Standards, Firms' Export Behaviors and Induced Innovation Effect

张肇中　著

中国财经出版传媒集团

经济科学出版社
Economic Science Press

国家社科基金后期资助项目
出版说明

后期资助项目是国家社科基金设立的一类重要项目，旨在鼓励广大社科研究者潜心治学，支持基础研究多出优秀成果。它是经过严格评审，从接近完成的科研成果中遴选立项的。为扩大后期资助项目的影响，更好地推动学术发展，促进成果转化，全国哲学社会科学工作办公室按照"统一设计、统一标识、统一版式、形成系列"的总体要求，组织出版国家社科基金后期资助项目成果。

全国哲学社会科学工作办公室

序

党的二十大报告提出，要坚持和完善社会主义基本经济制度，毫不动摇巩固和发展公有制经济，毫不动摇鼓励、支持、引导非公有制经济发展，充分发挥市场在资源配置中的决定性作用，更好发挥政府作用。处理好政府与市场关系，推动有效市场和有为政府更好结合，对于推动经济高质量发展具有重要意义。规制经济学正是科学探索和分析政府与市场关系的一门重要经济理论。

"规制"或译"管制"，在学术界一般可以通用，在实际部门中则通常称为"监管"。与一般意义上的行政管理有所不同的是，规制的对象实际上是市场或市场主体。规制可定义为，具有法律地位的、相对独立的规制者（机构），依照一定的法规对被规制者（主要是企业）所采取的一系列行政管理与监督行为。规制经济学主要研究政府与市场（主体）之间关系，自20世纪开始，经济发达国家自然垄断产业的政府规制体制改革以及环境保护、产品质量安全、公民卫生健康领域规制的加强均为规制经济学的研究提供了丰富的现实依据和实证资料，从而推动规制经济学快速发展，衍生出了经济性规制、社会性规制以及反垄断规制等重要研究领域和分支，规制经济学的外延和内涵也得以不断拓展。我国在建立与完善社会主义市场经济体制过程中，政府监管职能不断强化，特别是党的十六大明确提出政府的四大基本职能是经济调节、市场监管、社会管理和公共服务，首次把市场监管（政府规制）作为一项重要的政府职能。党的十八大则进一步强调了市场监管的重要性，提出在深化改革过程中，一方面要缩小政府行政审批的范围，另一方面要加强政府监管职能。党的十九大及其三中全会更是对完善市场监管体制、创新监管方式提出了更高的要求。党的二十大报告中提出了完善产权保护、市场准入、公平竞争、社会信用等市场经济基础制度，其中提高公共安全治理水平，强化食品药品安全监管等内容也再次强调了政府规制的重要性。

在我国经济由高速增长阶段转向高质量发展阶段的背景下，对外贸易在寻求数量、价格优势的同时逐步转向争取质量优势，以实现推进高水平对外开放的目标。本书围绕我国出口贸易如何应对国际上普遍存在的技术标准规制展开研究，研究结论对于我国稳步扩大规则、规制、管理、标准等制度型开放具有相当大的参考价值。因此本书不仅是社会性规制影响分析在开放经济环境下的研究拓展，也是对以何种路径实现对外贸易的高水平、高质量发展的有益探索。

我认为，本书主要在以下几个方面做出了积极和有益的探索：

一是探索了技术标准规制这一外生贸易政策冲击的积极效应。进口国技术标准一直以来被认为是抑制出口的非关税壁垒，本书则提出这一外生贸易政策亦能通过激励出口企业创新促进出口增长，因此本书的研究视角具有创新性和理论价值。

二是构建了技术标准规制引致企业创新的分析框架，分别从过程创新和产品创新两个层面分析技术标准规制激励企业创新的内在机制，该分析框架对该领域进一步的系统性研究也具有学术价值。

三是提出应对开放经济环境下进口国技术标准规制的贸易政策与激励策略，指出面临贸易政策冲击的出口企业可以通过专利研发和产品质量升级寻求长期发展和贸易增长，对我国的高水平对外开放和高质量发展具有应用价值。

本书理论架构完整，采用的数据翔实，且经过充分、科学论证，同时具有较强的现实意义。作者一直耕耘于社会性规制研究领域，对该领域的研究具有相当的学术积累。他的研究成果获批国家社会科学基金后期资助项目并即将付梓出版，我感到非常欣慰。希望该书能得到学术界与实际部门的重视和广大读者的欢迎。

王俊豪

2022 年 11 月 10 日

于浙江财经大学

前　　言

对外贸易一直是我国经济总量的重要组成部分，出口更是我国经济高速增长的主要引擎。改革开放以来，我国不断扩大对外开放力度，进出口贸易额逐年增长，尤其是加入 WTO 以来，我国出口增长迅速，年平均增长率约为 16%。2009 年我国出口规模超越德国，跃居世界第一，2018 年我国出口总额达到 2.49 万亿美元，连续三年实现出口增长。

与此同时，全球国际贸易环境发生深刻转变，传统贸易壁垒逐步削减，全球进口关税普遍下降到较低水平，高度贸易自由化意味着未来通过降低关税以促进出口贸易增长的空间已经被进一步压缩，而非关税措施却呈现出日趋严格的趋势。各国基于各种目的采取的技术性贸易措施和技术安全标准近年来显著增加，技术性贸易措施和技术标准规制带来的贸易成本上涨成为阻碍出口的重要因素，因而被认为是一种不可忽视的非关税壁垒。UNCTAD（2018）将技术性贸易措施、关税以及汇率波动并称为影响国际贸易的三大阻碍因素，由于无法满足发达国家在产品技术和安全标准等方面的要求，发展中国家出口企业蒙受了一定损失。我国作为全球最大的发展中国家和最大的出口国，也是受到技术贸易措施和技术标准规制影响最严重的国家之一，陈彦长和谭力文（2011）曾指出影响中国的贸易壁垒中有 80% 左右与技术性贸易措施有关。以食品、农产品出口为例，尽管我国食品、农产品出口贸易规模不断扩大，但自 2004 年开始我国农产品对外贸易持续多年出现逆差，一些学者认为食品、农产品比较优势的降低与我国所面临的国际贸易环境密切相关，进口国的食品安全标准成为抑制我国食品、农产品出口的重要原因。

深刻变革的国际贸易环境和贸易政策引发了新的思考。首要问题是："来自进口国的技术性贸易措施和技术标准规制是否一定会对企业出口产生负面影响？"在食品和农产品出口领域，进口国技术和安全标准的贸易影响研究已经积累了大量研究成果，一些学者的研究支持了技术标准和技术措施会显著抑制出口的经验和直觉，另一些学者的研究成果则显示进口国技术安全标准可能会对出口贸易产生积极效应。如果第二种结论能够得到证实，将产生下一个问题："进口国技术标准规制究竟因何会对企业出口产生促进作用？"已有文献指出，一方面技术标准规制的出现缓解和消除了国际贸易中交易双方的信息不对称程度，从而降低了交易成本，而更重要的是认为企业在遵从和适应技术安全标准的过程中不仅提升了成本，同时获得了技术创新的动力。遵循这样的逻辑，解答接下来两个问题将会对我国适应变革中的国际贸易环境，促进我国出口企业的创新和发展具有重要意义："进口国技术标准规制是否促进了我国出口企业创新？""技术标准规制促进微观企业创新的机制是什么？"本书主要回答以上四个核心问题。

本书共分为10章，第1章为绪论部分，主要介绍研究的背景和意义、基本概念等。第2章为国内外文献综述。第3章为我国出口贸易概况，对我国各类产品出口的基本特征进行梳理。第4章为我国企业出口面临的技术安全标准现状。第5章为技术标准规制的出口二元边际影响分析，分别从静态和动态角度分析了进口国技术安全标准对我国微观企业出口行为的影响。第6～9章讨论技术标准规制引致企业创新的机制，其中，第6章为技术标准规制引致企业过程创新机制研究，第7～9章为技术标准规制引致企业产品创新机制研究，第7章为出口产品质量、企业生产率与出口产品价格，探讨了三者之间的逻辑关联，第8章和第9章分别就技术标准规制引致企业产品创新的成本效应和竞争效应展开研究。第10章为结论与对策研究，在总结全书的基础上，提出我国应对进口国技术标准规制的贸易和产业政策建议。

本书主体内容由张肇中完成撰写，王磊参与了第6章的撰写，并承担了部分数据处理与分析工作。

本书借鉴和引用了多名国内外学者的研究成果，并在书中进行了注明，在此对这些学者表示感谢。书中难免存在不足之处，敬请读者批评指正。

张肇中

目　录

第1章 绪 论

1.1 研究背景和意义

改革开放四十余年来，我国不断扩大对外开放程度，进出口贸易额逐年增长，出口已成为我国经济高速增长的主要引擎。尤其是自 2001 年我国正式加入 WTO 以来，我国出口额更是保持着年平均 16% 左右的增长率，出口贸易发展取得了巨大成就。如图 1－1 所示，自入世以来，我国产品出口总额增长近 10 倍，其中除 2009 年国际金融危机和 2016 年以外，出口额基本呈逐年增长趋势。

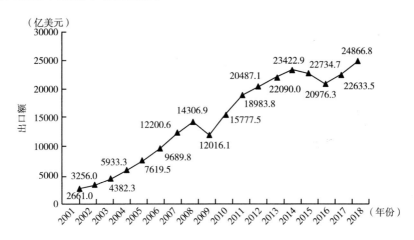

图 1－1 2001～2018 年我国出口总额

资料来源：国家统计局. 中国统计年鉴（2019）［M］. 北京：中国统计出版社，2020.

在对外贸易不断发展、出口额总体增长的同时，我国产品出口所面临的国际环境却在发生深刻变化，以进口国关税为代表的传统贸易壁垒正逐步削减，而以技术标准规制为代表的非关税措施却在国际贸易中扮演着日益重要的角色。近年来，各国所采取的技术标准规制和技术性贸易措施逐年增加，因而被认为是阻碍发展中国家出口的重要因素。根据联合国相关统计，目前全球受技术性贸易措施影响的贸易量高达70%。作为全球最大的发展中国家和出口国，我国各类产品出口贸易近年来也受到进口国技术标准规制和技术性贸易措施的普遍影响。根据笔者统计，自1999年开始至2013年十五年间，针对我国HS4位代码产品出口的动植物检疫检验制度通告总数增长近10倍，技术性贸易壁垒协定通告总数增长近7倍。由于施行技术标准规制的国家多为发达国家，当技术水平相对落后的发展中国家因进口国技术标准规制而出口受阻时，进口国技术标准普遍被视为一种非关税壁垒。但也有一些学者指出，进口国的技术标准规制主要以保障本国消费者生命健康安全为目的，并非单纯的贸易保护行为。一些学者的研究发现，进口国技术标准规制通过缓解和消除国际贸易中交易双方的信息不对称程度，从而降低了交易成本，更重要的是可能通过激励出口企业技术创新促进未来数年间的出口增长。

来自进口国的技术标准规制是否单纯抑制企业出口？面对进口国的技术标准规制，微观出口企业是否只能被动接受抑或被迫退出市场？企业能否通过技术创新适应进口国技术要求从而在市场中维持竞争力？探索以上问题，在当前我国对外贸易追求高质量发展，逐步由寻求数量、价格优势转向寻求质量优势的经济背景下，具有重要的理论和现实意义。据此，本书对进口国技术标准规制引致出口企业技术创新的效应进行研究和探索。其科学意义体现在：

（1）分析技术标准规制对我国产品出口二元边际的影响机制，从而对进口国技术标准规制下的微观企业产品出口行为进行刻画，为提出企业对外生政策冲击的应对策略提供经验依据。

（2）检验技术标准规制对出口企业技术创新的引致效应，从而对微观出口企业在进口国技术标准规制下的过程创新和产品创新行为进行理论和实证验证。

（3）提出应对进口国技术标准规制的贸易政策与激励策略。对外生政策冲击下的出口企业通过专利研发和产品质量升级寻求长期发展与贸易增长提供政策引导。

本书认为，若能验证进口国技术标准规制在长期内对企业技术创新的正向激励效应，则可据此制定相应的贸易战略与激励策略，通过引导在位企业进行过程和产品创新以适应进口国的技术标准，促进企业生产效率和产品质量水平的全面提升，从而形成高质量贸易增长的良性循环。党的十九大明确指出要拓展对外贸易，推进贸易强国建设。在深刻变革的国际环境中，面对新的挑战，出口企业通过技术创新和提升出口产品质量水平增强自身竞争力和对进口国技术标准规制的适应能力，对于我国出口企业成长与对外贸易发展转型均具有重要意义，这也是遵循党的十九大"加强创新能力开放合作"与"实行高水平贸易"精神的高质量贸易发展道路。

1.2 基本概念

1.2.1 技术贸易壁垒

目前国内学术界关于技术性贸易壁垒的定义一般参照 WTO 在《技术性贸易壁垒协定》（TBT 协定）中的界定，即"一国政府或非政府机构以维护国家安全，保护人类生命健康安全，保护生态环境，防止欺诈行为，保障产品质量为目的，而采取的一系列强制或非强制性的技术性限制措施和法规"。根据 WTO 的界定和我国商务部所做出的解释，技术性贸易壁垒可以进一步定义为通过技术标准、法规、合格评定程序等措施对贸易造成实质性限制或障碍。

因此广义的技术标准同时包含 WTO 框架下的 TBT 协定中所规定的技术标准、法规和合格评定程序，《实施动植物卫生检疫措施的协定》（SPS 协定），《服务贸易总协定》中的绿色条款、特别海关程序，以及《与贸易有关的知识产权协定》等内容。此外，同时包含 WTO 框架以外的涉及生命健康安全、保护环境等问题的相关国际条约和技术协定。

有关技术性贸易壁垒的构成和表现形式，以往学界有不同看法。艾博特和斯凯斯（Abbott and Skyse，1995）认为技术性贸易壁垒的主要表现形式包括标准、健康与安全法规、标签法规以及合格评定程序等。费希尔和塞拉（Fischer and Serra，1998）将技术性贸易壁垒划分为识别标准、质量标准、SPS 以及包装手段标准。罗伯茨（Roberts，2000）将技术性贸易壁垒划分为禁止进口、技术法规和信息矫正。国内目前普遍认可的是夏友富（2001）的划分方式，即将其划分为技术法规、标准与合格评定程序，以及包装和标签要求、SPS 协定、TBT 协定、绿色壁垒和信息技术壁垒五大类。

其中，技术法规主要是指必须强制执行的与产品特性或相关工艺、生产方法的技术性文件，同时包括国家及各级政府、行政部门颁布的法律、法规、条例、技术规范和规则等。技术标准一般指经公认机构批准的、非强制执行的，关于产品特性、相关工艺和生产方法的规则。合格评定程序则是指直接或间接用于确定是否满足技术法规或标准要求的程序，包含取样和检测程序，评估和验证程序，注册、认证和批准程序等。TBT 协定一般适用于工业制成品，SPS 协定则主要对应食品与农产品，二者被公认为是对贸易影响最大的技术性贸易壁垒。

1.2.2 技术标准规制与技术贸易措施

技术贸易壁垒的概念包含了技术标准规制和贸易措施本身目的与结果的双重属性，即一般来说，当一项标准或措施的制定和推出目的是为了制约某一国家或地区的出口或结果上导致了出口受阻时，该项标准或措施则被认定为是一种技术贸易壁垒。

董银果（2005）提出了评判一项技术贸易措施是否为技术性贸易壁垒的标准：（1）该项标准或措施是否建立在科学依据之上，并且为保护消费者或动植物生命安全所必需；（2）该项标准或措施是否经过科学的风险评估程序；（3）该项标准是否符合国际标准；（4）该项标准或措施是否对本国和外国企业差别对待；（5）该项标准或措施与同类可供选择的替代性标准和措施相比是否对贸易的负面影响最小；（6）标准和措施的使用是否信息透明；（7）该项措施的通知时间与执行时间是否有合理间隔，尤其是是否为发展中国家预留准备时间；（8）标准或措施的限量分析方法是否符合国际惯例。由以上第（1）、（4）、（5）点可以看出，若一项进口国技术标准或贸易措施以保障本国国民和动植物生命健康安全为目的，而并非以地方保护或限制他国出口为目标，且造成的负面贸易影响最小，则可不必被认定为是技术性贸易壁垒。

因此，本书从客观中立角度出发，尽可能避而不谈技术性贸易壁垒的概念，而多采用技术标准规制或技术性贸易措施的概念。技术标准规制和技术性贸易措施的定义本质上与技术性贸易壁垒雷同，只是去除了抑制出口效应的预设。具体仍可定义为：一国政府或非政府机构以维护国家安全、保护人类和动植物生命健康安全、保护生态环境、保障产品质量、防止信息不对称和欺诈行为等为目的，而采取的一系列标准、法规或技术性措施。

本书中所涉及的技术标准规制主要包含一般技术标准、TBT 协定中所规定的技术标准以及 SPS 协定中所规定的技术标准。

1.2.3 技术创新

技术从经济学角度一般被解释为对不同生产要素的组合方式，而有关技术创新的经济学研究则可以追溯到约瑟夫·熊彼特的著作。熊彼特（1912）在《经济发展理论》中指出，在动态竞争的过程中，价格竞争不再是居于支配地位的竞争手段。因此从经济增长理论的视角来看，技术创新的引入重写了生产函数。

但有关技术创新的内涵，一直以来存在争议。吉本斯等（Gibbons et al. ,1994）提出，技术创新从企业层面应被视作新知识的应用，而这些新知识主要体现在产品、过程、服务，以及生产组织、管理或营销中。根据吉本斯等（1994）的观点，技术创新可以被划分为产品创新、过程创新等要素。菲利普斯（Philips, 1997）则认为技术创新应理解为商业化过程中所生产或提供的产品和服务，菲利普斯（1997）对于技术创新的理解更强调对于知识的创造和改进，但并不包括技术扩散的过程。

OECD（1997）所发布的奥斯陆手册较早地将技术创新划分为过程创新和产品创新两大类别，其中过程创新主要是指采用了新的生产方法或生产技术，例如某企业引进了过去该企业不具备的生产工艺，产品创新则主要指生产出特性显著不同于以往的新产品或对产品的改进。OECD 对于技术创新的定义同时包含了对新知识的创造和对已有知识的扩散和转移，因此技术创新同时兼具了技术扩散的内涵。阿特克森和伯斯坦（Atkeson and Burstein, 2010）将企业的创新行为划分为产品创新和过程创新，并对贸易成本改变影响企业进入、退出市场及过程创新的行为决策展开了研究。

基于以上关于技术创新的定义可以发现，一般意义上技术创新包含以下几个方面的内容：（1）对新产品的创造，或开发一种新的产品特性，又或是对产品的改进，也即产品创新；（2）采用一种新的生产工艺或生产方法，这种新方法或工艺不一定局限在科学新发现的基础上，以上属性可归结为过程创新的范畴；（3）对技术进步程度有一定限定，一般是渐进式的、量变导致质变的提升路径。

但有关技术创新的内涵，在以下方面尚存在争议：（1）技术创新究竟是专指工艺或产品相关的创新，抑或是包含了制度创新或组织结构创新（如企业重组或产业组织形式的创新）；（2）技术创新是否包含技术扩散；（3）技术创新是否需要得到市场的承认（在这种情况下如企业申请新的专利甚至不能认为是技术创新），一些观点认为新的市场的开辟或是新的原材料、要素来源的发现和开拓均包含在技术创新的范畴之内。

本书有关技术创新的定义更接近于仅考虑方法、工艺创新的过程创新，以及新产品研发、产品质量升级的产品创新，而并不强调开拓新的市场、得到市场承认，以及挖掘新的原材料和投入要素来源这些创新因素。因此本书最终将技术创新界定为过程创新与产品创新两大要素。

1.3 研究主要内容和框架

1.3.1 主要研究内容

本书的研究内容框架如下：

第1章为绪论部分，包括研究的背景及意义、研究中的基本概念界定、研究方法和思路以及研究的主要内容。

第2章为国内外文献综述，分别从技术标准的贸易影响、对进口国技术标准严格程度的评价、出口产品质量测度、国际贸易中企业技术创新行为以及出口产品质量影响因素等方面对已有国内外相关研究进行了梳理。

第3章对我国各类产品的总体出口概括进行描述和统计。具体内容包括：（1）分析产品出口总额、出口企业数、进口国数量以及出口产品类别情况等数量特征；（2）分析产品出口企业进入或退出国际市场情况，从而对我国产品出口的基本特征进行刻画。

第4章对影响我国各类产品出口的进口国技术标准基本情况进行介绍。以 SPS 通告数量、TBT 通告数量以及特别贸易关注（STCs）来衡量进口国技术标准，对从中国进口产品的国家和地区发出的 SPS、TBT 通告进行统计。

第5章对进口国技术标准规制影响我国微观企业出口二元边际的影响进行了实证分析。以食品、农产品出口为例，分别从静态与动态角度对进口国技术标准影响企业出口二元边际的机制进行实证检验。从静态角度，将企业出口二元边际分别定义为反映扩展边际的企业出口选择与反映集约边际的出口额，对进口国技术标准规制抑制当期出口二元边际的机制进行实证验证；从动态角度，运用序贯 Logit 模型对外生的技术标准规制抑制企业持续出口的机制进行检验，从而对我国产品出口尤其是食品、农产品出口中普遍存在的"一锤子"买卖现象进行解释，发现与异质性企业生产率相比，外生政策是影响企业序贯出口决策的更重要因素。

第 6 章以企业专利数作为衡量企业过程创新的指标，对进口国技术标准规制引致微观企业进行过程创新的机制进行实证检验。在第 6 章中首先基于进口国技术标准对当期企业出口的抑制效应，对标准进行滞后多期处理，对技术标准在未来多期内促进企业出口增长的理论假设进行实证验证。继而将未来的出口增长归因为企业技术创新。将企业技术创新划分为以专利研发衡量的过程创新与以产品质量升级衡量的产品创新。以专利申请衡量企业过程创新，对来自进口国的技术标准规制引致微观企业过程创新的效应进行实证检验。

第 7 章首先对我国出口产品质量进行了测度，综合需求信息反推法与供给端测算法，将微观企业出口产品质量决策内生化，对我国出口产品质量按进口国、产品类别、行业进行分别测度。继而在企业内生决定出口产品质量的假设下，对企业生产率与出口产品价格的关系进行理论分析和实证检验。研究发现，企业产品创新能力越强、消费者对产品偏好程度越高、产品质量差异度越高，企业生产率与出口产品价格越倾向于呈正相关关系；反之二者则呈负相关关系。高生产率意味着企业具有较强的过程创新能力，企业生产率与价格正向相关则表明企业具有较强的产品创新能力，从而提出了高生产率企业出口高质量产品的过程创新与产品创新相统一的贸易发展路径。

第 8 章以出口产品质量作为衡量出口企业产品创新的指标，对进口国技术标准规制导致贸易成本提升进而引致微观企业产品创新的机制进行了检验。首先，将技术标准规制影响微观企业产品创新的效应归结为成本效应和竞争效应两种作用机制。其次，基于企业内生决定出口产品质量的理论框架，对企业均衡出口产品质量的决定机制进行理论分析。最后，对包括进口国技术标准及关税在内的外生政策引致企业产品创新的效应进行实证验证。

第 9 章采用 ABGHP 技术前沿分析框架，对进口国技术标准规制引致企业产品创新的竞争效应展开研究。将进口国技术标准规制定义为外生引入的竞争，将企业出口产品质量占最高产品质量的比例定义为企业相对于技术前沿的距离，分析竞争、相对于技术前沿的距离对出口产品质量升级的影响。研究发现，进口国技术标准规制对于出口产品质量升级具有正向作用，而企业相对于技术前沿的距离是判定技术标准规制如何影响企业贸易行为及产品质量升级的关键因素。

第 10 章主要为贸易政策与企业激励策略研究。针对进口国技术标准的贸易影响及引致创新效应，提出我国应对这一外生政策冲击的贸易政策和产业政策建议，并从企业角度提出有针对性的激励策略，对出口企业通过产品质量升级寻求长期发展和贸易增长提供政策引导，以促进我国对外贸易发展转型和微观出口企业成长。

1.3.2　技术路线

本书从我国产品出口的基本特征和出口企业所面对的进口国技术标准规制现状出发，在分析进口国技术标准规制影响微观企业出口二元边际的基础上，分别从过程创新和产品创新两个角度对技术标准规制引致企业创新的效应进行理论和实证研究。本书所采用的技术路线如图1-2所示。

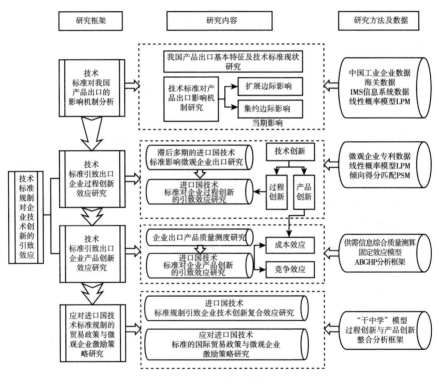

图1-2　技术路线

1.4　研究方法和思路

本书所采用的研究方法和关键技术包括：

1.4.1 技术标准影响出口二元边际的作用机制

以食品、农产品出口为例，将我国工业企业数据、海关数据以及 WTO 的 IMS 信息管理系统数据（包含 SPS 通告数量、TBT 通告数量和 STCs 数量）进行匹配，获得我国微观企业出口二元边际及进口国技术标准规制数据，在此基础上采用线性概率模型（LPM）对进口国技术标准的扩展边际和集约边际影响进行估计，模型如下：

$$Ex_{ijkt} = \beta_0 + \beta_1 Standard_{jkt} + \gamma_1 Firm_{it} + \gamma_2 Standard_{jkt} \times Firm_{it} + \xi + \varepsilon_{ijkt}$$

$$(1.1)$$

其中，下标 i、j、k、t 分别表示企业、进口国、产品类别和年份。被解释变量 Ex_{ijkt} 为衡量企业当年是否向该国出口的扩展边际变量或衡量出口额的集约边际变量。$Standard_{jkt}$ 为衡量进口国技术标准规制的代理变量，分别依次为该年度进口国 TBT 通告数、SPS 通告数、STCs 数量以及三者加总。$Firm_{it}$ 为企业特征变量（主要是全要素生产率），同时加入了企业特征变量与技术标准的交互项，交互项主要用来衡量不同特征企业对技术标准这一外生政策的反应情况。ξ 为固定效应，其中分别包括了行业、地区和年度的固定效应，ε_{ijkt} 为随机误差项。

1.4.2 技术标准引致企业过程创新效应

首先采用线性概率模型对进口国技术标准抑制微观企业过程创新的效应进行基准回归检验，模型如下：

$$Inno_{it} = \beta_0 + \beta_1 Standard_{jkt} + \gamma_1 Firm_{it} + \xi + \varepsilon_{it} \qquad (1.2)$$

其中，$Inno_{it}$ 表示企业 i 当年的申请专利数量，同时在企业特征变量中加入企业平均工资、资本密集度等可能影响企业技术创新的因素。

在基准回归的基础上，采用倾向得分匹配（PSM）进行进一步的稳健性检验。将样本企业按照是否受到进口国技术标准影响划分为处理组和控制组，在倾向得分匹配后，对平均处理效应进行了估计。

1.4.3 出口产品质量测度

综合坎德尔瓦尔等（Khandelwal et al.，2013）的需求信息反推法以及芬斯特拉和罗马里斯（Feenstra and Romalis，2014）的供求均衡测算法，同时考虑产品供给和需求因素，将企业出口产品质量决策内生化，构建跨时、跨国可比的产品质量测度分析框架。将出口产品质量表达为：

$$\ln z_{ijkt} = \frac{1}{\gamma}(\ln \kappa_{jk} + \ln p^*_{ijkt} + \ln \varphi_{it} - \ln w_t) \tag{1.3}$$

其中，κ_{jk} 为质量参数，p^*_{ijkt} 为产品离岸价格，φ_{it} 为企业全要素生产率、w_t 为整个行业的要素投入成本水平。产品离岸价格 p^*_{ijkt} 采用单位产品价值进行估计，即 $p^*_{ijkt} = \frac{sumvalue_{ijkt}}{sumquantity_{ijkt}}$，$sumvalue_{ijkt}$ 和 $sumquantity_{ijkt}$ 分别为企业 i 在 t 年出口产品 k 的出口额和出口量；全要素生产率 φ_{it} 采用 OP 方法进行估计；质量参数 κ_{jk} 采用芬斯特拉和罗马里斯（2014）所估计的国家和产品层面的结构性参数；行业要素投入成本水平 W_t 在假设企业生产技术满足柯布 – 道格拉斯形式即 $Y_{it} = \varphi_{it} K^A_{it} L^B_{it} M^{\Gamma}_{it}$ 的前提下通过估计企业生产函数获得。

1.4.4 技术标准引致企业产品创新效应

首先，对进口国技术标准影响微观企业产品创新的成本效应进行检验，模型设定如下：

$$z_{ijkt} = \alpha + \beta_1 Standard_{jkt} + \beta_2 \ln(100 + tariff_{jkt}) + X_{it}\gamma'$$
$$+ Y_{jt}\mu' + W_{jkt}\eta' + v_t + v_j + v_k + v_i + \varepsilon_{ijkt} \tag{1.4}$$

$$z_{ijkt} = \alpha + \beta_1 Standard_{jkt} + \beta_2 \ln(100 + tariff_{jkt}) + \gamma_1 \ln\varphi_{it} + \gamma_2 \ln size_{it}$$
$$+ \gamma_3 \ln kl_{it} + \gamma_4 \ln wage_{it} + \mu_1 \ln L_{jt} + \mu_2 \ln dist_j + \eta_1 \ln(100 + tariff_{jkt})$$
$$\times Diff_{jkt} + \eta_2 Standard_{jkt} \times Diff_{jkt} + v_t + v_j + v_k + v_i + \varepsilon_{ijkt} \tag{1.5}$$

其中，z_{ijkt} 表示 t 年企业 i 向进口国 j 出口产品 k 的质量水平。$Standard_{jkt}$ 表示 t 年进口国 j 针对产品 k 的通告数量。$tariff_{jkt}$ 表示 t 年进口国 j 对产品 k 征收的进口关税水平。X_{it} 表示企业特征变量，具体包括 t 年企业 i 的全要素生产率 $\ln\varphi_{it}$、企业规模 $\ln size_{it}$、企业资本劳动比 $\ln kl_{it}$ 以及平均工资 $\ln wage_{it}$。Y_{jt} 为进口国特征变量，主要包括 t 年进口国 j 的收入水平 $\ln L_{jt}$ 以及进口国 j 与中国的地理距离 $\ln dist_j$。模型中还加入了技术标准规制强度及进口国关税与出口产品质量差异度 $Diff_{jkt}$ 的交互项，用以说明不同质量差异度之下贸易成本对于产品质量的影响。v_t 为年份固定效应，v_j 为进口国固定效应，v_k 为产品类别固定效应，v_i 为企业固定效应，ε_{ijkt} 是误差项。

其次，对进口国技术标准影响企业产品创新的竞争效应进行检验。基于 ABGHP 分析框架（Aghion, Blundell and Griffith et al., 2009, 2012），假设进口国技术标准作为一种典型非关税壁垒将直接影响所面临的竞争压力，放松进口技术标准与进口关税减免将降低进入成本，从而潜在带来更多的外资进入，进而引致企业通过技术创新提升自身竞争力。根据 AB-GHP 分析框架，这种竞争效应是否发挥作用，主要取决于企业本身技术水平，若企业技术水平接近行业技术前沿，则容易引致产品创新；若企业初始技术水平较低，则缺乏产品创新动力。设定实证模型如下：

$$\Delta z_{jkt} = \beta_1 Front_{jk,t-5} + \beta_2 Standard_{jk,t-5} + \beta_3 (Front_{jk,t-5} \times Standard_{jk,t-5})$$
$$+ \alpha_{jk} + \alpha_{jt} + \alpha_{kt} + \varepsilon_{jkt} \tag{1.6}$$

其中，Δz_{jkt} 表示对进口国 j 出口的产品 k 在 t 期和 $t-5$ 期之间的质量差异，用以反映产品质量升级。$Front_{jk,t-5}$ 表示滞后 5 期的技术前沿距离，技术前沿距离被定义为出口到 j 国的产品 k 在 t 期的质量占 t 期出口到所有国家的产品 k 的最高质量的比例，$Front_{jk,t-5}$ 取值越接近 1，则说明技术水平越接近于前沿，越接近 0 则说明技术水平越落后。$Standard_{jk,t-5}$ 表示滞后 5 期的进口国 j 针对我国出口产品 k 的 TBT 或 SPS 通告数，$Front_{jk,t-5} \times Standard_{jk,t-5}$ 为技术前沿和通告数的交互项。α_{jk}、α_{jt} 和 α_{kt} 分别表示产品 – 进口国固定效应、进口国 – 年度固定效应和产品 – 年度固定效应，ε_{jkt} 是随机误差项。

1.5 本书的创新点

本书的创新之处主要体现在以下几个方面：

第一，构建综合了需求端和供给端信息的出口产品质量测度分析框架。有别于传统文献中以单位产品价值（出口额/出口量）代替出口产品质量的做法，本书采用企业 – 产品 – 进口国层面的细化微观贸易数据，综合了坎德尔瓦尔等（2013）需求信息反推法与芬斯特拉和罗马里斯（2014）的供给端综合测算法，构建了综合供给端和需求端信息的出口产品质量测算方法。在一定程度上提升了出口产品质量估计的精确度，且使估计结果跨国、跨时间可比。

第二，从过程创新和产品创新的双重角度探索技术标准对企业技术创新的引致效应。将企业的技术创新行为划分为以专利申请衡量的过程创新和以产品质量升级衡量的产品创新，进而从过程创新和产品创新的双重角度对进口国技术标准引致微观出口企业技术创新的效应进行实证检验。在实证检验中，同时考虑了需求端进口国关税、进口国经济规模等进口国特征变量，以及供给端企业全要素生产率、企业规模等企业特征变量，在控制以上因素的基础上，探索微观企业在面临技术标准规制外生政策冲击下的创新行为。

第三，整合技术标准引致企业产品创新的成本效应与竞争效应。本书将进口国技术标准规制影响微观企业产品创新即产品质量升级的效应归结为两种作用机制，分别讨论进口国技术标准规制作为一种外生贸易成本引致企业提升产品质量的成本效应，以及技术标准规制通过引入竞争激励企业进行产品创新以增强竞争力的竞争效应，并最终将两种效应在理论与实证层面进行整合。

第2章 国内外文献综述

2.1 技术标准的贸易影响研究

国际贸易中技术标准的普遍应用引起学术界的广泛关注，一直以来国内外学者关心的核心问题即技术标准的贸易影响问题。在 WTO 等国际组织致力于降低关税壁垒影响的背景下，进口国的技术标准被普遍认为是一种非关税壁垒，会对出口贸易产生抑制效果。一些学者开始采用各国数据对技术标准的贸易影响进行实证验证，由于所采用的样本（国家）、产品类别以及测度方法差异等原因，不同学者所得出的研究结果并不完全一致。一部分学者发现进口国技术标准确实抑制了出口，另一些学者则得出了完全相反的结论。

2.1.1 技术标准对出口的抑制作用

关于技术标准对于出口贸易的影响，斯旺、坦普尔和舒默（Swann, Temple and Shurmer, 1996）较早提出若将技术标准视为非关税壁垒，易得出技术标准抑制出口的结论。斯旺（2000）也提出进口国所设置的较高标准门槛虽然一定程度是为了满足消费者需求，但在客观上抑制了进口，出口企业对进口国标准的遵从成本直接导致了出口企业竞争力的下降。费希尔和塞拉（1998）也指出进口国的标准提升会增加出口企业的遵从成本。一些学者通过构建模型进行了理论论证（Ganslandt and Markusen, 2001），此后亦有多位学者对此进行了实证验证。

威尔逊（Wilson, 2004）采用 OECD 国家香蕉进口数据研究发现，进口国标准严格程度每提升 1% 将导致香蕉进口减少 1.63%。迪斯迪耶、丰塔涅和米诺尼（Disdier, Fontagné and Minouni, 2008），陈春来等（2008）和琼瓦尼（Jongwanich, 2009）的研究表明，食品安全标准确实对发展中国家的农产品出口产生了显著负影响。莫尼乌斯（Moenius，2007）指出，进口国的食品安全标准确实对贸易形成了阻碍，但两国标准的协调一致亦可以促进贸易的发展。

以上实证研究均为基于宏观国家层面数据展开的分析，缺乏企业层面微观数据的实证验证，已有的少量基于微观数据的研究也尚存在技术标准变量设定不够精确、样本量不足等问题（Chen，Otsuki and Wilson，2006；Fontagné et al.，2015）。

国内学者近年来也开始展开相关研究，引力模型是国内学者分析技术标准贸易影响的常用工具。田东文和叶科艺（2007）运用引力模型估计了黄曲霉素最高限量标准对水果及坚果类产品出口的影响，研究发现农药最大残留标准对出口具有明显的抑制效应。鲍晓华（2011）对农药最大残留影响我国谷物出口的机制进行了实证检验，发现进口国安全标准对谷物出口确实存在显著抑制作用，该估计结果适用于不同的进口国收入水平和标准度量指标。王瑛和许可（2014）采用引力模型对进口国食品安全标准是否抑制中国出口进行了实证检验，同样证实了这一假设。此外，王耀中和贺婵（2008）、董银果（2011）、章棋和张明杨（2013），严皓和凌潇（2015）也分别采用引力模型测算了进口国安全标准对农产品出口的影响，得出类似的结论。

根据国内有关进口国技术标准影响出口的相关研究结论可以看出，我国作为一个发展中国家由于技术水平低于发达国家，一直以来产品出口中会面临发达国家的技术壁垒。在国内的相关文献中，标准抑制出口的原因一般被归结为以下两种：一是遵从进口国标准带来的成本提升，为了适应相对较高的进口国标准，导致企业成本上升，利润空间被进一步压缩，一些出口企业被迫降低出口量甚至退出市场；二是一些发达国家设置双重标准，对本国产品和进口国产品实行区别对待，进一步抬高进口的准入门槛，从而变向实现了对本国产品和产业的保护。

2.1.2　技术标准对出口的促进作用

一些学者的实证研究发现，进口国的技术标准规制反而会促进某些国家和地区的出口。对于该结论的理论解释包括以下三种：第一，技术标准的出现缓解和消除了国际贸易中交易双方的信息不对称程度，从而降低了交易成本；第二，进口国的技术标准提升未必仅仅抬高了进口国企业的生产成本，同时可能成为出口国技术提升、规制革新的动力，筛选出能够适应技术标准规制的企业（Henson and Jaffee，2008），但由于微观数据的缺乏，亨森和雅菲（Henson and Jaffee，2008）并未对此进行实证验证；第三，标准作为一种非价格竞争手段，可以激励企业提升产品质量，从而提高产品出口额（Swann，1996）。

莫尼乌斯（1999）对共享标准促进双边贸易的效应进行了实证检验，研究结果显示标准严格程度的提升确实导致了双边贸易额的增长。布莱德和准米特塔格（Blind and Jungmittag，2007）通过实证检验发现，国际上标准的制定与实施可以增加市场需求，促进产业内贸易的发展。曼格尔斯多夫、波尔加佩雷兹和威尔逊（Mangelsdorf，Portugal-Perez and Wilson，2012）对食品安全标准影响中国农产品出口的情况进行了实证考察，也发现国际标准确实产生了正面的贸易影响，这种正面促进效应对于不发达国家出口尤其适用。

基于以上差异化的研究结论，一些学者提出样本选取、研究方法的差异可能导致研究结果的不同。莫尼乌斯（2006）针对食品安全标准对农产品出口的影响进行了分析，并指出标准对产品出口的影响同时包含揭示信息的正面效应和提升成本的负面效应，因此标准对出口影响的净效应实际取决于正面效应的相对大小。在一定的贸易体系内，成员国之间标准的一致性与标准对贸易的作用并无必然联系。贝金和熊博（Beghin and Bo Xiong，2016）的研究指出以 SPS 和 TBT 为代表的标准和贸易措施所带来的贸易影响取决于需求增长和贸易成本提升何者占主导地位。此外亦有多名学者的研究发现，进口国标准对于出口的影响存在显著的国别差异（Disdierhe and Marette，2010；Clougherty et al.，2014；Cadot and Gourdon，2016）。

当考虑了进口国标准制定与出口的时间差距时，一些学者发现了进口国标准促进出口的结论可能成立。因而一系列研究开始考虑外生政策的时滞性，在一个时间序列考察标准对出口贸易的影响。宋海英和海伦（2014）分析了欧盟标准对中国蜂蜜出口的影响，发现 SPS 措施在长期和短期中可能对中国的蜂蜜出口产生不同影响：短期内可能因为无法适应标准而导致出口受阻，但在长期内通过技术进步和对标准的适应，最终可以实现出口上涨。郭俊芳和武拉平（2014）同样采用面板数据估计我国与美国、欧盟、日本等主要农产品进口国之间的标准–贸易影响效应，亦发现尽管短期内可能由于适应标准带来的成本上涨造成出口受阻，但长期内存在着出口竞争力增强和出口反弹的趋势。因此一些学者将进口国标准对我国产品出口的影响归纳为倒"U"型曲线关系（段辉娜，2010）。考虑时滞效应的进口国技术标准贸易影响研究，背后隐含着标准引致技术创新的逻辑。此外，一些国内学者从另外角度解释了进口国技术标准对出口的促进效应，秦臻和倪艳（2014）认为进口国 SPS 措施通过增加我国农产品贸易的深度和广度促进了出口市场的多元化。董银果和李圳（2016）则认为进口国 SPS 措施在发达国家与发展中国家之间存在贸易偏转效应，更为严格的标准可能通过正向溢出效应导致发展中国家出口国产品质量水平的提升。

2.2　有关技术标准严格程度量化的相关研究

通过前文文献的梳理可以发现，已有文献对于技术标准贸易影响的研究结论存在差异，其中一个重要原因是用以衡量进口国技术标准严格程度的指标各有不同。作为一种外生政策，一直以来对于标准严格程度或标准规制强度的度量存在一定的争议和难度。一方面，将标准和法规的相关数据量化所需要的信息不足；另一方面，不同类别产品的属性差异明显，也难以采用一致性的方式进行标准度量。

2.2.1　直接度量标准数量的方式

在对技术标准规制强度进行度量时，经常被采用的一种方式是直接度量标准的数量。根据已有文献，可进一步按照标准的可度量性将其分成三种类型：第一类是在拥有较为充足的标准数据情况下，用标准规定具体数值或标准与法规的绝对数量来衡量标准规制的严格程度，最为典型的是在农产品安全标准贸易影响分析中采用的最大农药残留（MRLs），最大农药残留值越低说明规制强度越大，或采用标准、法规、措施和通告的数量来衡量规制强度，数量越多则规制强度越大；第二类是无法准确定量描述标准，退而采用定序变量来衡量标准的相对强度；第三类则是直接采用 0 或 1 的虚拟变量来衡量是否存在标准规制。

在三类度量标准的方式中，第一类采用标准的绝对数量或限制水平来衡量标准规制强度的方式最为常见。大冢等（Otsuki et al.，2001）、威尔逊等（Wilson et al.，2003）均通过引入最大农药残留来衡量进口国安全标准的严格程度。在以上研究的基础上，李源和贝金（Li and Beghin，2012）还提出了基于农兽药最大残留量的非关税壁垒贸易保护指数。

2.2.2 以标准和通告数量为基础的覆盖率/频率指数

在进口国技术标准绝对数量和限制水平的基础上，一些学者提出以其覆盖的出口额比例或发生频率来测度技术标准规制强度。

尼基塔和古尔登（Nicita and Gourdon，2013）以及贝金和熊博（2016）均采用了受进口国标准影响的贸易额占一国贸易总额的比率来衡量标准的强度。文献中构建的覆盖率（CR）可以表示为 $CR = \dfrac{\sum_i D_i V_i}{\sum_i V_i}$，$D_i$ 是衡量进口国是否对 i 类产品实施技术标准规制的虚拟变量，V_i 则表示对 i 类产品的进口额。此外亦有学者提出采用某进口国对某一类产品进口中发出通告或采用限制性贸易措施的频率来衡量标准规制强度，频率指数（FI）可以表示为 $FI = \dfrac{\sum_i D_i M_i}{\sum_i M_i}$，$M_i$ 是表示进口国是否进口了 i 类产品的虚拟变量。标准覆盖率和频率在反映标准规制强度的同时也包含了标准贸易影响的信息。

2.2.3 复杂的标准严格指数

在已有研究的基础上，一些学者致力于所构建的进口国标准严格指数的科学化。费罗（Ferro，2015）构建了一个基于多个国家、多种食品、多项标准的食品安全严格指数，并以此为基础对食品安全严格程度的贸易影响进行了检验。针对不同的产品 p、不同的时间 t、不同的进口国 i 所构造的一个安全标准严格指数为：

$$Res_{ipt} = \frac{1}{N(a)} \sum_{n(a)=1}^{N(a)} \frac{MAX_{pat} - MRL_{ipat}}{MAX_{pat} - MIN_{pat}} \tag{2.1}$$

其中，MRL_{ipat} 是进口国 i 在 t 年对食品 p 第 a 种杀虫剂最大残留标准，$MAX_{pat} = \max_{i \in I}\{MRL_{ipat}\}$，同理 $MIN_{pat} = \min_{i \in I}\{MRL_{ipat}\}$。

2.3 出口产品质量测度相关研究

萨顿（Sutton，2001）提出相对于企业生产率而言，出口产品质量是体现企业在国际贸易市场中竞争力的更重要因素，斯温宁和范德普拉斯

（Swinnen and Vandeplas，2007）指出，企业可以通过支付较低的工资、降低劳动力成本来弥补偏低的生产率，但即使目标进口国平均收入水平再低，低质量的产品也难以在国际市场中流通。因此提升出口产品质量对于发展中国家的贸易增长具有重要意义。尽管学术界一致认为企业产品质量的异质性是探索企业贸易决策的重要前沿问题，但由于微观数据和方法的限制，早期的研究一直进展较为缓慢。随着微观细化研究数据的逐步公开，仅十年来，涌现了一批围绕对外贸易产品质量测算展开的文献。本书按照质量测算方法和样本层级（国家层面还是企业层面）对贸易中产品质量测算的文献进行了系统梳理，如表2-1所示。

表2-1　　　　　　　　贸易中产品质量测算方法及相关文献

样本层级	产品价格（单位价值）替代法	间接指标测算法	基于性价比的测算方法	需求结构模型测算法	需求信息反推法	供求信息综合测算法
国家层面	肖特（2004）；哈拉克（2006）；胡梅尔斯和克莱诺（2005）		哈拉克和肖特（2011）		坎德尔瓦尔（2010）	芬斯特拉和罗马里斯（2014）
企业层面		戈德伯格和韦伯恩（2001）；克罗泽特、黑德和迈尔（2009）		皮维托和斯玛格（2015）	坎德尔瓦尔、肖特和魏（2013）	热尔韦（2015）；余森杰和张睿（2017）

注：以上文献的归类方法参考了魏浩和林薛栋（2017）的做法。

如表2-1所呈现的，早期学者主要通过产品单位价值（产品出口额与出口量的比值）来替代产品质量，如肖特（Schott，2004），这种做法源自消费者倾向于向高质量产品支付高价格的逻辑，并在哈拉克（Hallak，2006）、胡梅尔斯和克莱诺（Hummels and Klenow，2005）等文献中得到沿用，但该方法存在明显的缺陷，即产品的价格中还包含着产品成本、企业生产率差异等信息，单纯用价格替代质量会造成较大误差。基于性价比的测算方法在使用产品单位价值的基础上进一步结合了贸易收支数据，代表性的文献是哈拉克和肖特（2011），此种方法假设若产品出口单价相同，贸易盈余国家的出口产品质量高于贸易赤字国家，其缺陷在于其理论假设仅考虑需求因素且只适用于国家层面的产品质量测算。另一种常见的测算方法是间接指标测算法，其优势在于对质量指标的设定更为精确、科学，但局限性也非常明显，即难以推广到其他产品类别和行业当中（Goldberg and Verboven，2001；Gozet et al.，2009）。皮维托和斯玛格（Piveteau and

Smagghue，2015）则是构造产品间和产业间的双层需求结构方程，通过求解消费者效用最大化问题，以得出产品质量测算方程，此种方法的缺陷也在于工具变量测算相对复杂，部分变量的数据不可得。张杰等（2014）沿用该方法并进行了一定的修正。

目前，较为主流的两类对外贸易产品质量测算方法是需求信息反推法和供求信息综合测算法，两类方法的核心思想都是从出口产品的价格中剔除质量因素，具体实现的方法则有明显不同。坎德尔瓦尔（2010）首先采用需求信息反推法对国家层面的产品质量进行了测度，该方法的原理是认为两类单价相同的产品，占据市场份额越大的产品质量越高，因此从进口国需求端出发，在控制了产品价格的基础上，将回归后剔除价格因素的市场份额残差作为一国的产品质量。坎德尔瓦尔等（2013）将其进一步拓展为企业层面数据的出口产品质量测算，法格尔鲍姆和坎德尔瓦尔（2016）也通过该方法所测算的产品质量进一步测度了各国消费者在贸易中的不平等收益。我国一些学者在研究中也沿用了该方法，如施炳展（2013，2014）、樊海潮和郭光远（2015）、余淼杰和李乐融（2016）、许家云等（2017）。需求信息反推法的根本性缺陷在于仅考虑了需求因素，而将产品质量视为外生，忽略了企业内生决定质量这一经济事实，从而可能造成估计偏误。

芬斯特拉和罗马里斯（2014）最早提出了供求信息综合测算法的理论框架，将产品质量和价格同样视为企业内生决定，在此基础上对国家层面的进出口产品质量进行了测算。热尔韦（Gervais，2015）也是在假设企业生产率和质量双重异质的前提下，通过在供求两端求解最大化问题，以求得企业层面的出口产品质量测算方程。余淼杰和张睿（2017）在芬斯特拉和罗马里斯（2014）理论框架的基础上提出了可以在企业数据层面上实现的综合供求信息的产品质量测度方法，同时避免了坎德尔瓦尔（2010）加入固定效应用残差测算质量所导致的测算结果跨时、跨国不可比问题。本书的研究即采用了该测算方法。

在测度产品质量的基础上，一批文献针对引入产品质量异质性后的产品价格差异问题展开研究，并试图探索企业生产率、规模异质性及产品质量、价格差异之间的内在逻辑关系，对出口产品价格悖论作出解释。① 一

---

① 所谓出口产品价格悖论及前文中所提及的"从事出口企业的产品价格往往高于非出口企业产品"这一经验事实与梅里兹（2003）的"生产率越高的企业产品价格越低，生产率越高的企业越倾向于出口"这一结论的内在矛盾。

些研究认为，在考虑消费者对产品质量偏好的前提下，需求端进口国的一些经济特征是行业层面产品价格波动的重要影响因素，鲍德温和哈里根（Baldwin and Harrigan，2011）以及约翰逊（Johnson，2012）的研究都发现进口国的经济规模、收入水平、地理距离等因素与行业层面的出口产品价格高度相关。此外，肖特（2004）、胡梅尔斯和克莱诺（2005）以及哈拉克（2006）的研究也都基于国家层面的数据发现进口国人均GDP、出口国资本劳动密集度等因素与出口价格呈正相关关系。

行业层面的结论显然无法完全解释微观企业在生产率、产品质量以及价格方面的异质性问题。在梅里兹（Melitz，2003）的基础上，通过在需求端加入消费者对于产品质量的偏好，在供给端考虑产品质量的生产成本，一系列文献成功地在企业异质性模型中引入产品质量异质性因素。哈拉克和西瓦达桑（Hallak and Sivadasan，2009）通过企业微观数据分析了在考虑产品质量因素条件下异质性企业的出口决策行为，发现在企业规模一定的条件下，出口企业相对于非出口企业产品定价更高、支付的平均工资更高且资本密集度更高，而企业规模与产品价格正相关。库格勒和维霍根（Kugler and Verhoogen，2012）运用哥伦比亚制造业数据研究了产品质量内生决定的假设下投入品价格、产品价格与企业规模的关系，结论同样发现规模越大的企业投入品和产品的价格也越高。国内近年来亦有相关文献，樊海潮和郭光远（2015）就企业生产率、产品质量及价格的关系进行了分析，通过质量效应与生产率效应来解释出口产品价格与企业生产率之间正负关系。以上文献在构建产品质量内生决定模型，并运用微观企业数据解释出口产品价格悖论方面做出了重要贡献，但仍未能充分解释最终决定企业生产率与出口产品价格之间关系的内在因素。本书试图进一步解决这一问题。

2.4　国际贸易中企业技术创新问题的相关研究

有关企业在对外贸易中的技术创新问题，罗伯茨和泰伯特（Roberts and Tybout，1997）以及克莱里季斯等（Clerides et al.，1998）均通过构建一般均衡的动态最优化模型，对异质性企业在出口中基于以往出口经验自发选择降低成本和调整出口决策的行为进行了理论分析和实证检验。"出口中学习"效应与"自我选择"效应共同被认为是解释出口企业全要素生产率高于非出口企业的经典理论，而根据"出口中学习"假说，企业成本的降低也是在出口中技术创新的一种体现。德勒克（De Loecker, 2007）及张杰等（2009）均对"出口中学习"效应进行了实证验证。此外，也有学者从其他角度探讨出口贸易中的技术创新问题，阿特克森和伯斯坦（2010）通过一个一般均衡模型对贸易边际成本影响企业出口、技术创新行为的动态过程进行了分析，将企业创新划分为产品创新和过程创新，其研究结果表明，贸易成本的改变会影响企业进入、退出市场及过程创新，但以上行为对福利的影响可能被产品创新效应抵消。有关出口贸易中的企业技术创新，另一个研究的思路是企业出口与技术创新行为的双向因果关系，达米扬等（Damijan et al., 2010）首先对二者的双向关系进行了实证检验，研究结果表明技术创新并不会导致企业选择出口，但出口确实会引致企业的技术创新行为。阿拉孔和桑切斯（Alarcón and Sánchez, 2016）则以食品和农产品企业为例，对这一逻辑关系再次进行了实证分析。国内方面，赵伟等（2012）和李兵等（2016）均对出口贸易与企业技术创新的关系进行了实证研究。有关企业出口与技术创新的研究已较为充分，但目前仍缺乏能够解释贸易成本影响企业出口行为和技术创新决策的理论模型和实证检验。

2.5　出口产品质量影响因素的相关研究

在科学测度产品质量的基础上，一些学者开始关注影响出口产品质量的宏观及微观因素。巴斯托和席尔瓦（Basto and Silva, 2010）以离岸价格衡量出口产品质量，使用葡萄牙的微观企业数据对影响出口产品质量的因素进行了分析，发现进口国人均收入水平及地理距离与出口产品质量正相关，此外高生产率的企业倾向于出口质量水平更高的产品。科里恩和埃皮法尼（Crinò and Epifani, 2012）构建了综合企业生产产品质量异质性和进口国对产品质量偏好异质性的分析框架，并采用意大利微观企业数据通过实证分析证明了进口国对于产品质量的偏好及需求与其收入水平呈正相关关系。亨恩、帕帕乔吉欧和斯帕塔弗拉（Henn, Papageorgiou and Spatafora, 2015）则使用 1962～2010 年 178 个国家的数据从宏观层面研究了不同国家出口产品质量升级的动态过程，发现制度质量、贸易政策、FDI以及人力资本均会推动出口贸易产品质量升级。樊海潮等（Fan et al., 2015）则就信贷约束对出口产品质量的影响进行了实证研究。

此外，亦有一些学者关注到贸易自由化是可能影响到国际贸易中产品质量的一个重要因素。吉尔伯特和托伦斯（Gilbert and Tollens，2002）就贸易自由化与出口产品质量的关系进行了探讨，也有一些学者探讨了贸易自由化带来的进口关税减免以及相应的促进竞争效应对出口产品质量升级的影响（Amiti and Khandelwal，2013）。樊海潮等（2015）运用中国数据证明了对出口国而言其进口中间投入品的关税减免将会导致出口产品质量升级，而巴斯和施特劳斯卡恩（Bas and Strauss-Kahn，2015）也采用中国海关数据分析了投入品关税与出口产品质量升级的关系。

进口国的技术标准规制作为一种外生政策因素亦可能对出口产品质量产生影响。近年来，国内一些学者开始关注进口国技术标准对于出口的产品质量提升的影响机制，并针对该问题进行了实证分析（高磊，2017；王学君，朱灵君，田曦，2017；董银果，黄俊闻，2018），研究结论普遍支持进口国技术标准对于出口产品质量升级具有一定的促进作用，但目前相关研究主要围绕食品安全标准及食品、农产品出口领域，有关总体技术和安全标准对于工业制成品质量影响的研究较为鲜见。

综上可以看出已有文献研究存在的局限和有待进一步拓展的空间。

第一，有关进口国技术标准影响出口贸易方面，目前基于微观数据的相关研究还较为缺乏。多数实证研究均为基于宏观国家层面贸易数据运用引力模型展开的分析，缺乏企业层面微观数据的实证验证，而企业的出口决策和技术创新选择是一种微观行为，只有探索在外生规制政策环境下企业行为决策，才能真正发现并验证技术标准规制影响出口贸易的机制。

第二，对技术标准可能激励企业进行技术创新这一可能性较为忽视，并缺乏阐述这一机制的理论模型和实证验证。尽管企业出口与技术创新的研究已较为充分，但目前仍缺乏能够解释贸易成本影响企业出口行为和技术创新决策的理论模型和实证检验。

第三，对进口国技术标准引致企业进行产品质量升级的相关研究较为缺乏。已有研究普遍关注贸易自由化对于出口产品质量的影响，有关在开放经济环境下外生的进口国技术标准规制引致企业产品质量升级的研究较少。

因此，本书力求在已有研究基础上，基于我国产品出口特征，对进口国技术标准影响微观企业出口行为和引致企业技术创新的作用机制展开研究。

第3章 我国出口贸易概况

本章首先对我国 2000～2013 年各类产品出口的总体情况以及变化趋势进行系统描述，并对我国各类产品出口特征进行刻画。以此为基础，本章对进口国技术标准规制影响当期及未来多期企业出口二元边际的情况进行实证分析。

3.1 我国各类产品出口概况

表 3－1 对我国 2000～2013 年 HS2 位代码为 01～98 的产品出口总体概况进行了描述。需要说明的是，表 3－1 所采用的数据为 2000～2013 年我国海关数据库与工业企业数据库相匹配之后的微观企业数据，因此该数据具有以下特征：（1）表中数据为微观企业加总数据，而非总体的宏观经济统计数据；（2）表中数据所对应的企业为同时存在于海关数据库和工业企业数据库中的企业，即匹配成功的企业。因此，表 3－1 所呈现的数据会与统计年鉴数据存在出入，但该表所反映的我国各类产品出口总体特征和趋势与统计年鉴数据是一致的。选择采用该数据来描述我国产品出口总体特征的原因在于：海关数据库包含了产品出口目的地、HS 代码下的产品类别以及出口企业特征等重要细化信息；为了与下文采用海关数据库和工业企业数据库匹配后数据进行的实证研究保持一致性。

表 3－1 所呈现的具体信息包括：以不变价格计算的 2000～2013 年我国产品出口总额、每一年度中从事出口的企业数量、每一年度中企业的平均出口额、每一年度中从我国进口产品的进口国数量、每个企业平均出口目的地数量、HS4 位代码和 6 位代码下每一年度中我国出口产品类别数及企业平均出口产品类别数。

表 3 - 1

年份	出口总额（亿美元）	出口企业数（家）	企业平均出口额（万美元）	进口国数（个）		出口产品种类（类）			
				总数	单位企业平均数	HS6 位产品总数	HS4 位产品总数	单位企业平均数（HS6 位代码）	单位企业平均数（HS4 位代码）
2000	710	38923	182.41	218	4.99	2281	793	7.30	2.75
2001	906	43686	207.39	220	5.36	2407	823	7.59	2.81
2002	1100	52102	211.12	219	5.82	2617	847	8.31	2.92
2003	613	53127	115.38	219	5.04	2275	774	6.36	2.57
2004	2140	82680	258.83	225	6.31	2952	906	8.61	3.09
2005	1770	91987	192.42	225	6.11	2835	884	8.78	3.12
2006	3760	116351	323.16	231	6.79	3311	971	8.78	3.21
2007	4370	128962	338.86	230	7.38	3255	961	8.77	3.10
2008	5240	138714	377.76	227	7.48	3239	953	7.67	2.87
2009	4310	144449	298.38	231	7.23	3210	943	7.45	2.83
2010	5820	156254	372.47	230	7.59	3317	958	7.56	2.84
2011	7080	168685	419.72	228	7.66	3319	952	7.31	2.79
2012	15100	179545	841.01	232	6.63	3304	955	6.98	2.65
2013	15200	181424	837.82	233	6.75	3301	949	7.51	2.68

注：以上出口情况仅包括一般贸易，且剔除了贸易中间商，剔除了单年度样本少于 100 的产品类别。

表 3 - 1 中报告了 2000～2013 年 HS 前两位代码为 01～98 的所有产品出口的总体情况。需要说明的是，以上数据仅保留了贸易方式为一般贸易的出口贸易样本，且剔除了贸易中间商的样本数据和样本量小于 100 的产品类别。为了清晰刻画我国出口规模的总体变化，本书通过图 3 - 1 呈现了 2000～2013 年我国出口贸易额及出口企业总数的增长趋势。由表 3 - 1 和图 3 - 1 可以看出，自 2000 年起至 2013 年我国微观企业一般贸易的出口贸易额增长了超过 20 倍，由 2000 年的 710 亿美元增至 2013 年的 15200 亿美元。自 2002 年起超过 1000 亿美元，2003 年适度回落后快速增长，至 2012 年突破 10000 亿美元。出口企业数由 2000 年的 38923 家增至 2013 年的 181424 家，增长 3.66 倍。

出口企业数增长的同时伴随着企业平均出口额的快速增长，如图 3 - 2

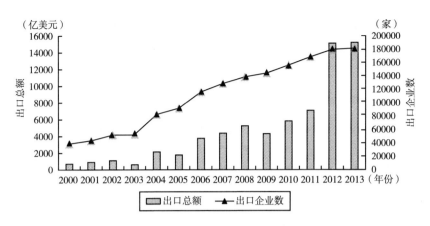

图 3-1 2000~2013 年我国各类产品出口总额及出口企业数

资料来源：根据工业企业数据库和海关数据库整理所得。

所示，2000~2013 年我国一般贸易企业平均出口额由 182.41 万美元增至 837.82 万美元，增长 3.59 倍，出口企业数与企业平均出口额的双重攀升共同推动了我国一般贸易企业出口总额的飞速提升。

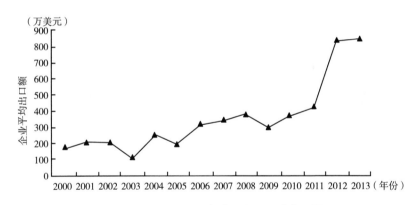

图 3-2 2000~2013 年我国企业平均出口额

资料来源：根据工业企业数据库和海关数据库整理所得。

为了反映出口的总体概况，本章分别统计了 2000~2013 年我国 HS 前两位代码为 01~98 的所有类别产品一般贸易出口所覆盖的国家数量和产品类别数。图 3-3 报告了十四年中所有类别产品一般贸易出口覆盖的国家和地区数量。由图 3-3 可以看出，我国各类产品出口所覆盖的进口国数量呈波动中逐渐增长的趋势，但总体上变化不大，出口目的地一直稳定在 200 个以上，2000 年共向 218 个国家和地区出口各类产品，到 2013 年时增长至 233 个。此外，本章也对企业一般贸易出口平均覆盖的进口国数量进行了统计，相比出口覆盖的进口国总数，企业平均覆盖进口国数增长更为显著,由 2000 年的 4.99 个增至 2013 年的 6.75 个,增长了 35.27%,说明在出口额上升的同时,我国产品出口的地理去向趋于多样化,对于单个企业而言,其产品出口的市场和渠道不断拓宽。

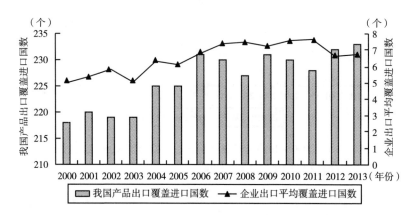

图 3 - 3 2000 ~ 2013 年我国产品出口覆盖进口国情况

资料来源:根据工业企业数据库和海关数据库整理所得。

图 3 - 4 和图 3 - 5 分别报告了 2000 ~ 2013 年我国向所有国家和地区出口 HS6 位代码和 4 位代码下的产品类别数。根据图 3 - 4 可以看出,十四年间我国企业出口 HS6 位代码产品的类别数也实现了大幅增长,2000 年共出口 HS6 位代码下 2281 类产品,到 2006 年首次超过 3000 类,2013 年达到 3301 类,总体增长了 44.72%。图 3 - 4 同时报告了企业平均出口的 HS6 位代码产品类别数,可以看出以 HS6 位代码衡量的企业平均出口产品类别数总体上并无明显变化,十四年间一直呈现不断波动的趋势,2000 年我国企业平均出口 HS6 位代码产品 7.30 类,到 2002 年超过 8 类,

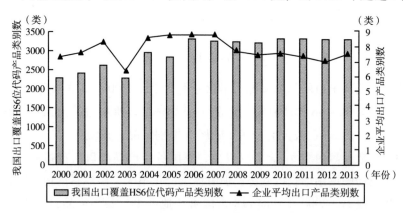

图 3 - 4 2000 ~ 2013 年我国出口覆盖 HS6 位代码产品情况

资料来源:根据工业企业数据库和海关数据库整理所得。

此后在2003年回落至6.36类，2013年我国企业平均出口HS6位代码产品7.51类，相较十四年前变化并不显著。

图3-5则报告了2000~2013年我国企业出口HS4位代码产品的类别数和企业平均出口类别数。十四年间我国企业出口HS4位代码产品的类别数由2000年的793类增长至2013年的949类，总体增长了19.67%。与HS6位代码的企业平均出口类别数相类似，HS4位代码下的企业平均出口产品类别数总体上也无明显变化，2000年我国企业平均出口HS4位代码产品2.75类，2004~2007年四年间出口HS4位代码产品超过3类，但此后再次回落，2013年我国企业平均出口HS4位代码产品降至2.68类，甚至低于2000年水平。结合图3-4与图3-5可以看出，2000~2013年，从总体出口产品类别来看，我国一般贸易出口呈现多样化趋势，企业不断拓宽经营范围，出口产品类别数不断增长，但就单个企业平均出口产品类别数而言，这种趋势并不明显，出口产品类别的多样化更多体现在出口总量扩大带来的规模效应。

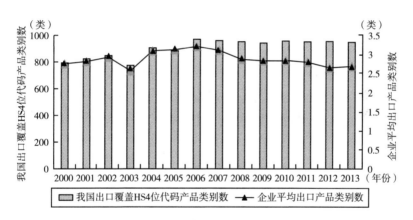

图3-5 2000~2013年我国出口覆盖HS4位代码产品情况

资料来源：根据工业企业数据库和海关数据库整理所得。

3.2 出口企业进入退出市场概况

本节以我国HS前两位代码为01~23的食品、农产品出口为例，对2000~2012年我国从事食品、农产品出口企业进入和退出出口贸易市场的情况做以概述，用以刻画我国从事产品出口企业进入与退出国际市场的总体趋势与特征。

本节所采用的数据仍为海关数据与工业企业数据库匹配后的数据，考虑到海关数据的结构为企业－年度－进口国－产品数据，即企业的每一次出口实际含义为该年度内该企业向某国家或地区出口HS8位代码的产品一次，以此标准衡量则绝大部分企业会频繁进入退出市场，因此本节对数据做了进一步处理。图3－6所反映的企业进入退出市场情况是在将数据按进口国和产品类别加总后的结果，即图3－6中所表示的企业一次出口为当年度内向任何国家或地区出口过任何一类产品，若企业退出市场，则说明这一年中该企业没有向任何国家或地区出口任何一类HS8位代码产品。需要说明的是，由于统计口径和统计样本的差异，海关数据库中2008年的出口企业总量与往年有较大差异，造成了2008年进入市场企业和2009年退出市场企业远多于其他年份的情况，因此本书剔除了这两年的数据。

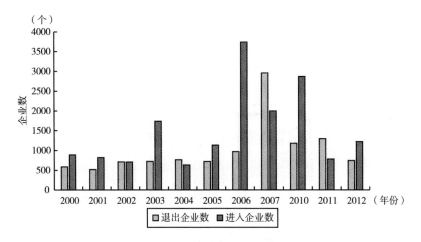

图3－6 2000～2012年按进口国和产品加总的进入退出市场企业数

资料来源：根据工业企业数据库和海关数据库整理所得。

由图3－6可以看出按进口国和产品加总后，我国新进入市场的从事食品、农产品出口企业数量在2007年左右达到一个峰值，此后逐步在波动中下降，退出市场的企业数量基本上也呈现相类似的趋势。除个别年份外，新进入市场的企业数总体上多于退出市场的企业数，说明尽管由于进口国关税或技术标准规制等多种原因，每年都有大量企业退出市场，但从事出口的企业数总体上持续增长。另外，在大部分年份当中，退出市场的企业数与新进入市场的企业数相差不多，这也反映出我国微观企业退出市场较为频繁、出口缺乏持续性的问题。在2000～2013年中，2007年是一个较为特殊的年度，在这一年中退出企业明显多于新进入市场企业，说明在这一年当中我国食品、农产品出口遭遇了较大阻碍。

图 3 - 7 所反映的企业进入退出市场情况是在将数据按产品类别加总后的结果，在该图中所表示的企业一次出口为当年度内向任何国家或地区出口过某一类 HS8 位代码产品，若企业退出市场，则说明当年中该企业没有向任何国家或地区出口过这一类 HS8 位代码产品。图 3 - 8 所反映的企业进入退出市场情况是在将数据按进口国加总后的结果，在该图中所表示的企业一次出口为当年度内向某一国家或地区出口过各类 HS8 位代码产品，

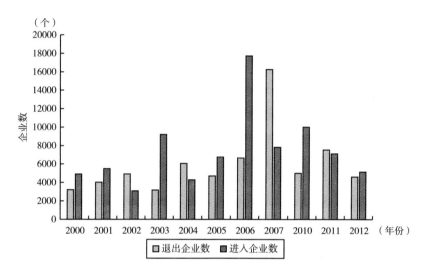

图 3 - 7　2000 ~ 2012 年按产品加总的进入退出市场企业数

资料来源：根据工业企业数据库和海关数据库整理所得。

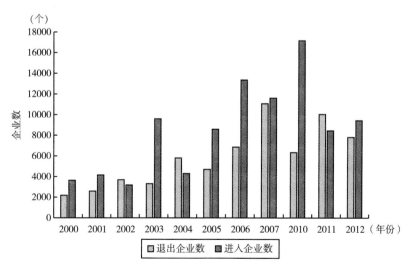

图 3 - 8　2000 ~ 2012 年按进口国加总的进入退出市场企业数

资料来源：根据工业企业数据库和海关数据库整理所得。

若企业退出市场，则说明当年中该企业没有向该国家或地区出口过任何一类 HS8 位代码产品。图 3 – 7 与图 3 – 8 所反映的趋势与图 3 – 6 相似，按进口国或产品类别加总后，在大部分年度中新进入企业数多于退出企业数，反映出出口总体增长的趋势。但退出企业数与新进入企业数相差不多，反映了微观企业出口缺乏持续性的特征。图 3 – 7 同样显示出 2007 年退出市场企业数远多于新进入市场企业数的情况，但这种反差在图 3 – 8 中显示得并不明显。这说明 2007 年我国从事食品、农产品出口的微观企业退出市场主要反映在针对固定的出口目的地减少了出口产品类别数，而并没有明显减少出口目的国的数量，即并没有大量退出进口国市场。

第4章 我国企业出口面临的技术标准现状

本章将对影响我国各类产品出口的进口国技术标准基本情况进行介绍。本章中以 SPS 通告数量、TBT 通告数量度量进口国技术标准规制强度，依次对从我国进口产品的国家和地区发出的 SPS 和 TBT 通告数、发出通告的国家和地区数以及通告覆盖的产品类别数进行统计，并对技术标准规制及技术性贸易措施影响我国代表性产品出口的情况做一概述。

4.1 进口国技术标准体系及我国面临的技术标准规制

为了反映我国微观企业出口产品面临的技术标准规制的总体情况，本节对 1999～2013 年针对我国各类产品出口的 SPS 通告和 TBT 通告总数进行分类统计。

SPS 协定是世界贸易组织管辖的一项多边贸易协定。SPS 协定是乌拉圭回合谈判中达成的一项重要协定，隶属于 WTO 多边贸易协定项下。该协定将长期游离于 GATT 体系之外的农产品贸易纳入多边贸易体制轨道内，其目标为："维护任何政府提供其认为适当健康保护水平的主权，但确保这些权利不为保护主义目的所滥用并不产生对国际贸易的不必要的障碍。" SPS 协定既是《农产品协议》的伴生产物，也是构成《农产品协议》的一个重要组成部分，主要针对农产品贸易中产生的各类争端，其主要目的为保障食品安全、动植物安全、使人类免除动植物病虫害风险等，因此与 TBT 协定形成政策互补。

SPS 通告包括定期通告、紧急通告、定期附录、紧急附录、日常勘误、紧急勘误、翻译附录以及等价性识别等种类。通过 WTO 的 IMS 信息管理系统，可以查询不同 HS 代码对应产品类别、不同进口国以及不同时间段的 TBT 通告内容，并可根据受通告影响国家进行条件筛选。

图 4 - 1 报告了 1999 ~ 2013 年针对我国出口各类 HS4 位代码产品的 SPS 通告数。由图 4 - 1 可以看出，针对我国出口的 HS4 位代码 SPS 通告数自 1999 年开始至 2013 年十五年间大幅增加，反映出针对我国出口的技术标准规制强度不断增强的趋势。1999 年，全球各国家和地区针对我国 HS4 位代码产品出口的 SPS 通告总数为 491 份，2001 年迅速增至 1205 份，在 2002 年短暂下降，自 2003 年开始稳定在 2000 ~ 3000 份，2007 年与 2008 年两年间再度回落，此后逐年增至 2013 年的 4000 份，十五年间增长近 10 倍。

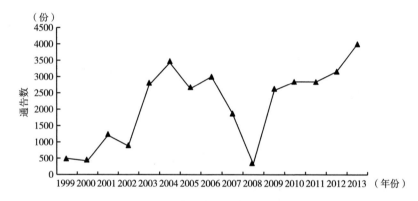

图 4 - 1　1999 ~ 2013 年我国出口面临的进口国 SPS 通告总数

资料来源：（1）WTO 的 IMS 信息管理系统，http：//spsims. wto. org；（2）中国 WTO/TBT - SPS 通报咨询网，http：//www. tbt-sps. gov. cn/page/cwtoz/Indexquery. action。

图 4 - 2 报告了针对我国产品出口发布 SPS 通告的国家和地区数量。总体而言，针对我国产品出口发布通告的国家与地区相对较为集中，十五年间并无明显变化，1999 ~ 2013 年针对我国出口 HS4 位代码产品发布 SPS 通告的进口国数量最少为 35 个，最多为 47 个，总体增长 30.56%。

图 4 - 3 报告了针对我国出口所发布 SPS 通告覆盖的产品类别数。1999 年全球所有自我国进口产品的国家和地区共针对 118 类 HS4 位代码产品发布了 SPS 通告，到 2013 年该数量增至 229 类，总体增长近一倍，因此可以看出，针对我国产品出口的技术标准规制加强主要体现在覆盖产品类别的增加而非发出公告进口国数量的增长。

图 4 - 4 报告了 1999 ~ 2013 年针对我国具体各大类产品出口的 SPS 通告数。由图 4 - 4 可以看出，由于 SPS 协定主要针对食品及农产品出口，我国各大类产品出口中面对 SPS 通告最多的为植物产品和动物产品，分别占 SPS 通告总数的 41% 和 39%，此外位列第三的为食品制成品出口所面

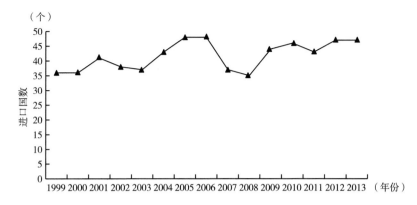

图 4－2　1999～2013 年我国出口面临的 SPS 通告所覆盖进口国数

资料来源：（1）WTO 的 IMS 信息管理系统，http：//spsims. wto. org；（2）中国 WTO/TBT－SPS 通报咨询网，http：//www. tbt-sps. gov. cn/page/cwtoz/Indexquery. action。

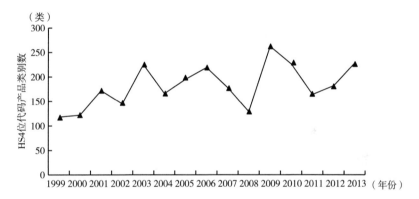

图 4－3　1999～2013 年我国出口面临的 SPS 通告所覆盖产品类别数

资料来源：（1）WTO 的 IMS 信息管理系统，http：//spsims. wto. org；（2）中国 WTO/TBT－SPS 通报咨询网，http：//www. tbt-sps. gov. cn/page/cwtoz/Indexquery. action。

临的 SPS 通告数，占全部 SPS 通告的 11%。

　　TBT 协定是世界贸易组织管辖的一项多边贸易协定，适用于包括工业品和农产品在内的所有产品。TBT 协定的宗旨为，规范各成员实施技术性贸易法规与措施的行为，保证各项技术法规、标准和评定程序不会对国际贸易造成不必要的障碍，减少和消除贸易中的技术性贸易壁垒。其合法目标在于维护国家安全，保护人类生命、健康和安全，保护环境，保证出口产品质量，降低贸易壁垒，促进全球标准一体化，降低企业成本，提供产品信息及防止欺诈行为等。

　　葛志荣（2003）对 TBT 协定/措施与 SPS 协定/措施的区别进行了概括：（1）两者界定的角度不同，SPS 协定/措施主要根据实施目的来界定，

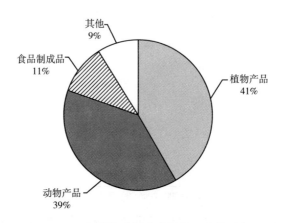

图 4 – 4   1999 ~ 2013 年按大类划分我国出口产品对应 SPS 通告数

资料来源：（1）WTO 的 IMS 信息管理系统，http：//spsims. wto. org；（2）中国 WTO/TBT – SPS 通报咨询网，http：//www. tbt-sps. gov. cn/page/cwtoz/Indexquery. action。

其目的是保障人类和动植物生命健康安全，但 TBT 协定/措施则主要从技术角度界定，是与技术相关的贸易措施，二者一般不存在交叉；（2）涵盖范围不同，TBT 协定/措施几乎涵盖所有产品和行业领域，但 SPS 协定/措施一般只涉及食品、农产品领域，例如食品标签要求、营养说明、质量和包装法规属于 TBT 协定/措施范畴，但与食品安全直接相关的标签和包装要求属于 SPS 协定/措施范畴；（3）涉及 WTO 协定不同，尽管两类协定都鼓励采取国际标准，但 SPS 协定评判的唯一标准是对潜在风险进行评估后所提供的科学依据，TBT 协定则认同成员国提出的包括技术问题在内的其他理由。

TBT 通告包括定期通告、通告修订、附录、勘误表以及翻译附录等种类。相应的 TBT 措施包括技术性规制、紧急技术性规制、当地政府技术性规制、合格评定程序、紧急性合格评定程序以及当地政府合格评定程序等类别。通过 WTO 的 IMS 信息管理系统，可以查询不同 HS 代码对应产品类别、不同进口国以及不同时间段的 TBT 通告内容。

图 4 – 5 报告了 1999 ~ 2013 年针对我国出口各类 HS4 位代码产品的 TBT 通告总数。由图 4 – 5 可以看出，针对我国出口的 HS4 位代码 TBT 通告数十五年间在波动中显著增加，针对我国出口的 TBT 通告数与 SPS 通告数的整体增长反映出我国企业出口所面临的技术标准规制强度近年来不断增强。1999 年，全球各国家和地区针对我国 HS4 位代码产品出口的 TBT 通告总数仅为 137 份，2009 年 TBT 通告总数首次超过 1000 份，在 2011 年的短暂回落后，2013 年达到 1045 份，十五年间增长 6. 63 倍。此外，从两类通告的整体数量来看，可以发现同年度 SPS 通告数一般多于 TBT 通告

数。十五年间我国企业出口 HS4 位代码下产品所面临的年平均 SPS 通告数为 2161 份，年平均 TBT 通告数约为 665 份。

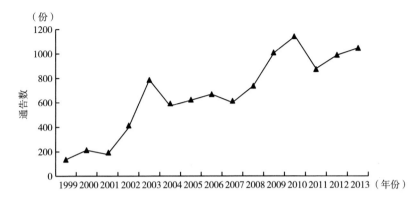

图 4 - 5　1999～2013 年我国出口面临的进口国 TBT 通告总数

资料来源：（1）WTO 的 IMS 信息管理系统，http：//tbtims. wto. org；（2）中国 WTO/TBT - SPS 通报咨询网，http：//www. tbt-sps. gov. cn/page/cwtoz/Indexquery. action。

　　图 4 - 6 报告了针对我国产品出口发布 TBT 通告的国家和地区数量。1999 年针对我国出口 HS4 位代码产品发布 TBT 通告的进口国数量仅为 13 个，2002 年开始达到 20 个以上，自 2008 年开始对我国出口 HS4 位代码产品发布 TBT 通告的国家和地区首次超过 30 个，2013 年达到 32 个，相比 1999 年总体增长 1.46 倍。与 SPS 通告相比，针对我国出口产品发布 TBT 通告的国家和地区数量也相对较少，1999～2013 年间针对我国出口 HS4 位代码产品发布 SPS 通告的年平均进口国数量为 41.73 个，发布 TBT 通告的年平均进口国数量为 27 个。

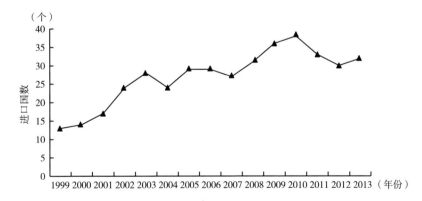

图 4 - 6　1999～2013 年我国出口面临的 TBT 通告所覆盖进口国数

资料来源：（1）WTO 的 IMS 信息管理系统，http：//tbtims. wto. org；（2）中国 WTO/TBT - SPS 通报咨询网，http：//www. tbt-sps. gov. cn/page/cwtoz/Indexquery. action。

图 4 - 7 报告了针对我国出口所发布 TBT 通告覆盖的产品类别数。1999 年全球所有自我国进口产品的国家和地区共针对 85 类 HS4 位代码产品发布了 SPS 通告，到 2013 年该数量增至 335 类，总体增长 2. 94 倍，由此可以看出，相比发出公告进口国数量的增加，TBT 通告覆盖产品类别的增加更能解释我国产品出口所面临的技术标准规制的加强。

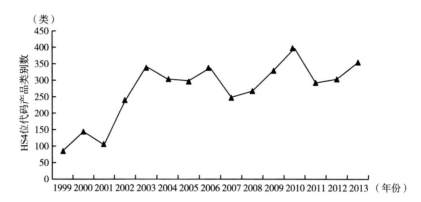

图 4 - 7　1999 ~ 2013 年我国出口面临的 TBT 通告所覆盖产品类别数

资料来源：（1）WTO 的 IMS 信息管理系统，http：//tbtims. wto. org；（2）中国 WTO/TBT - SPS 通报咨询网，http：//www. tbt-sps. gov. cn/page/cwtoz/Indexquery. action。

图 4 - 8 报告了 1999 ~ 2013 年针对我国具体各大类产品出口的 TBT 通告数。TBT 协定适用于包括农产品在内的所有产品类别，但其针对的对象主要为工业制成品，相比 SPS 通告，我国产品出口中所面临的 TBT 通告针对的产品类别分布相对分散，我国各大类产品出口中面对 TBT 通

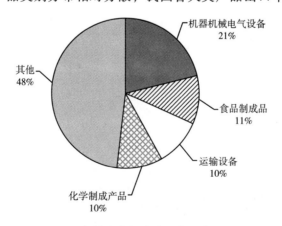

图 4 - 8　1999 ~ 2013 年按大类划分我国出口产品对应 TBT 通告数

资料来源：（1）WTO 的 IMS 信息管理系统，http：//tbtims. wto. org；（2）中国 WTO/TBT - SPS 通报咨询网，http：//www. tbt-sps. gov. cn/page/cwtoz/Indexquery. action。

告最多的为机器机械电气设备，约占 TBT 通告总数的 21%，其次为食品制成品、运输设备和化学制成品，均占 TBT 通告总数的 10% 左右，此外针对其他类别产品的 TBT 通告数所占比例均在 10% 以下。与 SPS 通告的产品类别分布相对照后可以发现，食品制成品是我国出口所有产品类别中面临技术标准规制强度较大的一类产品，我国企业出口食品制成品所面临的 SPS 通告和 TBT 通告数量及比例均在各大类产品中位列前三位。

4.2 我国主要出口贸易合作伙伴技术标准规制情况

美国、欧盟、日本和韩国为我国最主要的几个出口目的国，根据《中国统计年鉴》，2020 年我国向以上四个国家和地区出口产品总额均超过 7000 亿元人民币。本节选取了以上几个主要出口贸易伙伴的技术标准规制情况做以概述，以展示我国在出口贸易中所面临的来自主要贸易伙伴的技术标准规制情况，用以初步说明我国在出口贸易中所面临的进口国技术标准规制的影响。

4.2.1 我国主要出口贸易合作伙伴 SPS 通报情况

我国一直以来是农产品出口大国，美国、欧盟各国和日本多年来重视通过 SPS 措施保护国民健康和安全，因此我国在向以上国家和地区出口农产品过程中屡次遭遇 SPS 措施的制约。

根据中国 WTO/TBT - SPS 通报咨询网及 WTO 的 IMS 信息管理系统所提供的数据，从 2002 年开始至 2021 年，美国共发布 SPS 通告 3891 份，为我国所有贸易合作伙伴中最多，欧盟共发布 SPS 通告 1383 份，日本共发布 SPS 通告 985 份，韩国共发布 SPS 通告 753 份。我国主要出口贸易合作伙伴 2002 ~ 2021 年发布 SPS 通告情况如图 4 - 9 所示。

由图 4 - 9 可以看出，2002 年以来美国所发布的 SPS 通告数量明显多于其他国家和地区，尤其在 2009 年以前，美国每年所发布的 SPS 通告数均超过 200 份，2009 年后，美国每年所发布的 SPS 通告数有所减少，2017 年开始美国所发布的 SPS 通告数基本少于 100 份。除美国外，欧盟发布的 SPS 通告数总体多于日本和韩国。日本是我国第一大农产品出口市场，2006 年起，日本针对进口农产品实施《食品中残留农业化学品肯定列表

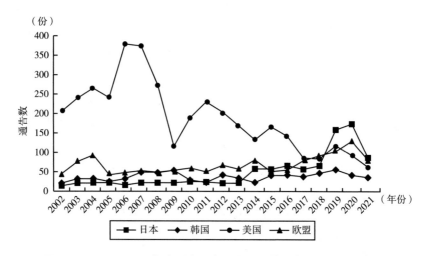

图 4 - 9 2002 ~ 2021 年我国主要出口贸易目的国发布 SPS 通告情况

资料来源：（1）WTO 的 IMS 信息管理系统，http：//spsims. wto. org；（2）中国 WTO/TBT - SPS 通报咨询网，http：//www. tbt-sps. gov. cn/page/cwtoz/Indexquery. action。

制度》（以下简称《肯定列表制度》），《肯定列表制度》规定了 15 种禁用农业化学品，并对 799 种农药、兽药及饲料添加剂设定了 54782 个最大残留标准，对于未明确限定最大残留标准的化学品，要求其在食品中的含量一律不得超过 0.01 毫克/千克。《肯定列表制度》的实施全面提高了我国对日本出口农产品的安全标准门槛，对我国农产品出口造成了一定的制约。由图 4-9 也可以看出，2019 ~ 2021 年三年中，日本所发布的 SPS 通告数超过美国和欧盟，成为全球之最。

在我国主要出口贸易合作伙伴所发布的 SPS 通告中，共有 29 份通告直接针对我国或对我国出口造成影响，其中，欧盟 17 份、美国 9 份、韩国 3 份。

本节同时通过我国提出的 STCs 数量来反映我国面临的来自主要出口贸易合作伙伴的技术标准规制影响，STCs 的含义为我国认为某一国家或地区的技术性贸易措施客观上形成了贸易壁垒或对我国出口造成了影响。2001 年以来，我国所提出的针对美国、欧盟、日本和韩国几个主要出口贸易目的国且与 SPS 措施相关的 STCs 共有 39 条，其中，针对美国和欧盟提出的 STCs 均为 15 条，针对日本提出的 STCs 为 8 条，针对韩国提出的 STCs 为 1 条。图 4 - 10 报告了 2001 ~ 2021 年以来我国针对主要出口贸易合作伙伴提出的 SPS - STCs 数量。

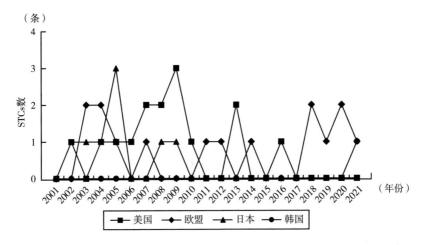

图 4 – 10　2001 ~ 2021 年我国针对主要出口贸易目的国提出的 SPS – STCs 情况

资料来源：（1）WTO 的 IMS 信息管理系统，http：//spsims. wto. org；（2）中国 WTO/TBT –
SPS 通报咨询网，http：//www. tbt-sps. gov. cn/page/cwtoz/Indexquery. action。

4.2.2　我国主要出口贸易合作伙伴 TBT 通报情况

根据中国 WTO/TBT – SPS 通报咨询网及 WTO 的 IMS 信息管理系统所
提供的数据，2000 ~ 2021 年，我国主要出口贸易合作伙伴中，美国共发布
TBT 通告 4094 份，为我国所有出口贸易合作伙伴中最多；欧盟共发布
TBT 通告 1571 份，位居第二；韩国共发布 TBT 通告 1078 份，日本共发布
TBT 通告 826 份。我国主要出口贸易合作伙伴 2000 ~ 2021 年发布 TBT 通
告情况如图 4 – 11 所示。

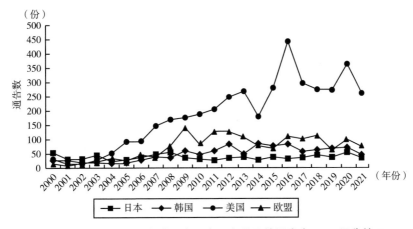

图 4 – 11　2000 ~ 2021 年我国主要出口贸易目的国发布 TBT 通告情况

资料来源：（1）WTO 的 IMS 信息管理系统，http：//tbtims. wto. org；（2）中国 WTO/TBT –
SPS 通报咨询网，http：//www. tbt-sps. gov. cn/page/cwtoz/Indexquery. action。

由图 4 - 11 可以看出，自 2004 年开始美国所发布的 TBT 通告数量明显多于其他国家和地区，并整体上呈逐年增长趋势。2008 年开始，美国每年所发布的 TBT 通告数量均超过 150 份，2016 年，美国所发布的 TBT 通告数量达到 442 份之多。除美国外，欧盟、日本和韩国所发布的 TBT 通告数量依次递减，总体上相差不多。

我们再次通过我国所提出的与进口国 TBT 通告相关的 STCs 数量来反映我国面临的来自主要出口贸易合作伙伴的技术标准规制情况。自 2001 年以来，我国所提出的针对美国、欧盟、日本和韩国几个主要出口贸易合作伙伴且与 TBT 措施相关的 STCs 共有 66 条，其中针对欧盟提出的 STCs 共 38 条，针对美国提出的 STCs 共 20 条，针对韩国提出的 STCs 共 5 条，针对日本提出的 STCs 共 3 条。图 4 - 12 报告了 2001 ~ 2021 年以来我国针对主要出口贸易合作伙伴提出的 TBT - STCs 数量。

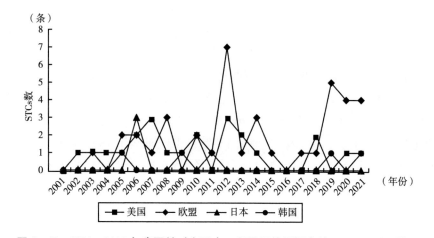

图 4 - 12 2001 ~ 2021 年我国针对主要出口贸易目的国提出的 TBT - STCs 情况

资料来源：（1）WTO 的 IMS 信息管理系统，http：//tbtims. wto. org；（2）中国 WTO/TBT - SPS 通报咨询网，http：//www. tbt-sps. gov. cn/page/cwtoz/Indexquery. action。

4.3 技术标准规制及贸易措施对我国
重点产品出口影响情况

本节选取我国几个代表性行业或重点产品的出口受进口国技术标准规制和贸易措施影响的情况做以概要分析，用以初步说明进口国技术标准规制的贸易影响。其中，选取蔬菜及其制品作为代表性农产品，选取纺织品作为代表性轻工业制品，选取汽车作为代表性加工制造业产品。所采用的数据主要来自《国外技术性贸易措施对中国重点产品出口影响研究报告》（2017，2018）。

4.3.1 技术标准规制及贸易措施对我国蔬菜及其制品出口影响

4.3.1.1 我国蔬菜及其制品出口基本情况

我国一直是蔬菜出口大国，由于我国蔬菜产量与播种面积近年来稳居全球首位，蔬菜及其制品的出口也成为我国农产品出口贸易当中的重要组成部分。近年来我国蔬菜及其制品的出口一直保持稳步增长趋势，根据国际检验检疫标准与技术法规研究中心的研究显示，我国蔬菜及其制品的出口额在 2006～2011 年间持续增长，由 34.94 亿美元增长至 94.22 亿美元，2012 年出现短暂回落后，自 2013 年开始，我国蔬菜及其制品出口额持续超过 100 亿美元。

多种因素制约了我国蔬菜及其制品出口增长和产业的进一步发展，除近年来国内劳动力成本和原材料成本上涨导致的出口竞争力下降和国内出口企业规模较小、产品相对低端之外，进口国所实施的技术性贸易规制也是制约蔬菜及其制品出口的一个重要原因。

4.3.1.2 进口国技术标准规制和贸易措施对我国蔬菜及其制品出口的影响

《国外技术性贸易措施对中国重点产品出口影响研究报告（2018）》采用了问卷形式随机抽取 200 家样本出口企业，针对样本企业受到技术性贸易措施和技术标准规制影响的情况进行了调查。调查结果显示，2017 年度共有 47% 的受访企业在出口蔬菜及其制品中受到了进口国技术性贸易措施的影响。

造成企业损失的主要形式包括丧失订单、扣留货物、销毁货物、退回货物、口岸处理、改变用途和降级处理，其中，因丧失订单造成的损失占比 42%，为最主要损失形式。因丧失订单造成损失的企业主要为大型企业。

在众多技术标准规制和贸易措施中，对蔬菜及其制品出口企业影响最大的是最大农药兽药残留标准，其次为食品安全认证要求，以下依次为食品微生物指标要求、重金属限量要求等。在众多实施技术标准规制和贸易措施的国家和地区中，美国、日本和欧盟的措施覆盖范围最广，受影响企业数量最多。

调查结果同时显示，我国蔬菜及其制品出口企业面对进口国技术标准规制和贸易措施时，大部分企业采取了积极应对的策略，通过主动了解、熟悉 WTO 规则和进口国技术法规的方式收集相关信息，同时努力采用先进国际技术标准，获取相关国际认证，加强产品质量安全检测，推动技术和设备的更新升级。以上调查结果一定程度上反映了外生施加的进口国技术贸易措施对我国出口企业可能产生的正向激励效应。

4.3.2 技术标准规制及贸易措施对我国纺织品出口影响

4.3.2.1 我国纺织服装类产品出口基本情况

作为全球第一纺织服装类产品出口大国，我国纺织服装业产业链最为完整、规模最大、产品类别最为齐全。根据中华人民共和国海关总署统计，2016 年度我国纺织服装类产品出口额达 2672.5 亿美元，约占全球纺织服装类产品出口总额的 37%，在全球贸易市场中占有率稳居第一，并遥遥领先其他国家，排名第二的欧盟出口额近年来与我国相比也有近 1000 亿美元的差距。

然而我国纺织服装类产品出口近年来亦面对国际市场需求走低、原材料和劳动力成本上升等诸多问题，尤其是在当前国内消费结构升级、供给侧结构改革的趋势下，纺织服装业也存在着优化结构、转型升级的迫切需求。2015 年我国纺织服装业出口额相比上一年下降 4.9%，2016 年再度下降 5.9%，近二十年来首次出现连续两年出口下降，我国纺织服装类产品出口额在波动中进入拐点。与此相伴的，还有出口价格的整体下跌。制约我国纺织服装类产品出口增长的，除要素成本上涨和产业转型等因素外，还有来自美国等国家在内的进口国通过关税和技术性贸易措施。仅 2016 年一年当中，我国纺织服装类产品出口就有超过百起被国外通告实施召回。

4.3.2.2 进口国技术标准规制和贸易措施对我国纺织服装类产品出口的影响

国家质检总局于 2017 年组织了 2016 年国外技术性贸易措施对中国纺织服装类产品出口影响的专项调查，共 184 家企业提交了问卷。该调查结果显示，184 家企业中共有 50 家企业反映曾遭遇不同程度的国外技术性标准规制或贸易措施的影响。根据调查结果显示，大型企业中受进口国技术标准规制和贸易措施影响的比例偏低，但直接经济损失额远超小型企业。2016 年，我国服装纺织类出口企业因进口国技术性贸易措施导致的直接经济损失为 364.27 亿美元，约占同期同类产品出口额的 3.41%，其中大型企业损失 286.68 亿美元，占总损失额的 78.70%，小型企业损失额 77.59 亿美元，占比 21.30%。我国纺织服装类产品出口中面临的技术性贸易措施主要来自美国、欧盟和日本，其中出口到美国的纺织服装类产品因技术性贸易措施导致的损失约占49%，出口到欧盟的纺织服装类产品损失约占40%，出口到日本的纺织服装类产品损失约占9%。与蔬菜及其制品相类似的是，我国出口纺织服装类产品遭遇进口国技术标准规制和贸易措施导致损失的主要形式仍为丧失订单，其次为降级处理、退回货物等。

一般而言，针对出口产品的技术标准主要包括：国际标准、国家标准、行业标准、地方标准、企业标准、进口国技术标准以及合同规定生产，与其他产品不同的是，纺织服装类产品出口所面临的最主要标准形式是按合同生产。

面对进口国的技术标准规制和贸易措施，纺织服装类企业寻求转型升级和技术创新将是有效的应对策略。

4.3.3 技术标准规制及贸易措施对我国汽车出口影响

4.3.3.1 我国汽车出口基本情况

近年来，随着国际市场需求上涨和发展中国家的工业化进程，全球范围内汽车产量与销量均实现了稳步增长。如图4-13所示，根据国际汽车制造商组织发布的数据，2012～2017年，全球汽车产量及销量逐年增长，其中产量自2012年的8424万辆增至2017年的9730万辆，总体增长15.5%，销量自2012年的8213万辆增至2017年的9680万辆，总体增长17.86%。

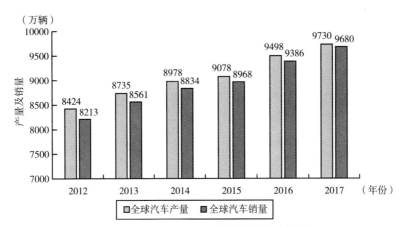

图4-13 2012～2017年全球汽车产销量

资料来源：中国汽车技术研究中心，中国汽车工业协会．中国汽车工业年鉴（2017）［M］．成都：中国汽车工业出版社，2017．

2017年度我国汽车产量为2901万辆，占全球汽车总产量的29.82%，已成为全球最大的汽车生产国，汽车产量已达排名第二美国的2.59倍

（1118万辆），排名第三日本的2.99倍（969万辆）。2017年我国汽车销量为2888万辆，亦居全球首位，为排名第二美国的1.64倍（1758万辆），排名第三日本的5.52倍（523万辆）。

尽管汽车产销量领先全球，但我国生产的汽车主要用于内销，出口量与总产量并不匹配，汽车出口仍处于起步阶段。根据Worlds Top Exports数据统计，2016年全球汽车出口总额为6982亿美元，而我国当年的汽车出口总额仅为114亿美元，仅占全球汽车出口总额的1.6%，与德国、日本、美国等汽车出口大国仍有相当差距。2017年，我国汽车出口量仅占当年国内销量的3.6%。近年来随着汽车产量的快速增长，我国汽车出口也呈现波动中总体增长的态势。如图4-14所示，2014~2017年汽车出口额均超过110亿美元，尽管2015年和2016年出现暂时性回落，但2017年汽车出口额实现加大幅度增长。2017年汽车出口量首次突破100万辆。

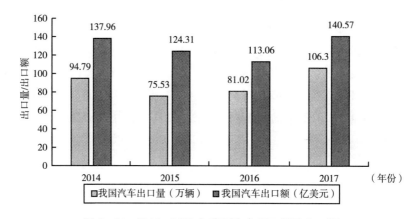

图4-14 2014~2017年我国汽车出口量及出口额

资料来源：中国汽车技术研究中心，中国汽车工业协会. 中国汽车工业年鉴（2017）［M］. 成都：中国汽车工业出版社，2017.

近年来，我国汽车的出口目的国主要为发展中国家，排名前五的分别为伊朗、孟加拉国、智利、墨西哥和越南。

4.3.3.2 进口国技术标准规制和贸易措施对我国汽车出口的影响

2017年，上海海关与上海机动车检测认证技术研究中心联合设计了《2017国外技术性贸易措施对我国汽车出口影响专项问卷调查表》，调查选取了出口额占总营业收入超过73%的200家汽车企业及多家新势力汽车制造企业，共收回问卷209份。调查结果显示，共有80家企业由于进口国技术标准规制或贸易措施导致了直接损失或成本上涨，占受调查企业总数的38.2%，技术标准规制和贸易措施共造成经济损失36亿元人民币，导致新增成本 17 亿元人民币，约占当年受调查企业汽车出口额的 5.8%。根据《中国汽车工业发展年度报告（2018）》，2017 年我国汽车产业利润率约为 8%，可见来自进口国的技术标准规制和贸易措施确实对我国汽车生产和出口企业造成了较大影响。

根据调查显示，我国汽车出口企业在市场准入以及市场监管环节中面临的主要问题包括：注册/认证困难，监管、召回及处罚风险，通关障碍，法规或标准不透明等。对我国企业出口影响较大的国家和地区主要为俄罗斯、欧盟、美国和伊朗。在诸多技术标准和技术要求中，对我国企业出口影响较大的主要是环保要求（排量、噪声）、被动安全要求、主动安全要求、灯光和信号装置要求、工厂质量体系要求、标识标志要求、一般安全要求、特殊装置要求和有毒有害物质限制等。

面对来自进口国的技术标准规制和贸易措施，我国汽车产业的主要应对策略应为推进国际企业认证互认、加强政府间合作以及推进汽车出口企业技术创新和技术升级。

第5章 技术标准规制的出口
二元边际影响分析

进口国技术标准规制对微观企业出口的影响效果和影响机制究竟为何？本章将回答这一问题。本章将以进口国食品安全标准为例，运用工业企业数据与海关数据从静态和动态两个角度分别对进口国技术标准的贸易影响展开研究。从静态角度分析，本章先将出口企业的出口二元边际分离为以出口选择衡量的扩展边际与以出口额度量的集约边际，并对技术标准抑制企业出口二元边际的效应进行了实证检验。研究结果显示，来自进口国的技术标准规制确实在当期抑制了企业出口。此外，针对出口贸易中普遍存在的"一锤子买卖"现象，本章运用序贯决策模型从动态角度分析了技术标准对企业持续出口的影响，进一步发现与异质性企业生产率相比，外生政策是影响企业序贯出口决策的更重要因素。

5.1 技术标准规制影响出口二元边际的相关文献回顾

国际贸易中的技术标准是进口国以保障本国居民健康、安全为目的的一种安全规制手段。贸易中的技术标准不仅具有其他标准规制的技术属性，即约定贸易中产品的技术规格与水平，而且具有保护本国消费者免受来自出口国产品安全风险侵害的功能。一般来说，制定贸易技术标准的国家多为技术水平领先的发达国家，其标准普遍高于发展中国家国内已有的技术水平，进口国与出口国之间的技术差距客观形成了对发展中国家出口相应产品的抑制效应，因而近年来技术标准规制被普遍认为是国际贸易中非关税壁垒的一种。

食品及农产品出口是体现技术标准非关税壁垒效应的重要领域。作为经济增长较为依赖出口的国家，我国近年来食品出口亦受到进口国尤其是欧盟、美国等发达国家食品安全标准规制的影响。因此本章以食品及农产品出口为例，对进口国技术标准影响出口贸易的机制展开分析。

一些学者较早指出，包括食品安全标准在内的进口国技术标准可被视为一种非关税壁垒，且对出口形成了抑制效应（Swann, Temple and Shurmer, 1996）。国外一些学者也对进口国技术标准抑制出口的效应进行了理论验证，甘斯兰特和马库森（Ganslandt and Markusen, 2001）通过构建一般均衡模型证明了技术标准差异确实对经济相对落后国家的出口形成了抑制，此后亦有多位学者对此进行实证验证（Moenius, 2007；Disdier, Fontagné and Minouni, 2008；Chen, Yang and Findlay, 2008）。奥尔珀和雷蒙迪（Olper and Raimondi, 2008）以及李源和贝金（Li and Beghin, 2012）通过引力模型对进口国食品安全标准阻遏食品、农产品出口的效应进行验证。国内学者近年来开始展开相关研究，多位学者的研究成果证明了进口国食品安全标准抑制中国食品、农产品出口的理论假设（鲍晓华, 2011；王瑛和许可, 2014）。

梳理以上相关文献发现，目前有关技术标准尤其是食品安全标准对出口贸易影响的研究尚存在拓展空间，主要体现在三个方面。

第一，多数实证研究均为基于宏观国家层面贸易数据运用引力模型展开的分析，缺乏企业层面微观数据的实证验证，而企业的出口决策是一种微观行为，只有探索在外生规制政策环境下企业行为决策才能真正发现并验证技术标准规制影响出口贸易的机制。目前已有的基于微观数据的相关研究还较为缺乏，陈晓阳等（Chen et al., 2006）基于世界银行的调查数据对 17 个发展中国家的 619 家企业出口受技术标准规制的影响进行了研究，丰塔涅等（2015）则采用法国的微观企业数据对 SPS 协议影响企业出口行为的情况展开了实证分析。但以上研究尚存在安全标准变量设定不够精确、样本量不足、缺乏理论模型进行影响机制分析等问题，因此该领域的研究仍有待进一步改进和拓展。基于此，本章试图从企业的微观数据入手，探讨技术标准规制对异质性企业出口决策行为的影响。

第二，对技术标准规制影响出口的作用机制缺乏理论解释。新新贸易理论在企业行为方面对传统贸易理论进行了拓展，可以作为技术标准影响微观企业出口作用机制的理论基础。新新贸易理论开创性地引入了企业异质性的因素，对企业进入、退出贸易市场的行为及其影响进行了系统解释（Bernard et al., 2003；Melitz, 2003）。在引入了企业异质性与贸易成本的理论框架下，来自进口国的技术标准作为一种外生政策，首先影响微观企业的贸易成本，因此技术标准对出口贸易在当期的静态影响可以进一步解析为贸易成本提升的二元边际问题。钱尼（Chaney, 2008）在梅里兹

（2003）的基础上引入了出口固定成本，劳利斯（Lawless，2010）则将集约边际定义为平均出口额，将扩展边际定义为出口企业数量。陈勇兵等（2012）将劳利斯（2010）的单一产品的二元边际模型进一步扩展为多产品情形。尽管有关贸易成本对出口二元边际影响的文献已经较为成熟，但具体到技术标准的贸易影响方面，相关研究较为鲜见。雷耶斯（Reyes，2011）探讨了进口国与出口国之间标准协调化的贸易二元边际影响，研究结论发现进出口国的技术标准协调化确实降低了贸易成本并有利于筛选生产率更高的企业进入贸易市场。

第三，已有文献对于进口国技术标准等外生政策影响企业持续出口决策的动态分析较为缺乏。有学者观测到出口贸易中企业进入和退出市场频繁，且普遍存在"一锤子买卖"现象，有关序贯出口的文献为解释这一现象提供了一种具有建设性的思路。阿尔伯诺兹等（Albornoz et al.，2012）提出了序贯出口的概念，并指出企业持续出口的决策受到过去的出口经验影响。叶宁华等（2015）指出在动态出口中，企业当期出口的概率不仅取决于当期决策而且与过去每一期的出口经验相关，并发现企业生产率对其长期持续出口并没有显著影响。但以上文献并未就外生政策如何影响企业长期持续出口决策这一问题做出分析。

基于此，本章分别从静态和动态角度对技术标准的出口贸易影响展开研究。从静态角度分析，将进口国技术标准反映为施加于出口国企业的贸易成本上涨，并将微观企业出口二元边际分别定义为反映扩展边际的企业出口选择与反映集约边际的企业出口额，对贸易成本上涨影响企业出口二元边际的机制进行实证检验。从动态角度分析，运用序贯决策模型分析以技术标准为代表的外生政策对企业序贯出口决策的影响，对普遍存在的"一锤子买卖"现象做出解释。本章的研究进一步丰富和扩展了技术标准影响出口贸易的理论框架与实证分析，并为完善我国对外贸易应对外部冲击提供了政策参考。

5.2　数据来源及数据处理

本章所使用的数据来自以下数据库：

一是国有企业和规模以上（年销售额超过 500 万元）非国有制造企业数据，即中国工业企业数据库，所覆盖的样本企业总数从 2000 年的 162885 家增至 2007 年的 336768 家。该数据变量包括资产负债表、利润表和现金流量表在内的三大会计报表上的一百多个财务变量。由于 2007 年以后的中国工业企业数据缺乏工业增加值、中间投入指标的统计，导致企业生产率难以估计，且存在样本筛选标准及变量统计口径不统一等问题，[①] 因此本章仅选择了 2000～2007 年的数据。

中国工业企业数据库样本量较大同时存在着一些异常和无效样本，因此笔者首先参考余淼杰和田巍（Yu and Tian，2012）以及芬斯特拉等（2014）对异常样本进行剔除：（1）剔除资产总额、工业总产值、固定资产总值、固定资产净值、实收资本及主营业务收入等主要财务指标存在缺失的样本；（2）按照一般公认会计准则（GAAP）将存在流动资产、固定资产总值及固定资产净值大于总资产情况的样本予以剔除；（3）剔除累计折旧小于当年折旧的样本；（4）剔除从业人员数少于 8 人的样本；（5）剔除企业法人代码等核心信息缺失的样本；（6）剔除成立时间无效的样本（成立时间在 1 月之前或 12 月之后）；（7）参考勃兰特、毕斯布洛克和张（Brandt，Biesebroeck and Zhang，2012）的方法剔除了重复样本。

二是来自中国海关总署的产品层面的贸易数据，该数据库提供了 HS8 位代码下各企业对不同目的国进出口产品的月度数据信息，覆盖了各贸易企业产品目录下的各种信息，具体对于每一笔进出口贸易。该数据库记录以下三类信息：（1）基本的贸易信息，包括贸易总价值、数量、贸易单位及单位价值等；（2）贸易方式（加工贸易或一般贸易等）和运输方式（海运、陆运或空运）；（3）企业相关信息，如企业名称、代码、地址及联系方式、企业性质、进出口国代码、海关及所在城市等相关信息。本章仅采用了其中的出口贸易数据，为了便于后续处理及与其他数据库合并匹配，本书首先将月度数据分类加总为年度数据，加总后数据为每个企业每一年出口到某一国的某种 HS8 位代码产品的相关数据信息。

在使用数据前，需要进一步将工业企业数据和海关数据进行合并和匹配。由于这两个数据库所采用的企业编码系统不同（工业企业数据企业代码为 9 位，海关数据企业代码为 10 位），不能直接通过企业代码将两个数据库进行匹配和合并，因此本书主要参考了余淼杰和田巍（2012）的做法进行匹配。第一步，按照企业邮政编码及电话号码后 7 位进行匹配，在匹配中剔除以下几类企业样本：（1）邮政编码或电话号码存在缺失值的企业；（2）邮政编码无效即邮政编码数值小于 100000 的企业；（3）电话号码无效即号码小于 1000000 的企业。第二步，按照企业名称将同一年度的

---

① 如 2011 年开始规模以上非国有制造业企业的标准变为年销售额 2000 万元以上。

企业进行匹配。按后一种匹配获得的企业样本数相对较多，然后笔者将两种匹配方法所获得的数据样本取并集。

由于本章主要关注的研究对象为代表性产品——农产品与食品产成品的出口情况，因此海关数据库中仅保留了 HS8 位代码中前两位代码为 01～23 的所有产品样本。① 此外，工业企业数据库中经过匹配后，共得到 2000～2007 年从事食品、农产品出口的工业企业 9654 家。通过对比工业企业所属行业代码笔者发现，从事食品、农产品出口贸易的企业并非所有均为食品制造业企业，也存在其他行业的企业从事相关出口，其中包括一些采矿业和电力行业企业。

三是食品安全标准数据。本章以食品安全标准作为一种代表性技术标准，参考了秦臻和倪艳（2014）以及丰塔涅等（2015）的做法，本章一共设定了三个代理变量来衡量食品安全标准和规制外生政策，分别为 SPS 通告数量、TBT 通告数量以及 STCs 数量。② 以上数据均来自 WTO 的 IMS 信息管理系统③，数据库分别记录了每一年各出口国在各类产品代码下针对出口国的 SPS 和 TBT 通告数量及其他相关信息。其中，TBT 通告反映了进口国为实现保护环境、居民健康安全等公共政策目标所发布的一系列技术标准、检测认证措施；SPS 通告反映了进口国为保护人类、动植物安全所采取的一系列措施；STCs 则反映了出口国针对进口国 SPS 通告所提出的重要关注和意见，该项内容可用来衡量出口国认为的来自进口国的重要贸易壁垒。

WTO 的 IMS 信息管理系统中提供的 SPS 和 TBT 通告信息具体包括两个大的方面：一是基本信息，包括发布通告的进口国家或地区的名称及代码，发布通告的年份，对应的产品 HS4 位代码④；二是通告信息，包括通告的属性（技术规制、应急通报、附加条款等）、可能影响的国家、目标

---

① 学术界对农产品及食品界定是依据 WTO 的定义，主要包括 HS 编码前两位为 01～24 的产品，具体分为四大类：第一类，活动物，动物产品；第二类，植物产品；第三类，动、植物油、脂及其分解产品；第四类，食品。其中 HS 前两位代码 24 的为烟草类产品，因烟草特殊的税收政策，本书并未将其归类为一般食品。

② TBT 通告主要针对各种类型的非关税壁垒，SPS 通告和 STCs 不仅针对 HS 编码前两位为 01～15 的农产品，同时也对应 15～24 的食品加工制成品。

③ 可登录以下网址查询：http：//spsims. wto. org；http：//tbtims. wto. org。

④ IMS 系统中可以分别获得对应 2 位、4 位及 6 位 HS 编码的通告数量及 STCs，但不同数位代码所对应的通告数量和 STCs 存在重叠和缺漏。具体问题包括：（1）一个通告可能对应多个产品 HS 代码造成了代码重叠；（2）对应 2 位、6 位 HS 产品代码的通告数量少，且同属一个产品的 2 位代码不会对应到相应的通告（如一个通告若对应 HS4 位代码 0104，则一般不会再对应 2 位代码 01），因此大量缺漏。最终我们选择了对应 4 位 HS 代码的通告数量和 STCs。

和依据等。STCs 的相关信息则包括年度、HS4 位代码、提出问题的出口国以及涉及的关键问题、目前进展等信息。笔者按照 HS4 位代码以及国家代码将食品安全标准数据与工业企业和海关数据合并后的数据进行了匹配。

为了可以直观了解来自进口国的技术标准规制，本章中通过表 5 - 1 对几个安全标准规制代理变量情况进行了报告，表格中分别包括了 2000 ~ 2007 年来自进口国的 TBT 和 SPS 通告数量、发出通告的进口国数量以及通告覆盖的产品种类数，此外包括了中国方面所提出的 STCs 数量以及针对的进口国数量和对应的产品种类数。由该表可以看出，目前我国所面对的有关食品、农产品的贸易通告主要是 SPS 通告，TBT 通告的数量相对较少。从表格中还可以看出，我国针对进口国所提出的 STCs 数量仍然较少，这可能是由我国对该贸易政策工具的应用尚未足够重视所导致的，但本章中仍然加入了该变量，以增强实证分析的稳健性和全面性。

表 5 - 1 2000 ~ 2007 年向中国进口食品的国家发出的通告及中国提出的 STCs 数

年份	SPS 通告			TBT 通告			STCs		
	通告数（份）	发出通告进口国数（个）	4 位代码产品种类（类）	通告数（份）	发出通告进口国数（个）	4 位代码产品种类（类）	数量（条）	针对进口国数（个）	4 位代码产品种类（类）
2000	345 (3.72%)	35 (17.77%)	94 (46.31%)	110 (0.01%)	9 (4.57%)	75 (36.95%)			
2001	1094 (18.22%)	39 (19.90%)	134 (69.43%)	67 (6.19%)	8 (4.08%)	42 (21.76%)	1 (0.01%)	1 (0.51%)	1 (0.52%)
2002	819 (5.90%)	35 (17.33%)	115 (58.67%)	90 (1.32%)	15 (7.43%)	61 (31.12%)	8 (0.42%)	4 (1.98%)	8 (4.08%)
2003	2557 (10.42%)	36 (18.65%)	129 (66.84%)	167 (5.21%)	13 (6.74%)	82 (42.49%)	9 (1.57%)	5 (2.59%)	9 (4.66%)
2004	3313 (10.73%)	42 (20.69%)	127 (65.46%)	140 (7.76%)	16 (7.88%)	82 (42.27%)	14 (1.45%)	6 (2.96%)	13 (6.70%)
2005	2497 (12.86%)	38 (18.81%)	146 (74.49%)	109 (2.14%)	19 (9.41%)	61 (31.12%)	19 (1.85%)	6 (2.97%)	18 (9.18%)

年份	SPS 通告			TBT 通告			STCs		
	通告数（份）	发出通告进口国数（个）	4位代码产品种类（类）	通告数（份）	发出通告进口国数（个）	4位代码产品种类（类）	数量（条）	针对进口国数（个）	4位代码产品种类（类）
2006	2790 (7.30%)	42 (20.59%)	133 (68.91%)	187 (1.22%)	20 (9.80%)	75 (38.86%)	19 (1.76%)	6 (2.94%)	18 (9.33%)
2007	1741 (8.38%)	31 (14.90%)	118 (62.43%)	105 (0.92%)	21 (10.10%)	59 (31.22%)	20 (2.67%)	6 (2.88%)	18 (9.52%)

注：表中通告数为对应 HS2 位代码 01～23 的所有出口产品通告数和 STCs。发出通告进口国数和 4 位代码产品种类两列的括号中，分别为进口国发出通告及我国提出争议所对应的进口国数量占当年我国所有 HS01～23 产品进口国数量的比重以及产品种类比重；通告数一列的括号中报告的是本章通过海关数据与工业企业数据匹配后的样本中，被发出通告或提出争议的出口食品所对应的出口额占当年我国全部 HS01～23 代码出口额的比重。

资料来源：根据 WTO - IMS 数据库整理所得。

由表 5 - 1 可看出，自 2001 年后，针对中国出口 HS2 位代码 01～23 产品的 SPS 与 TBT 通告及 STCs 数量持续增加，但被发出 SPS 与 TBT 通告的产品出口额占食品、农产品总出口的比重并未相应增长，反而呈现出下降趋势。尽管 SPS 与 TBT 通告及 STCs 所覆盖的食品、农产品出口范围不断上升，但被覆盖产品的出口额比例并未相应增长，这在一定程度上印证了安全标准规制对企业出口额的抑制作用。本书将在后文对此做进一步验证。

5.3 代表性产品——食品、农产品出口的经验事实

本节首先通过对 2000～2007 年中国海关数据进行整理，对代表性产品即食品及农产品的出口情况进行概括性描述，以分析出口的基本特征，后续实证分析将在此基础上展开。

首先对 2000～2007 年我国从事 HS 前两位代码 01～23 的食品与农产品出口总额、出口企业数、进口国和出口产品种类情况等数量特征进行了报告。①

表 5 - 2 显示出自 2000～2007 年我国 HS 前两位代码 01～23 的产品出

———————

① 本书中所提到的进口国包括与我国发生出口贸易的国家和地区，为了简化叙述，在书中统称为进口国。

口总额呈现逐渐增长的趋势，出口额与出口企业数均翻了一番，企业平均出口额并没有明显的变化。2000～2007 年八年间我国出口食品、农产品的进口国数量基本稳定，约为 200 个国家或地区。出口食品、农产品所覆盖的 HS8 位代码产品 900 余种，对应的 HS4 位代码产品 200 种左右。此外由表 5－2 可以看出，同一家从事食品与农产品出口的企业，其目标市场并不局限于一个国家或地区，平均一家企业在一年当中的目标市场超过 3个，企业所出口的产品种类也并不单一，每年中一个出口企业平均出口4～5 类 HS8 位代码的产品。考虑到企业的以上出口特征，本章进行实证分析的初始数据是以企业—产品—进口国的组合作为一个样本个体来考察企业的出口边际，从而增加了出口二元边际的进口国维度与产品维度。

表 5－2　　　　　　2000～2007 年代表性产品出口贸易基本情况

年份	出口总额（亿美元）	出口企业数（家）	企业平均出口额（百万美元）	进口国数（个）		出口产品种类（类）	
				总数	单位企业平均数	总数	单位企业平均数
2000	145	10290	1.41	197	3.27	928（203）	5.69（3.93）
2001	162	10945	1.48	196	3.37	913（193）	5.51（3.82）
2002	170	11684	1.45	202	3.46	963（196）	5.35（3.67）
2003	90.1	10796	0.83	193	3.00	917（193）	4.19（2.98）
2004	220	15211	1.45	203	3.34	961（194）	4.61（3.19）
2005	165	14726	1.12	202	3.08	959（196）	4.07（2.84）
2006	297	19961	1.49	204	3.23	972（193）	4.30（2.98）
2007	340	20463	1.66	208	3.43	973（189）	4.18（2.82）

注：本表报告的产品为 HS 前两位代码 01～23 的所有食品、农产品的出口情况，具体而言产品种类数为 HS8 位代码的产品种类数，括号中的产品种类为对应 HS4 位代码的产品种类数。

资料来源：根据中国工业企业数据、海关数据库整理所得。

不同于总体贸易出口的情况，仅以出口食品、农产品的企业作为研究对象，其出口行为呈现出一种特有的趋势。表 5－3 报告了 2000～2007 年我国企业出口食品、农产品次数情况[①]，对于样本个体的定义方式不同可

———————

① 海关数据记录的企业贸易数据是以月度为单位，为了与工业企业数据库的年度数据相匹配，笔者将其加总为年度数据，因此企业在一年中有出口，即计为出口一次。

能会导致汇报的结果有所差异，表5-3中后四列分别报告了出口企业数量、出口8位HS代码产品的次数（以企业—8位代码产品作为一个样本）、出口4位HS代码产品的次数（以企业—4位代码产品作为一个样本）以及对某一进口国出口的次数（以企业—进口国作为一个样本）；每一行分别表示在2000~2007年度数据中该项出口一共覆盖的年度数；括号中为该项数据占总体样本的百分比。由表5-3可以看出，无论以何种方式定义样本个体，我国农产品及食品加工制成品的出口均有一半以上的比例显示为"一锤子买卖"，即企业只在一个年度中选择出口。"一锤子买卖"的大量存在表明我国食品农产品出口缺乏可持续性，针对这一特征笔者将在后文的分析中进一步分析和作出解释。

表5-3　　2000~2007年中国企业食品、农产品出口覆盖年度情况

年度数/次数	企业数量（家）	8位HS产品出口次数	4位HS产品出口次数	对进口国出口次数
1年	5415 (56.09%)	32664 (68.37%)	18145 (63.11%)	25751 (60.78%)
2年	1526 (15.81%)	7184 (15.04%)	4468 (15.54%)	8063 (19.03%)
3年	890 (9.22%)	3523 (7.37%)	2400 (8.35%)	3615 (8.53%)
4年	818 (8.47%)	2215 (4.64%)	1832 (6.37%)	2499 (5.90%)
5年	369 (3.82%)	1002 (2.10%)	761 (2.65%)	1035 (2.44%)
6年	260 (2.69%)	549 (1.15%)	493 (1.71%)	654 (1.54%)
7年	211 (2.19%)	424 (0.89%)	404 (1.41%)	446 (1.05%)
8年	165 (1.71%)	216 (0.45%)	249 (0.87%)	305 (0.72%)
总样本数	9654	47777	28752	42368

资料来源：通过海关数据和工业企业数据所匹配得到的样本整理所得。

单纯依靠出口额及出口企业数的变动并不能全面了解我国食品、农产品出口的变化趋势，还需结合企业进入退出市场的动态特征。表5-4报告了2001～2007年我国从事食品、农产品出口的企业进入与退出市场的情况，笔者主要对企业的进入与退出市场行为进行了定义，若企业 $t-1$ 年未出口而 t 年开始出口，则被定义为进入市场，若企业 $t-1$ 年出口而 t 年不再出口则被定义为退出市场。表格中的八列仍分别报告了四种不同样本个体定义方式下的企业进入退出市场情况。由表5-4可以看出，除个别年份外，尽管每一年当中均存在大量退出市场的企业，但相对而言进入市场的企业更多，因此得到了出口企业总量持续增长的效果。但另一个不可忽视的现状是在食品、农产品出口市场中，频繁地退出市场导致"一锤子买卖"现象大量存在，持续留在市场中的企业所占比例不高。

表5-4　　　2001～2007年中国食品、农产品出口企业进入退出情况　　　单位：家

年份	企业数		8位HS产品出口		4位HS产品出口		对进口国出口	
	进入市场	退出市场	进入市场	退出市场	进入市场	退出市场	进入市场	退出市场
2001	785	519	4151	2653	2561	1693	3088	1885
2002	728	444	3983	3311	2375	1795	3356	2133
2003	676	581	2863	3409	1848	2066	2992	2835
2004	1570	741	7981	3067	5108	2048	8450	3189
2005	547	705	3713	5275	2054	3027	3757	5138
2006	1369	649	7222	4057	4421	2431	8928	4115
2007	3739	1019	17177	6548	10090	3617	12854	6866
合计	9414	4658	47090	28320	28457	16677	43425	26161

注：需要说明的是关于"持续在市场中"的定义需要说明持续的年度，因此本章中并未报告该项数据。

资料来源：通过海关数据和工业企业数据所匹配得到的样本整理所得。

在出口总体增长的趋势下，仍存在大量企业频繁退出市场，来自进口国的技术标准规制究竟是否抑制了微观企业出口，影响因素又有哪些，导致"一锤子买卖"的原因为何，这是本章下一步实证分析要解决的关键问题。

5.4 技术标准对企业出口二元边际的影响分析

5.4.1 技术标准影响企业出口二元边际的理论模型

本节在钱尼（2008）和劳利斯（2010）的基础上构建出一般均衡模型，引入国际贸易中进口国技术标准这一外生政策带来的企业贸易成本变动，进而刻画贸易成本对异质企业出口决策的静态影响机制，为后面的实证研究提供理论基础。

5.4.1.1 需求端假设

假设共有 N 个进口国（$j=1$，…，N），消费者具有相同的 CES 偏好，消费者消费一个差异化的产品束 ω，$\omega \in \Omega$，Ω 表示一个产品集，则消费者的 CES 效用函数可以写为：

$$U = \left[\int_{\omega \in \Omega} q(\omega)^{\frac{\sigma-1}{\sigma}} \mathrm{d}\omega \right]^{\frac{\sigma}{\sigma-1}} \tag{5.1}$$

其中，σ 为差异化产品间的不变替代弹性。

假设 Y_j 为进口国 j 的真实收入，进口国 j 的价格指数为：

$$P_j = \left[\int_{\omega \in \Omega} p_{ij}(\omega)^{1-\sigma} \mathrm{d}\omega \right]^{\frac{1}{\sigma-1}} \tag{5.2}$$

则 j 国对企业 i 产品的需求量为：

$$q_{ij}(\omega) = \frac{p_{ij}(\omega)^{-\sigma}}{P_j^{1-\sigma}} Y_j \tag{5.3}$$

其中，$p_{ij}(\omega)$ 为企业 i 出口至 j 国的产品价格。

5.4.1.2 供给端假设

企业 i 出口至国家 j 的总贸易成本可以表示为：

$$TC_{ij}(\varphi) = \frac{q_{ij}(\varphi) \tau_{ij} c}{\varphi} + F_j \tag{5.4}$$

其贸易成本包括可变贸易成本 $\dfrac{q_{ij}(\varphi) \tau_{ij} c}{\varphi}$ 和固定贸易成本 F_j，固定贸易成本 F_j 主要由出口行政手续、获取进口国市场相关信息以及技术性规制产生，φ 为出口国企业 i 的生产技术参数，c 为企业的单位生产成本参数，

冰山成本 τ_{ij} 反映企业出口一单位产品到国家 j 的出口损耗，主要与进口国地理距离、关税及运输费用有关。本章中假设来自进口国的技术标准规制会同时影响企业的固定贸易成本与可变贸易成本。[1]

5.4.1.3 均衡的情况

出口国企业 i 的利润可以表示为：

$$\pi_{ij}(\varphi) = x_{ij}(\varphi) - TC_{ij}(\varphi) = p_{ij}(\varphi) q_{ij}(\varphi) - \frac{q_{ij}(\varphi) \tau_{ij} c}{\varphi} - F_j \quad (5.5)$$

企业出口产品的最优价格 $p_{ij}^*(\varphi) = \dfrac{\sigma}{\sigma - 1} \dfrac{\tau_{ij} c}{\varphi}$，则企业出口至 j 国的最优出口额为 $x_{ij}^*(\varphi) = \left(\dfrac{\sigma}{\sigma - 1} \dfrac{\tau_{ij} c}{P_j \varphi} \right)^{1-\sigma} Y_j$。代入企业出口的最优价格 $p_{ij}^*(\varphi)$，可以得到均衡条件下企业利润：

$$\pi_{ij}(\varphi) = \left(\frac{1}{\sigma - 1} \right)^{1-\sigma} \sigma^{-\sigma} \left(\frac{\tau_{ij} c}{P_j \varphi} \right)^{1-\sigma} Y_j - F_j \quad (5.6)$$

进而可以由企业利润最大化的规划问题求解得到使企业利润为 0 的门槛技术水平：

$$\bar{\varphi} = \left(\frac{F_j}{Y_j} \right)^{\frac{1}{\sigma-1}} \frac{\tau_{ij} c}{P_j} \frac{1}{\sigma - 1} \sigma^{\left(\frac{\sigma}{\sigma-1} \right)} \quad (5.7)$$

其含义为只有企业技术水平达到 $\bar{\varphi}$ 才可以进入 j 国市场。

5.4.1.4 技术标准对于企业出口决策的影响分析

首先考虑企业是否选择向 j 国出口的决策，在一期内企业的出口决策反映为出口的扩展边际，劳利斯（2010）和陈勇兵等（2012）将出口企业数量作为衡量扩展边际的指标，本书参考了以上文献的做法，[2] 进一步定义出口到 j 国的企业数量 $N_j = \int_{\bar{\varphi}}^{\infty} G(\varphi) \mathrm{d}\varphi$，则技术标准对于扩展边际的影响可以表示为：$\dfrac{\partial N_j}{\partial x} = - G(\bar{\varphi}) \dfrac{\partial \bar{\varphi}}{\partial x}$，结合企业出口门槛技术水平 $\bar{\varphi}$ 的表达

---

① 根据丰塔涅等（2015），来自进口国的技术标准规制对于出口国企业贸易成本的影响机制是复杂的，技术标准可能同时影响固定成本和可变成本。

② 在理论模型中以出口企业数量衡量扩展边际，实证模型中则采用企业是否选择出口来衡量扩展边际，原因有两个：一是实证中以企业数量作为表示扩展边际的被解释变量不易进行度量；二是每个企业的出口决策最终共同体现为出口企业的数量，因此二者由理论推演到实证验证在逻辑上是一致的。

式，首先可以直观看到固定贸易成本 F_j 的提高将会相应抬升企业的进入门槛，令越来越多企业放弃出口，进而导致符合条件可以选择出口企业的数量减少。因此技术标准将对企业的出口决策产生负向影响，企业的生产率水平越高则有越大的概率达到或者超过出口所需的生产率门槛。

进而再考察技术标准的集约边际影响。本章将集约边际定义为单个企业的最优出口额，则技术标准对于集约边际的影响可以通过对企业 i 出口到 j 国的出口额求偏导：

$$\frac{\partial x_{ij}^*(\varphi)}{\partial c} = \frac{1-\sigma}{c^\sigma} \left(\frac{\sigma}{\sigma-1}\right)^{1-\sigma} \left(\frac{\tau_{ij}}{P_j\varphi}\right)^{1-\sigma} Y_j < 0 \qquad (5.8)$$

$$\frac{\partial x_{ij}^*(\varphi)}{\partial \tau_{ij}} = \frac{1-\sigma}{\tau_{ij}^\sigma} \left(\frac{\sigma}{\sigma-1}\right)^{1-\sigma} \left(\frac{c}{P_j\varphi}\right)^{1-\sigma} Y_j < 0 \qquad (5.9)$$

$$\frac{\partial x_{ij}^*(\varphi)}{\partial \varphi} = \frac{1}{\varphi} \sigma^{1-\sigma} (\sigma-1)^\sigma \left(\frac{\tau_{ij}c}{P_j\varphi}\right)^{1-\sigma} Y_j > 0 \qquad (5.10)$$

冰山成本与单位成本与企业出口额负相关，也即可变贸易成本与出口集约边际负相关，而企业的技术水平与出口的集约边际正相关。由企业出口额表达式可以看出，一旦企业做出了出口决策，则出口额与固定成本无关，因此固定成本并不会影响企业出口的集约边际。

通过理论模型的推导可以发现，进口国技术标准同时影响微观异质企业出口的固定贸易成本与可变贸易成本，其中固定成本影响企业出口的扩展边际，可变成本影响企业出口的集约边际，因此在当期技术标准会对企业出口的扩展边际和集约边际造成负向影响。本书将在后文中进一步进行实证验证。

本节中理论模型的局限在于仅能反映静态一期中的企业出口决策情况，无法刻画企业在连续多期内的序贯出口决策，在后文中将通过序贯Logit 模型刻画企业的序贯出口行为。

5.4.2 变量设置

本章中的几个被解释变量分别为衡量企业出口扩展边际的虚拟变量与衡量出口集约边际的出口额。其他的解释变量及控制变量设置如下：

5.4.2.1 核心解释变量

本章的核心解释变量为衡量进口国技术标准规制的 SPS 和 TBT 通告数及 STCs 数量。本章中计算了进口国每年针对不同 HS4 位代码产品的 SPS

和 TBT 通告数以及来自中国的 STCs 数量，同时设置了该年度该进口国针对 HS4 位代码产品是否有通告的虚拟变量。

5.4.2.2 进口国特征控制变量

基于经典的出口贸易引力模型并结合理论模型，本章加入了进口国经济规模（不变价格 GDP）、进口国地理距离以及进口国关税三个变量。前者影响进口国对企业出口产品需求，地理距离与关税水平则反映为企业出口的冰山成本。

5.4.2.3 异质性企业特征控制变量

（1）企业全要素生产率。梅里兹（2003）等新新贸易理论文献认为微观企业生产率的差异是企业出口行为决策的决定因素，根据已有文献，本章通过企业的全要素生产率来反映企业层面的异质性。较早的文献采用 OLS 估算"索洛残差"的方法来估计企业的全要素生产率，余淼杰（2010）指出这种方法存在的缺陷主要是同步偏差和选择偏差，莱文森和佩特林（Levinsohn and Petrin，2003）通过以中间投入代替投资的方法解决了企业投入与生产率波动的相关性问题，也即选择偏差和内生性问题。综合工业企业数据的情况以及各种估计方法的估计偏误问题，本章选择了莱文森和佩特林（2003）的半参数方法来估计企业的全要素生产率。由于篇幅所限，本章中不再报告全要素生产率的估计结果。

（2）企业规模。企业规模会影响其出口额，关于用以衡量企业规模变量的选择，已有的文献各自采用了不同的做法，如企业总资产、总销售额或员工总数，本章采用了企业资产合计作为反映企业规模的指标。

主要变量描述统计如表 5-5 所示。

表 5-5   主要变量描述统计

变量	均值	标准差	最大值	最小值	样本数
出口额	2.802×10^6	1.292×10^6	1.150×10^8	1	215754
SPS 通告	0.186	0.710	16	0	215754
TBT 通告	0.0168	0.180	7	0	215754
STCs	0.0106	0.103	1	0	215754
地理距离	5333	3777	19297	809.5	215433
进口国 GDP	2.650×10^{12}	3.890×10^{12}	1.510×10^{13}	3.170×10^7	207443
进口国关税	11.24	36.64	1002	0	160718

变量	均值	标准差	最大值	最小值	样本数
生产率	7.107	1.076	12.86	0.0739	185573
行业类别	146.5	113.5	528	1	215754
所有制	14.97	4.588	23	1	215754
所属省份	18.10	10.96	62	1	215754
企业规模	88247	387171	8.260×10^7	0	188493
补贴收入	168.6	1781	212449	-931.4	188493
财务成本	0.0250	0.667	56.87	-1.162	188226
财务状况	0.621	0.292	15.49	-0.282	215676

注：本表格报告的为匹配后的总体样本数据。

5.4.3 技术标准的扩展边际影响分析

本章采用企业是否选择出口作为衡量扩展边际的被解释变量，单个企业当期的出口决策最终整体反映为当年选择出口的企业数量。由于工业企业数据库、海关数据库等数据库匹配后的所获得的数据仅包含当年向某一进口国出口某类产品的样本，并不包括未选择出口样本，本书首先对样本进行了插值补齐，并在此基础上生成了企业出口决策的连续面板数据。本章最终将扩展边际被解释变量设定为企业当年是否向进口国出口某类产品的虚拟变量。本章采用了线性概率模型（LPM）对扩展边际影响进行估计，主要是为了避免模型中固定效应所导致的参数估计偏误问题，同时LPM也能够更直观地对样本的平均边际效应进行估计。扩展边际模型设定为：

$$Dumex_{ijkt} = \beta_0 + \beta_1 Standard_{jkt} + \gamma_1 \ln tfp_{it} + \gamma_2 Standard_{jkt} \times \ln tfp_{it} + \gamma_3 \ln size_{it}$$
$$+ \gamma_4 Standard_{jkt} \times \ln size_{it} + \gamma_5 \ln(100 + tariff_{jkt}) + \xi + \varepsilon_{ijkt} \quad (5.11)$$

其中，下标 i、j、k、t 分别表示企业、进口国、产品类别和年份，与前文理论模型相对应。被解释变量 $Dumex_{ijkt}$ 为企业当年是否向该进口国出口该类产品的虚拟变量，$Standard_{jkt}$ 为用来衡量进口国技术标准的代理变量，分别依次为该年度进口国 TBT 通告数、SPS 通告数、STCs 数量以及三者加总。控制变量中包括了企业的全要素生产率 $\ln tfp_{it}$、企业规模 $\ln size_{it}$ 及二者与技术标准的交互项，以及用来衡量冰山成本的进口国关税 $tariff_{jkt}$，交互项主要用来衡量不同生产率水平和不同规模企业对安全标准这一外生政策的反应情况。ξ 为固定效应，其中分别包括了年度、产品类别、企业和行业的固定效应，ε_{ijkt} 为随机误差项。采用 LPM 估计的技术标准对微观企业扩展边际影响效应的结果如表 5 - 6 所示。

表 5 - 6   技术标准对企业出口扩展边际的影响

变量	TBT		SPS		STCs	
	(1)	(2)	(3)	(4)	(5)	(6)
技术标准	-0.252 *** (-4.075)	-0.275 *** (-4.950)	-0.183 *** (-8.528)	-0.376 *** (-12.380)	-0.873 *** (-5.326)	-0.979 *** (-9.088)
全要素生产率	0.009 *** (3.106)	0.006 ** (2.366)	-0.009 ** (-2.538)	0.022 *** (5.216)	-0.001 (-0.898)	-0.001 (-0.525)
生产率交互项	0.029 *** (-2.836)	0.040 *** (-4.245)	0.014 *** (3.646)	0.011 *** (-3.339)	-0.007 (-0.371)	-0.005 (-0.286)
企业规模	-0.002 (-0.418)	0.007 (1.566)	0.038 *** (5.918)	0.018 *** (2.628)	0.000 (0.151)	0.000 (0.115)
企业规模交互项	0.014 (1.594)	0.021 ** (2.442)	0.017 *** (-4.756)	0.023 *** (5.468)	0.007 (0.315)	0.015 (0.894)
关税	0.021 ** (2.059)		0.115 *** (-6.024)		0.002 (1.072)	
年度固定效应	Yes	Yes	Yes	Yes	Yes	Yes
进口国固定效应	Yes	No	Yes	No	Yes	No
年度 - 进口国固定效应	No	Yes	No	Yes	No	Yes
产品固定效应	Yes	Yes	Yes	Yes	Yes	Yes
企业固定效应	Yes	Yes	Yes	Yes	Yes	Yes
行业固定效应	Yes	Yes	Yes	Yes	Yes	Yes
样本量	18464	24260	22599	36630	16815	22821
R^2	0.661	0.691	0.674	0.625	0.855	0.845

注：* 、** 和 *** 分别表示在 10%、5% 和 1% 的显著水平下显著。括号中为标准误，后文中如无特殊说明，括号中均为标准误，故不再赘述。

表 5 - 6 分别报告了 2000 ~ 2007 年来自进口国 TBT 通告、SPS 通告以及我国针对进口国的 STCs 对我国企业出口扩展边际的影响。针对每一种

标准变量，两列分别表示不同固定效应设置的回归结果，第一列是同时加入了年度固定效应和进口国固定效应，第二列则是加入了年度和进口国交互项的固定效应以控制随年份变化的进口国特征变量，如进口国关税。因此在第二列的模型中并没有在控制变量中加入进口国关税变量。由表 5－6 可以看到，作为进口国技术标准代理变量的进口国的通告以及我国所发布的 STCs 确实对企业出口的扩展边际造成了负面影响。从当期是否出口的静态分析角度来看，进口国的技术标准规制越严格会有越多的出口企业被阻挡于进口国大门之外，做出放弃出口的决策，这种影响也反向体现为阻止潜在的企业进入食品、农产品出口市场，该结果进一步证实了本书在理论模型中提出的假设。与此同时，本章也较为关心异质企业的特征对于其出口决策会造成何种影响，由表 5－6 第（1）列和第（2）列可以看出，生产率越高的企业越倾向于选择出口，这再一次印证了梅里兹（2003）对企业出口扩展边际所得出的结论，即在静态视角下，企业进入市场的出口决策本身可以看作是高生产率企业的一种自我选择。但是企业全要素生产率以及企业规模对于出口扩展边际的总体影响并不十分明确。本章的研究更为关注的是两个交互项的情况，其中企业全要素生产率与食品安全标准的交互项总体显著为正，说明生产率更高的企业对进口国技术标准具有更强的抵御能力，企业规模的交互项总体上也显著为正，反映出规模更大的企业对进口国技术标准规制具有更强的适应能力。也即在考虑进口国技术标准影响企业出口决策时，企业规模是相比企业生产率更重要的因素。笔者同时注意到进口国关税对扩展边际的影响为正，这并不符合预期，造成这种情况的原因可能是遗漏变量问题，因此笔者也加入了年度－进口国固定效应来解决这一问题。

5.4.4　技术标准的集约边际影响分析

5.4.4.1　模型设置

本章将企业当年出口额作为测度集约边际的变量，因此扩展边际与集约边际可以看作在静态的一期中企业首先做出是否出口决策，然后再确定出口额的两阶段选择。技术标准影响企业出口集约边际的模型如下：

$$
\begin{aligned}
\ln export_{ijkt} =\ & \beta_0 + \beta_1 Standard_{jkt} + \gamma_1 \ln tfp_{it} + \gamma_2 Standard_{jkt} \times \ln tfp_{it} \\
& + \gamma_3 \ln size_{it} + \gamma_4 Standard_{jkt} \times \ln size_{it} + \gamma_5 \ln(100 + tariff_{jkt}) \\
& + \gamma_6 \ln GDP_{jt} + \gamma_7 \ln dist_{jt} + \xi + \varepsilon_{ijkt}
\end{aligned}
\tag{5.12}
$$

与扩展边际影响分析相类似，笔者同时也加入了两种不同的固定效应设置以增强估计结果的稳健性。

5.4.4.2 进一步的数据处理

在基于工业企业数据库与海关数据库匹配后所获得的数据中，本章中将一个企业—产品—进口国组合计为一个样本，按照这种计算出口额的方式，本书通过食品、农产品出口的经验事实发现，我国出口食品和农产品多为"一锤子买卖"，即大多数企业自 2000 ~ 2007 年向某一进口国出口某一类 HS8 位代码下产品仅一次。考虑到这种情况，为了保证估计的稳健性，本章采用了对企业年度出口额分类加总的方式。本书具体采用了两种加总方式：一是将企业在一个年度中向所有进口国出口某一类产品的出口额加总，此时一个企业—产品的组合计为一个样本。二是将企业在一个年度中向某一进口国出口的所有产品加总，此时一个企业—进口国的组合计为一个样本。经过这样的加总处理后，会大大降低"一锤子买卖"所占的比例。

在计算加总的出口额后，需要对几个与进口国及产品相关的变量分别进行相应的加权处理①，以与加总后的进口额对应。关于几种分类加总的加权指数的构建方法，本书主要参考了余淼杰和袁东（2016）的做法，对两种不同加总方法下的技术标准（SPS 和 TBT 通告数以及 STCs）的加权指数进行设定，以下分别为按进口国与产品的加权指数、按照 8 位 HS 代码产品的加权指数和按照进口国的加权指数：

$$T_{kt}^1 = \sum_j \left(\frac{\sum_j X_{it}^{kj}}{\sum_k X_{it}^k} \right) \tau_t^{kj} \tag{5.13}$$

$$T_{jt}^2 = \sum_k \left(\frac{\sum_k X_{it}^{kj}}{\sum_k X_{it}^k} \right) \tau_t^{kj} \tag{5.14}$$

其中，τ_t^{kj} 是 t 年进口国 j 针对产品 i 的通告数、STCs、进口国 GDP 或进口国地理距离等与产品类别、进口国国别相关的变量，T_t 是其加权指数。其中 X_{it}^{kj} 表示企业 i 在 t 年出口产品 k 到国家 j 的出口额，$\sum_j X_{it}^{kj}$ 表示企业 i 在 t 年向所有国家出口产品 k 的总额，$\sum_j X_{it}^{kj} = X_{it}^k$；$\sum_k X_{it}^{kj}$ 表示企业 i 在 t 年向

---

① 这里主要是指食品安全标准变量和进口国 GDP、地理距离变量，其中食品安全标准变量 $Standard_{jkt}$ 与进口国、产品类别和年度相关，进口国 GDP 和地理距离变量与进口国和年度相关。

进口国 j 出口所有产品的总额，$\sum_k X_{it}^{kj} = X_{it}^j$；$\sum_k X_{it}^k = \sum_j X_{it}^j$ 表示企业 i 在 t 年（向所有进口国）出口所有产品的总额。

5.4.4.3　估计结果

按照两种加总出口额的方式分别获得了两组加总数据[①]，由于本节主要考察静态条件下当期技术标准对企业出口额的影响，将"一锤子买卖"企业与其他普通企业混同可能会造成估计偏误，因此笔者首先排除"一锤子买卖"的影响，去除两种加总方式下在 2000~2007 年仅出口一次和两次的样本再进行估计。有关"一锤子买卖"的成因，将在后文序贯出口决策模型中具体加以分析。由于采用加总方式一来计算企业某一类产品的年度出口总额时不可避免地删除了进口国因素，因而无法加入进口国固定效应，为了避免遗漏变量问题，本章又加入了包括进口国关税、GDP 以及地理距离在内的进口国特征变量。此外，本章还加入了两种通告数和 STCs 数量的总和变量作为解释变量，来分析技术标准对集约边际影响的总体情况，估计结果如表 5-7 所示。

表 5-7 的前四列报告了第一种加总企业出口额的估计结果，后八列分别为第二种加总出口额的估计结果。由此看到，技术标准对企业的出口集约边际有显著的抑制效应，TBT 通告、SPS 通告、STCs 以及三者总和的系数显著为负。进口国 GDP 的系数显著为正，说明进口国的经济规模越大其进口也越多。进口国关税系数显著为负，显示出关税对出口的抑制作用。企业生产率的系数显著为正，其交互项系数为负，但在某些情况下并不显著，说明生产率较高的企业当面临来自进口国的安全标准规制时甚至会选择降低出口额。企业规模的系数为正，符合扩展边际下的情况和本章的理论假设，其交互项系数为正，说明在从事食品及农产品出口的企业中，企业规模是相对于生产率而言更重要的出口决定因素，因为主要从事食品、农产品出口的企业更倾向于劳动密集型而非技术密集型，更加依赖劳动力与资本的积累，相应地，规模更大的企业抵御非关税壁垒的能力也更强。这里需要说明的是，经过加权后，进口国地理距离对集约边际的影响呈现正向关系，本书认为原因有两个方面：第一，按照 HS8 位代码产品加权后，地理距离这一变量变为某一类产品对所有进口国出口的加权指数，因此随机性进一步降低，且数据分布集中，可能出现正值；第二，因为本章对出口产品类别进行了限定，相应地，目标市场的随机性降低，我国食品、农产品出口的目标市场主要

----

① 企业特征变量只与企业相关，在此无须进行加权处理。

表 5-7

两种加总方式下的集约边际影响估计结果

变量	加总方式一				加总方式二							
	TBT	SPS	STCs	总和	TBT		SPS		STCs		总和	
					(1)	(2)	(3)	(4)	(5)	(6)	(7)	(8)
技术标准	-0.318*** (-2.359)	-0.148*** (-4.671)	-0.335* (-1.760)	-0.158*** (-5.584)	-1.210*** (-3.658)	-1.026*** (-4.053)	-0.427*** (-7.118)	-0.649*** (-7.224)	-5.247*** (-5.811)	-5.945*** (-4.885)	-0.447*** (-7.548)	-0.680*** (-7.717)
全要素生产率	0.004 (0.411)	0.004 (0.429)	0.004 (0.431)	0.004 (0.452)	0.003 (0.181)	0.001 (0.066)	0.010 (0.556)	0.011 (0.577)	0.006 (0.340)	0.008 (0.405)	0.012 (0.622)	0.013 (0.657)
生产率交互项	-0.004 (-0.144)	0.001 (0.093)	-0.010 (-0.749)	-0.001 (-0.231)	-0.057* (-1.704)	-0.032 (-0.845)	-0.042*** (-4.320)	-0.050*** (-3.444)	-0.339*** (-2.987)	-0.414*** (-2.987)	-0.041*** (-4.189)	-0.050*** (-3.365)
企业规模	0.417*** (23.974)	0.414*** (23.739)	0.417*** (23.973)	0.414*** (23.673)	0.269*** (9.586)	0.256*** (8.707)	0.257*** (9.180)	0.237*** (8.061)	0.268*** (9.546)	0.253*** (8.604)	0.253*** (9.041)	0.231*** (7.873)
企业规模交互项	0.025 (0.931)	0.009* (1.775)	0.036** (2.045)	0.012*** (2.611)	0.163*** (3.878)	0.149*** (4.535)	0.075*** (8.538)	0.107*** (8.600)	0.776*** (6.389)	0.972*** (6.036)	0.077*** (8.831)	0.110*** (8.814)
地理距离	0.563*** (70.377)	0.566*** (70.714)	0.563*** (70.362)	0.566*** (70.718)								
GDP	0.229*** (30.201)	0.228*** (30.126)	0.229*** (30.167)	0.229*** (30.155)								
关税	-0.379*** (-7.479)	-0.355*** (-7.023)	-0.390*** (-7.642)	-0.348*** (-6.874)	4.094*** (25.836)		4.050*** (27.418)		4.129*** (27.961)		4.017*** (27.369)	

续表

变量	加总方式一				加总方式二							
	TBT	SPS	STCs	总和	TBT		SPS		STCs		总和	
					(1)	(2)	(3)	(4)	(5)	(6)	(7)	(8)
年度固定效应	Yes	Yes	Yes	Yes	Yes	Yes	Yes	Yes	Yes	Yes	Yes	Yes
进口国固定效应	No	No	No	No	Yes	No	Yes	No	Yes	No	Yes	No
年度－进口国固定效应	No	No	No	No	No	Yes	No	Yes	No	Yes	No	Yes
产品固定效应	Yes	Yes	Yes	Yes	Yes	Yes	Yes	Yes	Yes	Yes	Yes	Yes
企业固定效应	Yes	Yes	Yes	Yes	Yes	Yes	Yes	Yes	Yes	Yes	Yes	Yes
行业固定效应	Yes	Yes	Yes	Yes	Yes	Yes	Yes	Yes	Yes	Yes	Yes	Yes
样本量	25128	25128	25128	25128	59103	58923	59103	58923	59103	58923	59103	58923
R^2	0.917	0.917	0.917	0.917	0.439	0.399	0.440	0.403	0.439	0.400	0.441	0.404

注：*，** 和*** 分别表示在10%，5%和1%的显著水平下显著。

集中于几个大国（见图 5 - 1），其中包括北美、欧洲等距离较远的国家，因此呈现出地理距离越远反而出口额越多的趋势。

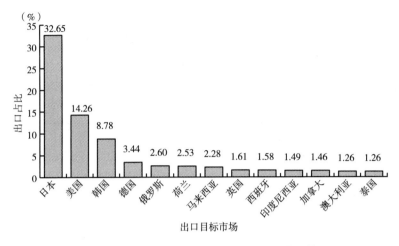

图 5 - 1　中国出口食品农产品的主要目标市场情况
资料来源：根据本章所采用的中国工业企业数据和海关数据整理所得。

5.4.5　内生性问题

有关技术标准影响出口扩展、集约边际的分析可能存在着由遗漏变量或因果倒置所导致的内生性问题。本书通过加入固定效应来处理由遗漏变量所导致的内生性问题，丰塔涅等（2015）指出因果倒置问题主要源自于一些进口国针对大额出口企业专门设置特殊的安全标准，在本章中主要通过企业是否选择出口来度量出口扩展边际，由于并不存在针对不出口企业专门设置的技术标准，因此在技术标准影响扩展边际的分析中因果倒置所导致的内生性问题并不严重。① 作为一种稳健性检验，本书将技术标准进行了滞后一期处理以解决集约边际影响分析中因果倒置所导致的内生性问题。表 5 - 8 中报告了将技术标准滞后一期后的估计结果。估计结果显示，将技术标准滞后一期处理后的估计结果基本与初始结果保持一致，技术标准显著负向影响企业出口的集约边际，对于规模较大的企业而言这种抑制效应被一定程度地削弱，高生产率企业对产品安全规制抑制效应的抵御能力则并不明显。

---

① 笔者没有在扩展边际影响分析中采用将技术标准滞后处理的另一个原因是，我国的食品、农产品出口中存在着普遍的"一锤子买卖"现象，在扩展边际影响分析中无法剔除"一锤子买卖"样本，企业的出口行为表现出一定的随机性，此时将技术标准进行滞后一期处理可能导致严重的估计偏误。

表 5-8

技术标准滞后一期的集约边际影响

变量	加总方式一				加总方式二							
	TBT	SPS	STCs	总和	TBT		SPS		STCs		总和	
					(1)	(2)	(3)	(4)	(5)	(6)	(7)	(8)
技术标准	-0.259 (-1.003)	-0.125*** (-3.470)	-0.527** (-2.236)	-0.132*** (-3.811)	-0.461*** (-3.182)	-0.821*** (-4.659)	-0.055 (-0.771)	-0.222** (-2.013)	-1.261* (-1.902)	-2.376** (-2.116)	-0.098 (-1.489)	-0.282*** (-2.836)
全要素生产率	0.023** (2.011)	0.024** (2.076)	0.023** (2.049)	0.024** (2.073)	0.027 (1.417)	0.017 (0.788)	0.027 (1.406)	0.018 (0.854)	0.032 (1.644)	0.023 (1.110)	0.027 (1.400)	0.018 (0.840)
生产率交互项	0.027 (0.655)	-0.004 (-0.683)	-0.013 (-0.880)	-0.003 (-0.692)	0.010 (0.394)	0.019 (0.600)	-0.000 (-0.071)	-0.001 (-0.062)	-0.279*** (-2.892)	-0.338** (-2.557)	-0.002 (-0.260)	-0.002 (-0.257)
企业规模	0.368*** (17.261)	0.366*** (17.007)	0.368*** (17.179)	0.365*** (17.012)	0.304*** (9.011)	0.308*** (8.617)	0.305*** (8.983)	0.302*** (8.346)	0.305*** (9.030)	0.309*** (8.613)	0.301*** (8.867)	0.296*** (8.182)
企业规模交互项	0.002 (0.048)	0.011* (2.327)	0.052** (2.308)	0.012*** (2.838)	0.044** (2.019)	0.079*** (2.811)	0.010 (1.222)	0.028** (2.156)	0.353*** (3.696)	0.532*** (3.583)	0.015* (1.902)	0.035*** (2.833)
地理距离	0.538*** (55.755)	0.540*** (55.945)	0.538*** (55.767)	0.540*** (55.936)								
GDP	0.246*** (26.585)	0.245*** (26.535)	0.246*** (26.592)	0.245*** (26.537)								
关税	-0.469*** (-7.628)	-0.452*** (-7.348)	-0.473*** (-7.633)	-0.450*** (-7.305)	3.256*** (30.945)		3.232*** (30.763)		3.266*** (31.074)		3.202*** (30.528)	

变量	加总方式一				加总方式二							
	TBT	SPS	STCs	总和	TBT		SPS		STCs		总和	
					(1)	(2)	(3)	(4)	(5)	(6)	(7)	(8)
年度固定效应	Yes	Yes	Yes	Yes	Yes	Yes	Yes	Yes	Yes	Yes	Yes	Yes
进口国固定效应	No	No	No	No	Yes	No	Yes	No	Yes	No	Yes	No
年度 - 进口国固定效应	No	No	No	No	No	Yes	No	Yes	No	Yes	No	Yes
产品固定效应	Yes	Yes	Yes	Yes	Yes	Yes	Yes	Yes	Yes	Yes	Yes	Yes
企业固定效应	Yes	Yes	Yes	Yes	Yes	Yes	Yes	Yes	Yes	Yes	Yes	Yes
行业固定效应	Yes	Yes	Yes	Yes	Yes	Yes	Yes	Yes	Yes	Yes	Yes	Yes
样本量	17600	17600	17600	17600	20981	20817	20981	20817	20981	20817	20981	20817
R^2	0.926	0.926	0.926	0.926	0.537	0.483	0.538	0.485	0.537	0.483	0.539	0.488

注：*、** 和 *** 分别表示在 10%、5% 和 1% 的显著水平下显著。

5.5 我国食品、农产品的序贯出口决策分析

在前文中，发现了在出口市场存在着频繁的企业进入或退出行为，同时食品、农产品出口中存在大量"一锤子买卖"的现象，在分析外生技术标准影响出口二元边际的部分，为了避免"一锤子买卖"对估计结果的影响，本书剔除了仅在 1～2 年中有过出口的企业样本。本书在此基础上将进一步探索"一锤子买卖"现象大量存在的原因。

5.5.1 序贯出口决策模型

"一锤子买卖"反映的现象具体表现为企业在刚进入出口市场后的第一期或第二期就退出市场。企业在进入出口市场时，往往需要承担较大的进入成本，在支付巨额成本后为何大量企业又快速选择退出市场，这是本章所要解释的一个关键问题。一家企业在市场中持续出口，其前提不仅是前一期没有退出市场，而且需要过去每一期都未退出，因而探讨"一锤子买卖"因何存在即等同于分析企业能够在市场中延续出口的原因。企业在当期选择退出市场或持续出口的概率不仅取决于其当期决策，也和过去每一期的出口经验相关，故企业的出口行为呈现出了一定的序贯特征，单纯地考虑企业一次性进入或退出（扩展边际）与出口额的变化（集约边际）而忽略了出口的持续性，尚不能完全反映企业出口决策的特征，本章在讨论企业出口二元边际的基础上，将进一步通过序贯决策模型探索企业的序贯出口特征。叶宁华等（2015）指出尽管企业生产率是影响企业出口二元边际的重要因素，但这仅体现为高生产率企业在进入市场时具有出口优势，但生产率并不是影响企业出口延续的核心要素。影响企业序贯出口决策的关键因素究竟是什么？阿尔伯诺兹等（2012）提出，由于对未来的盈利预期未知，在初始状态下企业的序贯出口表现为一定的随机性，进而伴随出口延续积累经验调整决策。基于此，本章将重点探索以技术标准为代表的外生政策冲击对于企业序贯出口决策的影响。

本章采用比伊斯（Buis，2009）的序贯 Logit 方法来分析企业在出口中的序贯决策行为。该方法主要用于估计样本在一系列决策中每一步决策的影响因素及对最终结果的加权影响效果。本节将这种序贯决策转化为企业在一个时间序列上连续多期中的序贯出口行为，定义了一个 K 变量表示企业在 2000～2007 年持续出口的情况。为了分析企业在首次进入市场后

的持续出口行为，首先筛选保留了所有在 2000 年没有出口，自 2001 年开始出口的样本。变量 $K = 1$，表示出口持续到 2007 年；$K = 0$ 表示 2002 年退出市场；$K = 2$ 表示 2003 年退出市场；$K = 4$ 表示 2004 年退出市场；以此类推，$K = 10$ 表示 2007 年退出市场。[①] 企业的序贯出口决策如图 5 - 2 所示。

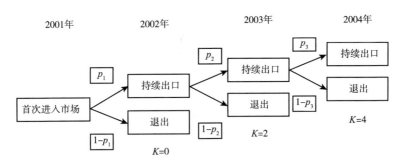

图 5 - 2 序贯出口示意

注：由于篇幅所限，该示意图仅展示了四期的序贯出口，2005 ~ 2007 年类同。

模型假设每一期企业的决策之间是相互独立的，因此原则上从第一期到最后一期过程中每一次企业的出口决策均可以通过一次单独的 Logistic 回归来估计。假设企业 i 在第 t 期中选择出口的概率为 p_{it}，则模型设定为：

$$p_{i1} = \frac{\exp(\alpha_1 + \beta_1 Standard_i + x_i'\gamma_1)}{1 + \exp(\alpha_1 + \beta_1 Standard_i + x_i'\gamma_1)} \tag{5.15}$$

$$p_{i2} = \frac{\exp(\alpha_2 + \beta_2 Standard_i + x_i'\gamma_2)}{1 + \exp(\alpha_2 + \beta_2 Standard_i + x_i'\gamma_2)}, \text{如果} pass_{i1} = 1 \tag{5.16}$$

$$\cdots\cdots$$

$$p_{i6} = \frac{\exp(\alpha_6 + \beta_6 Standard_i + x_i'\gamma_6)}{1 + \exp(\alpha_6 + \beta_6 Standard_i + x_i'\gamma_6)}, \text{如果} pass_{i5} = 1 \tag{5.17}$$

其中，$Standard_i$ 表示技术标准变量，x_i' 表示其他企业特征控制变量，$pass_{it-1} = 1$ 是表示上一期是否持续出口的指示变量。企业在连续出口了 $k - 1$ 年后，第 k 年继续出口和退出市场的概率分别可以表示为 $P_{ik} = \prod_{t=1}^{k} p_{it}$ 和 $P_{ik}' = (1 - p_{ik}) \prod_{t=1}^{k-1} p_{it}$。

因初始数据以企业—产品—进口国作为一个样本，以此计算一次出

---

① 我们所关注的序贯出口仅为企业持续出口的现象，举例来说，若企业于 2002 年退出市场，后又在 2004 年或 2005 年重新进入，则均视为持续出口在 2002 年已停止，$K = 0$。

口。我们发现超过 99% 的出口为"一锤子买卖",即超过 99% 的企业在 t 年向 j 国出口 8 位 HS 代码的产品 k 不超过一次。考虑到这种计算样本的维度会导致"一锤子买卖"比重过高,本章中首先排除了这种情况。其次,按照进口国和产品加总后,企业 i 在 t 年中出口一次计为一个样本,但 2000 ~ 2007 年我国从事过食品、农产品出口的企业共 9654 家,其中仅有 928 家企业在 2000 年出口,自 2000 年以后开始出口的企业中仅 785 家自 2001 年开始出口,以这 785 家企业为基础进行序贯出口分析会导致样本量过小,容易造成估计偏误。因此本书也排除了这种情况,保留了所有 2000 年从事农产品与食品出口的企业。本章仅对按进口国加总和按 8 位 HS 代码产品加总的数据进行序贯 Logit 分析,前者将 t 年中企业 i 向 j 国的所有出口计为一个样本,后者将 t 年中企业 i 向所有进口国出口 k 类产品计为一个样本。

5.5.2 序贯出口决策模型估计结果

图 5 - 3 首先报告了两种加总数据中持续出口变量 K 的取值分布情况,由图 5 - 3 可以看出,样本持续出口年限呈现递减趋势,即持续年度越久保留在市场中的企业数量越少,但最终持续出口达到 7 年的样本数明显多于 2005 ~ 2007 年退出市场的样本数。

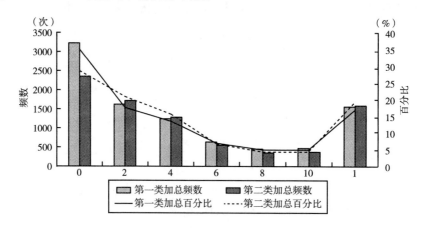

图 5 - 3 出口持续期 K 取值分布情况

表 5 - 9 报告了通过序贯 Logit 模型对企业序贯出口决策进行估计的结果,其中前四列是采用按产品加总数据的估计结果,后四列是采用按进口国加总数据的估计结果。由于采用序贯 Logit 模型估计无法加入企业固定效应与进口国固定效应,为了避免遗漏变量问题,本节加入了进口国关税、进口国地理距离以及进口国 GDP 以控制进口国特征,同时加入了企业财务成本、财务状况、补贴收入、所在省份以控制企业特征,还加入了

企业所属的行业特征变量来控制行业特征。① 由于所有样本均自 2001 年开始出口，表 5 - 9 第（1）列表示 2002 年企业是否选择持续出口的决策中各类因素的影响。第（2）列则表示针对 2002 年已经持续出口一年的企业在第二年即 2003 年持续出口的决策，其余年份以此类推。表 5 - 9 仅报告了包括 2002 ~ 2004 年以及 2007 年四年中序贯出口的情况，原因有两个：一是由图 5 - 3 可以看出，两类加总数据中持续出口到 2004 年、2005 年、2006 年的样本量所占比例较低，仅分别占 16.97% 和 15.60%；二是由估计结果显示，在第三年以后包括技术标准和企业生产率在内的各项因素的影响几乎均不显著，且伴随持续期数的推移估计结果已无明显差异，已经难以说明问题。

表 5 - 9 两类加总数据序贯出口估计结果

变量	按产品加总				按进口国加总			
	(1)	(2)	(3)	(4)	(5)	(6)	(7)	(8)
	0v1	2v1	4v1	10v1	0v1	2v1	4v1	10v1
技术标准	- 3.831 ***	- 9.548 ***	1.349	1.048	- 3.245 **	- 4.440 **	- 0.815	5.946 *
	(- 2.886)	(- 4.460)	(0.612)	(0.347)	(- 2.274)	(- 2.187)	(- 0.446)	(1.716)
生产率	- 0.082	- 0.321 ***	0.261 *	- 0.324	- 0.098	- 0.103	0.263 **	0.637 ***
	(- 0.827)	(- 2.658)	(1.937)	(- 1.562)	(- 1.095)	(- 0.961)	(2.353)	(4.347)
所有制	0.070 ***	0.063 ***	0.037 *	0.160 ***	0.001	0.033 **	0.035 **	0.089 ***
	(4.799)	(3.692)	(1.823)	(5.431)	(0.065)	(2.090)	(2.139)	(3.621)
企业规模	0.140 *	0.221 **	- 0.249 **	0.348 *	0.206 **	0.260 ***	- 0.289 ***	- 0.827 ***
	(1.660)	(2.165)	(- 2.139)	(1.878)	(2.480)	(2.594)	(- 2.729)	(- 5.405)
进口国地理距离	0.178 ***	0.269 ***	0.107	0.427 ***	- 0.006	0.086	- 0.016	0.099
	(3.660)	(4.330)	(1.569)	(4.216)	(- 0.123)	(1.271)	(- 0.229)	(0.886)
进口国 GDP	0.042	- 0.091	- 0.103	- 0.352 ***	0.152 ***	- 0.003	0.077	- 0.113
	(0.893)	(- 1.536)	(- 1.594)	(- 3.378)	(3.879)	(- 0.051)	(1.511)	(- 1.354)
进口国关税	- 0.295	- 0.490	0.478	- 0.452	- 0.169	0.854	0.529	2.860 **
	(- 0.551)	(- 0.909)	(0.594)	(- 0.579)	(- 0.332)	(1.228)	(0.717)	(2.086)

① 盛丹和包群（2011）认为，出口补贴一方面降低了企业的出口成本，另一方面有利于提高本国企业在国际市场中的竞争力，补贴收入可能是我国企业选择出口的主要动力之一，因此笔者在模型中加入了企业所获得的补贴收入。本章中具体用来衡量企业财务状况的指标为企业的资产负债率，财务成本为企业利息支出与负债合计之比，二者共同反映企业的基本财务和资产状况。

变量	按产品加总				按进口国加总			
	(1)	(2)	(3)	(4)	(5)	(6)	(7)	(8)
	0v1	2v1	4v1	10v1	0v1	2v1	4v1	10v1
补贴收入	0.021	0.017	−0.079	−0.061	−0.174 ***	−0.030	−0.022	0.080
	(0.449)	(0.308)	(−1.352)	(−0.755)	(−3.852)	(−0.570)	(−0.433)	(1.128)
财务成本	2.419	1.692	1.928	6.195 *	1.227	0.241	5.226	−14.965 ***
	(1.079)	(0.694)	(0.765)	(1.835)	(0.458)	(0.084)	(1.307)	(−3.007)
财务状况	−0.335	−0.936 **	0.382	0.339	−0.060	0.780 *	−0.436	2.421 ***
	(−0.951)	(−2.289)	(0.829)	(0.540)	(−0.166)	(1.842)	(−0.959)	(3.373)
行业特征	−0.003 **	−0.005 ***	−0.003 **	0.004	−0.003 ***	−0.002 *	0.004	−0.001
	(−2.136)	(−3.752)	(−2.057)	(1.116)	(−3.114)	(−1.653)	(1.545)	(−0.291)
省份	0.004	0.027 ***	−0.015 *	−0.034 ***	0.023 ***	0.034 ***	0.004	−0.024 **
	(0.502)	(3.267)	(−1.815)	(−3.030)	(3.646)	(4.312)	(0.530)	(−2.239)
生产率交互项	−0.075	0.263	−0.432	−0.422	−0.020	0.034	−0.163	−0.408
	(−0.392)	(1.101)	(−1.426)	(−1.166)	(−0.097)	(0.130)	(−0.662)	(−1.219)
企业规模交互项	0.360 **	0.689 ***	0.223	0.147	0.271	0.385 *	0.168	−0.236
	(2.256)	(2.904)	(0.875)	(0.442)	(1.618)	(1.677)	(0.772)	(−0.678)
样本数	1269	1269	1269	1269	1287	1287	1287	1287
P 值	0.000	0.000	0.000	0.000	0.000	0.000	0.000	0.000

注: *、** 和 *** 分别表示在10%、5%和1%的显著水平下显著。

由表 5 - 9 可以看出，两类加总数据的估计结果均验证了来自进口国的技术标准确实对企业的序贯出口决策影响显著，即使投入大量的进入成本，企业也会在刚进入出口市场后的第一年、第二年因为受到进口国外生政策的抑制而被迫选择退出，但这种影响仅体现在最初两期的序贯出口决策中，即以技术标准为代表的外生政策冲击会对企业短期内的序贯出口决策产生影响。以上结论具体反映在两类加总数据中可以解释为：企业面临针对某一类产品的安全标准限制而停止该类产品的出口，或企业面临来自某一目标市场的标准限制而退出该市场。生产率对企业序贯出口决策的影响并不显著甚至为负，这说明在企业进入市场后，其生产率水平并不是维持其出口的影响要素。本章认为，在企业进入市场前，面临未来收益与进入成本的权衡考量，高生产率企业具有明显的进入优势，且如果企业可以保持在市场中，则其出口额也与生产率呈现显著的正相关性，但当企业进入市场后，相比生产率而言，外生政策是影响其序贯出口决策的更重要因素。对这一实证结果可以从以下角度进行解释，阿尔伯诺兹等（2012）指出，企业在进入市场前，其生产率等因素是其已知信息，企业据此做出是否进入出口市场的判断，但此时企业对未来可能的盈利情况是未知的，企业将在进入市场后在出口贸易中获得盈利相关的信息，进而做出持续出口或退出市场的决策。而这种在持续出口中获得的信息与经验主要来自技术标准等进口国外生政策，企业只有在真正进入市场后才能通过出口经验判断技术标准规制所带来的冲击以及自身对于外生政策冲击的适应能力。

本章的实证分析结论与叶宁华等（2015）所得出的结论存在一点不同，叶宁华等（2015）指出企业生产率仅对短期出口行为造成影响，与出口的长期持续性几乎无关。本章的结论则发现，在按进口国加总的数据中，企业生产率也可能与序贯出口决策存在显著的长期关联。本章认为原因主要是高生产率企业更倾向于针对技术标准进行技术创新等适应性调整，若企业可以一直在市场中延续出口，这种适应性会在长期中得以显现，尤其体现在针对目标市场的调整中。

表 5-9 还显示企业规模对最初两期的序贯出口决策有显著的正向影响，这同样反映在企业规模与食品安全标准的交互项上，相比高生产率企业，规模较大的企业更容易延续出口。同时再次验证了前文中所得出的结论，即考虑进口国技术标准对企业出口决策的影响时，企业规模是相比生产率更重要的因素。此外，各项因素对于企业序贯出口决策的影响也体现出了一定的行业和区域差异。进口国关税对前两期的企业序贯出口决策也起到抑制作用，但并不显著，其他企业特征变量也没有呈现出与企业序贯出口决策的显著相关性。

通过对企业出口决策的序贯 Logit 分析，本书得出以下结论：当企业进入出口市场后，短期内后续出口过程中由外生政策冲击所带来的不确定性成为影响企业是否持续出口的重要因素，具体在食品、农产品出口中，进口国针对不同产品的安全标准是导致"一锤子买卖"大量存在的一个主要原因。

基于本章的实证研究可得出以下结论：

（1）进口国技术标准对出口二元边际的当期影响。本章首先对进口国技术标准抑制企业出口的静态效应进行了实证检验，研究结果显示来自进口国的技术标准确实在当期从影响企业出口选择和降低企业出口额两种途径对企业的出口二元边际产生了抑制效应。从理论模型出发，本书认为进口国技术标准通过提高固定成本与可变成本的方式确实增加了企业的贸易成本，梅里兹（2003）亦指出，贸易成本影响集约边际的机制与结果是复杂的，本章则运用来自中国的微观企业数据对这一机制进行了实证验证。不同规模、生产率水平的企业在抵御进口国技术标准出口抑制效应时的表现亦存在差异。

（2）技术标准等外生政策对企业序贯出口决策的影响。本章通过对技术标准影响企业持续出口决策的序贯 Logit 分析发现，来自进口国的技术标准作为一种典型的外生政策冲击，确实在短期 1 ~ 2 年内对企业序贯出口决策造成了显著影响，企业序贯出口决策不仅取决于当期因素，而且受到持续出口经验的影响，在长期内呈现出较强的随机性。本章据此对食品、农产品出口中普遍存在的"一锤子买卖"现象做出了解释。

（3）生产率差异在理解异质性企业出口行为上的局限性。根据新新贸易理论，企业的生产率差异是理解其出口行为的关键因素，本章的实证研究结论可能反映出了这一理论的局限性，在静态的二元边际影响分析中，本书发现在食品、农产品等劳动密集型产品的出口领域，企业规模是比生产率更重要的企业出口决策影响因素；在动态的序贯出口分析中，发现在企业进入市场后，其生产率并不是影响其持续出口决策的关键因素。

尽管近年来我国出口贸易整体快速增长，但进口国关税以及技术标准等非关税壁垒所导致的市场波动仍对出口持续增长造成了一定的冲击，大量企业频繁进入和退出以及"一锤子买卖"的普遍存在也直接影响了出口贸易的稳定性。

考虑到进口国技术标准对于出口导向型企业的影响，在目前多边贸易的国际环境中，诸如中国等贸易依存度较高国家确实面临着一定压力，在国家层级的贸易谈判中，进口国与出口国之间在多种商品的技术标准上的协调一致应该逐步得到重视，从而避免不必要的贸易摩擦。2015 年我国发布的《共同推动认证认可服务"一带一路"建设的愿景与行动》，倡导"一带一路"沿线国家加强质量认证认可合作，即是对这一政策思路的重要实践。

对于从事食品、农产品出口的企业而言，一方面由于其技术水平及企业规模相比传统制造业企业存在一定劣势，理应在贸易政策上得到更多倾斜；另一方面企业也应提高出口的专门化程度，通过技术创新等手段加强对进口国技术标准的适应能力，增强出口的持续性，减少"一锤子买卖"，从长远来看，对于中国企业成长与对外贸易发展转型具有重要意义，这也符合我国提倡的"加强创新能力开放合作"与"实行高水平贸易"的精神。

第6章 技术标准规制引致企业过程创新机制研究

基于上一章的研究结论，本章将进一步探究进口国技术标准规制对企业过程创新的引致效应。本章先从典型的技术标准规制——进口国食品安全标准出发，对进口国技术标准在出口当年通过提高贸易成本抑制企业出口二元边际的效应做进一步检验。在此基础上，本章的研究发现进口国技术标准规制对未来多期企业出口具有促进作用，并进一步对进口国技术标准引致企业技术创新的效应进行验证。此外，本章的研究结论显示，这种引致技术创新效应存在明显的行业差异。研究结论表明：进口国技术标准并非只是单纯出于地方保护主义的非关税壁垒，对于技术上相对劣势的出口国具有促进技术创新的积极效应。

6.1 技术标准规制引致企业过程创新的研究背景和文献回顾

一直以来，由于发展中国家在出口中遭遇进口国尤其是发达国家技术标准规制而导致出口受阻，学术界乃至出口国和出口企业普遍将进口国技术标准视为国际贸易中的一种非关税壁垒。技术标准产生贸易壁垒效应的主要原因在于处于技术领先地位的进口国所制定的标准普遍高于出口国尤其是发展中国家已有的技术水平，进口国与出口国之间客观存在的技术差距导致出口产品无法达到技术标准，从而形成了对发展中国家产品出口的阻遏效应。对于技术水平相对落后的出口国或出口企业而言，面对进口国技术标准规制，通常面临着降低出口额甚至退出市场或通过创新推动技术进步以达到进口国标准的双向选择。

但学术界对于进口国技术标准的贸易影响亦有不同观点，尽管进口国标准一定程度在客观上造成了部分国家和地区出口受阻，但若从制定标准的进口国角度出发，其制定标准的目的多数情况下并非出于地方保护或限制外国出口，而多是出于保护本国公民生命健康安全的目的，因此并不能将其简单判定为贸易壁垒。进口国技术标准的这一特征在食品、农产品出口领域体现得尤其鲜明，食品安全标准既具有技术属性，即对国际贸易中产品的技术规格参数进行约定，也具有保护本国消费者免受进口食品安全风险侵害的功能。近年来，我国食品与农产品出口一直受到进口国食品安全标准规制的影响，产品召回、销毁事件时有发生，但也有学者指出进口国技术标准规制并非单纯抑制企业出口，进口国标准对企业技术创新可能具有引致效应。究竟来自进口国的技术标准规制是否是单纯阻遏企业出口的非关税壁垒？企业能否通过技术创新适应进口国技术要求从而维持市场竞争力？本章将以食品、农产品出口为例，采用微观企业数据通过实证分析对以上问题做出解答。

关于进口国技术标准影响出口贸易这一问题，已有文献给出不同结论。一部分文献认为进口国标准对出口形成了贸易壁垒效应；另一些学者的研究则发现，进口国技术标准规制可能会促进某些国家和地区的出口，斯旺、坦普尔和舒默（Swann, Temple and Shurmer, 1996）指出若考虑企业的技术革新和产品质量水平提升，进口国技术标准也可能推动出口贸易的后续增长，一些学者的实证研究也为这一观点提供了证据（Moenius, 1999；Blind and Jungmittag, 2007；Mangelsdorf, Portugal-Perez and Wilson, 2012）。对于该结论的其中一种理论解释是，进口国的技术标准提升未必单纯抬高了进口国企业的生产成本，同时可能成为企业技术革新的动力（Henson and Jaffee, 2008）。

已有文献对于技术标准激励企业进行技术创新这一理论机制的讨论和实证验证相对较为缺乏。出口经验被认为是企业修正出口行为、调整出口决策的重要依据（Roberts and Tybout, 1997；Clerides et al., 1998），基于此所提出的"出口中学习"效应与"自我选择"效应共同被认为是解释出口企业与非出口企业全要素生产率差异的经典理论。根据以上理论假说，企业成本的降低也是在出口中技术创新的一种体现（De loecker, 2007）。此外，达米扬等（Damijan et al., 2010）以及阿拉孔和桑切斯（Alarcón and Sánchez, 2016）均对企业出口与技术创新的双向影响进行了实证检验。尽管对企业出口与技术创新相关关系的研究目前已较为成熟，但对于贸易成本影响企业出口行为和技术创新决策的相关研究仍较为缺乏。

基于已有文献，本章所涉及的主要内容包括：首先，将进口国技术标准反映为施加于出口国企业的贸易成本上涨，通过理论假设对技术标准规制影响企业出口的机制做出理论解释。其次，从贸易成本角度对企业技术创新行为进行解释，将企业的技术创新决策归结于技术创新投入导致的成本提升与创新成功后成本降低的权衡，从而将外生贸易政策下的企业出口决策与技术创新行为选择纳入同一理论框架。最后，以进口国食品安全标准为例，运用中国工业企业数据、海关数据、专利数据等企业层面微观数据对贸易成本上涨带来的企业出口变动以及引致企业创新效应进行实证检验。

由于进口国技术标准规制的当期贸易影响分析是标准滞后多期贸易影响分析和引致技术创新效应检验的基础，本章的实证研究仍从技术标准规制影响企业出口二元边际的机制分析入手。

6.2 技术标准规制引致企业过程创新的理论假设

根据新新贸易理论，企业出口被视为具有较高全要素生产率企业的一种自选择行为。在企业进行出口贸易决策的过程中，来自进口国的技术标准规制作为一种外生政策冲击，通过影响企业贸易成本进而影响企业的行为和出口决策。本书首先假设进口国技术标准规制同时影响贸易成本中的固定成本与可变成本，进口国技术标准通过强制企业改变生产流程和购置、更换设备导致固定成本上升，通过引致企业进行产品升级或替代投入要素提升企业可变成本。固定成本与可变成本的上升将导致无法维持盈利的企业被迫退出国际市场，从而影响企业出口的扩展边际，对于在位企业而言，可变成本的上升也会导致企业出口额的下降进而影响企业出口的集约边际。基于以上理论假设，本章提出进口国技术标准规制将通过引致贸易成本提升从而抑制企业出口二元边际。

企业的技术创新行为可以看作对外生政策导致贸易成本提升的一种应对策略。因此，对企业创新行为的分析同样可以纳入贸易成本分析框架之中。面对进口国技术标准规制，企业应对策略有两种：一是减少出口额甚至逐步退出市场；二是通过技术创新适应进口国技术标准。由于技术创新同样需要投入初始成本，进口国技术标准规制引致的企业技术创新可能在初期导致企业成本上升，但在长期内由于企业适应和达到进口国技术标准要求的原因，将可能同时实现固定成本与可变成本的下降。如果技术创新影响贸易成本的复合效应在长期内为正，则企业将选择在技术标准规制的激励下进行创新。基于以上理论机制，本章提出进口国技术标准规制可能激励企业的技术创新行为。

基于以上分析，本章进一步提出以下假设，并在后文中进一步进行实证验证：

（1）技术标准规制同时影响微观企业的可变成本与固定成本，其中固定成本与可变成本同时影响企业出口的扩展边际，可变成本影响企业出口的集约边际，因此技术标准规制会对当期企业出口的扩展边际和集约边际造成负向影响。

（2）来自进口国的技术标准规制会正向激励企业技术创新。

6.3　数据及变量设置

6.3.1　数据来源及数据处理

本章所使用的数据来自以下数据库：

一是中国工业企业数据库，包含了国有企业和规模以上（年销售额超过500万元）非国有制造企业数据。本章仅选择了2000～2007年的数据，这主要是由于2007年以后的中国工业企业数据缺乏工业增加值、中间投入指标的统计，导致企业生产率难以估计，而企业全要素生产率是本章实证分析中所采用的一个重要变量。此外，2007年以后的中国工业企业数据还存在样本筛选标准及变量统计口径不统一等问题，因此笔者将2007年以后数据予以剔除。

关于中国工业企业数据库数据的筛选和处理，参考本书第5章中的处理方法，在此不再赘述。

二是海关数据库，该数据库包含了HS8位代码下各企业出口的月度数据。本章仅采用其中的出口贸易数据，为了便于后续处理及与其他数据库合并匹配，首先将月度数据分类加总为年度数据，加总后数据为企业—年度—进口国—产品类别的四维度数据。

有关将中国工业企业数据与海关数据进行匹配的方法，本书第5章中已经做了介绍，在此不再赘述。

由于本章以食品、农产品出口为例，初级农产品与食品加工制成品的出口情况为主要关注的研究对象，因此海关数据库中仅保留了HS8位代码中前两位代码为 01 ~ 23 的所有产品样本。

三是代表企业技术创新投入的专利数据。本章所使用的企业专利数据来自国家专利管理中心提供的微观企业专利数据库。本章将数据库中专利层面的数据按企业年份加总，计算出 2000 ~ 2007 年每个企业当年申请的专利数。最后再通过企业名称将已经由中国工业企业数据和海关数据匹配获得的数据与专利数据库进行匹配。①

四是衡量技术标准规制的进口国技术标准数据。本章将以食品安全标准为例分析进口国技术标准对企业出口和技术创新行为的影响。参考了秦臻和倪艳（2014）以及丰塔涅等（2015）的做法，本章一共设定了三个代理变量来衡量食品安全标准这一外生政策，分别为 SPS 通告数量、TBT 通告数量以及 STCs 数量。以上数据均来自 WTO 的 IMS 信息管理系统，其中，STCs 主要反映了出口国针对进口国 SPS 措施所提出的特殊关注和意见，该项内容可用来衡量出口国认为的来自进口国的重要贸易壁垒。最后，本章按照产品类别 HS4 位代码以及国家代码将食品安全标准数据与工业企业和海关数据合并后的数据再次进行了匹配。

6.3.2　变量设置

本章的核心被解释变量分别为衡量企业出口扩展边际的虚拟变量、衡量出口集约边际的出口额及衡量企业技术创新的专利变量。其他的解释变量及控制变量设置如下：

6.3.2.1　核心解释变量

本章的核心解释变量为衡量进口国技术标准规制强度的进口国 SPS 和 TBT 通告数量及对应出口国提出的 STCs 数量。首先计算了进口国每年针对不同 HS4 位代码产品的 SPS 和 TBT 通告数以及中国提出的 STCs 数量，同时设置了该年度内该进口国针对 HS4 位代码产品是否发出过通告的虚拟变量。

6.3.2.2　进口国特征控制变量

基于引力模型，本章加入了以不变价格 GDP 衡量的进口国经济规模、关税以及地理距离三个进口国特征变量。前者影响进口国的产品需求，后两者则反映为企业出口的冰山成本。

6.3.2.3　异质性企业特征控制变量

（1）企业全要素生产率。根据已有文献，本章以企业的全要素生产率

---

① 企业名称在专利数据库中体现为申请人，申请人一般是企业或者机构。

反映企业层面的异质性。本章选择了莱文森和佩特林（Levinsohn and Petrin，2003）的半参数方法来估计企业的全要素生产率。

（2）企业规模。企业规模会对其出口额产生直接影响，已有的文献采用了不同做法来衡量企业的生产规模，如企业总资产、总销售额或员工总数等，本章采用了企业资产合计作为反映企业规模的指标。

（3）企业补贴收入。盛丹（2011）提出，出口补贴在降低企业出口成本的同时，也有利于提高本国企业在国际市场中的竞争力，因此补贴收入可能是我国企业选择出口的主要动力之一，据此本章在模型中加入了企业所获得的补贴收入变量。

此外，同时加入了企业财务状况以及财务成本等变量作为补充的控制变量，具体用来衡量企业财务状况的指标为企业的资产负债率，财务成本为企业利息支出与负债合计之比，二者共同反映企业的基本财务和资产状况。

在对进口国技术标准影响企业技术创新行为的分析中，参考已有的相关文献，本章加入了企业资本密集度和平均工资水平等变量。其中，资本密集度用企业固定资产年平均净值与员工数量的比来衡量，该变量可以间接反映企业更倾向于劳动密集型或是资本密集型，因而与企业的技术创新动力相关。平均工资水平可以近似替代企业人力资本水平，原因是较高的工资更容易吸引高素质劳动力，因而企业会有更高的概率从事创新活动。

6.4　技术标准规制贸易二元边际影响的实证检验

6.4.1　技术标准规制的扩展边际影响分析

本章先以进口国食品安全标准为例分析技术标准规制对企业出口二元边际的影响。具体采用企业当年是否向进口国出口某类产品的虚拟变量衡量企业出口扩展边际。为了避免模型中控制固定效应所导致的参数估计偏误问题，本章采用了线性概率模型（LPM）。技术标准规制影响扩展边际的模型设定为：

$$Dumex_{ijkt} = \beta_0 + \beta_1 Standard_{jkt} + \beta\, Controls_{it} + \xi + \varepsilon_{ijkt} \qquad (6.1)$$

$$\beta Controls_{it} = \gamma_1 lntfp_{it} + \gamma_2 Standard_{jkt} \times lntfp_{it} + \gamma_3 lnsize_{it} + \gamma_4 Standard_{jkt}$$

$$\times \ln size_{it} + \gamma_5 \ln(100 + tariff_{jkt}) \tag{6.2}$$

其中，下标 i、j、k、t 分别表示企业、进口国、产品类别和年份。被解释变量 $Dumex_{ijkt}$ 为企业当年是否向该进口国出口该类产品的虚拟变量，$Standard_{jkt}$ 为用来衡量进口国食品安全技术规制的代理变量，分别依次为该年度进口国 TBT 通告数、SPS 通告数、STCs 数量以及三者加总。控制变量中包括了企业的全要素生产率 $\ln tfp_{it}$、企业规模 $\ln size_{it}$ 以及二者与食品安全标准的交互项，交互项主要用来衡量不同生产率水平和不同规模企业对技术标准这一外生政策的反应情况。ξ 为固定效应，其中分别包括了行业、地区和年度的固定效应，ε_{ijkt} 为随机误差项。本章所涉及的主要变量描述统计情况见表 6-1。采用 LPM 估计的食品安全标准对微观企业扩展边际影响效应的结果如表 6-2 所示。

表 6-1　　　　　　　　　　　主要变量描述统计

变量	均值	标准差	最大值	最小值	样本数
出口额	2.802×10^6 (2.933×10^6)	1.292×10^6 (8.980×10^7)	1.150×10^8 ($1.290e \times 10^8$)	1 (1)	215754 (20611)
SPS 通告	0.186 (0.542)	0.710 (2.135)	16 (78.34)	0 (0)	215754 (20611)
TBT 通告	0.0168 (0.0881)	0.180 (0.781)	7 (35.74)	0 (0)	215754 (20611)
STCs	0.0106 (0.0363)	0.103 (0.372)	1 (17.28)	0 (0)	215754 (20611)
地理距离	5333 (16001)	3777 (32353)	19297 (2.168×10^6)	809.5 (0)	215433 (20611)
进口国 GDP	2.650×10^{12} (9.860×10^{12})	3.890×10^{12} (2.000×10^{13})	1.510×10^{13} (1.290×10^{15})	3.170×10^7 (0)	207443 (20611)
生产率	7.107 (7.103)	1.076 (1.238)	12.86 (12.86)	0.0739 (0.0739)	185573 (16196)
行业类别	146.5 (110.4)	113.5 (110.0)	528 (528)	1 (1)	215754 (20611)
所有制	14.97 (15.20)	4.588 (5.546)	23 (23)	1 (1)	215754 (20611)

变量	均值	标准差	最大值	最小值	样本数
所属省份	18.10 (17.91)	10.96 (11.72)	62 (62)	1 (1)	215754 (20611)
企业规模	88247 (99670)	387171 (724617)	8.260×10^7 (8.260×10^7)	0 (0)	188493 (16633)
补贴收入	168.6 (238.1)	1781 (2908)	212449 (212449)	−931.4 (−931.4)	188493 (16633)
财务成本	0.0250 (0.0311)	0.667 (0.593)	56.87 (56.87)	−1.162 (−1.162)	188226 (16564)
财务状况	0.621 (0.566)	0.292 (0.342)	15.49 (15.49)	−0.282 (−0.282)	215676 (20590)
平均工资	4388 (4751)	18229 (36923)	4.405×10^6 (4.405×10^6)	0 (0)	188493 (16633)
资本密集度	102.1 (104.6)	138.9 (192.4)	5384 (5384)	0 (0)	188491 (16631)

注：本表格报告为匹配后的总体样本数据，括号中的统计结果对应按照进口国和产品代码加权加总后的数据。

表6-2　　　　　　　　　**技术标准对企业出口扩展边际的影响**

变量	TBT		SPS		STCs	
	(1)	(2)	(3)	(4)	(5)	(6)
技术标准	−0.252 *** (−4.075)	−0.275 *** (−4.950)	−0.183 *** (−8.528)	−0.376 *** (−12.380)	−0.873 *** (−5.326)	−0.979 *** (−9.088)
生产率	0.009 *** (3.106)	0.006 ** (2.366)	−0.009 ** (−2.538)	0.022 *** (5.216)	−0.001 (−0.898)	−0.001 (−0.525)
生产率 交互项	0.029 *** (−2.836)	0.040 *** (−4.245)	0.014 *** (3.646)	0.011 *** (−3.339)	−0.007 (−0.371)	−0.005 (−0.286)
企业规模	−0.002 (−0.418)	0.007 (1.566)	0.038 *** (5.918)	0.018 *** (2.628)	0.000 (0.151)	0.000 (0.115)
企业规模 交互项	0.014 (1.594)	0.021 ** (2.442)	0.017 *** (−4.756)	0.023 *** (5.468)	0.007 (0.315)	0.015 (0.894)
关税	0.021 ** (2.059)		0.115 *** (−6.024)		0.002 (1.072)	

变量	TBT		SPS		STCs	
	（1）	（2）	（3）	（4）	（5）	（6）
年度固定效应	是	是	是	是	是	是
进口国固定效应	是	否	是	否	是	否
年度－进口国固定效应	否	是	否	是	否	是
产品固定效应	是	是	是	是	是	是
企业固定效应	是	是	是	是	是	是
行业固定效应	是	是	是	是	是	是
样本数	247626	346052	247626	346052	247626	346052
R^2	0.661	0.691	0.674	0.625	0.855	0.845

注：*、**和***分别表示在10%、5%和1%的显著水平下显著。

表6－2第（1）列和第（2）列报告了进口国TBT通告对我国微观企业出口扩展边际的影响，第（3）列和第（4）列报告了进口国SPS通告对扩展边际的影响，第（5）列和第（6）列则报告了我国提出的STCs对企业出口扩展边际的影响。在第（1）、（3）、（5）列中，模型同时加入了单独的年度固定效应和进口国固定效应，而在第（2）、（4）、（6）列中则加入了年度－进口国的综合固定效应。此外，六列中均加入了产品固定效应、企业固定效应和行业固定效应。根据表6－2可以看出，通过进口国TBT、SPS通告数以及STCs数量来衡量的技术标准规制确实对微观企业出口的扩展边际造成了负面影响。进口国的食品安全技术规制越严格会有越多的出口企业被阻挡于进口国大门之外，这种影响反向体现为阻止潜在的企业进入食品、农产品出口市场，该结果进一步证实了本章的理论假设。与此同时，本书也较为关心异质企业的特征对于其出口决策会造成何种影响，从前两列可以看出生产率越高的企业越倾向于选择出口，这再一次印证了梅里兹（Melitz，2003）关于企业出口扩展边际的结论。但企业全要素生产率对出口扩展边际的影响并不十分明确。另外，较为关注的是两个交互项的情况，其中企业全要素生产率与技术标准规制的交互项总体为正，说明生产率更高的企业显示出对进口国技术标准更强的抵御能力，而企业规模的交互项总体上显著为正，反映出规模更大的企业对进口国技术标准规制具有更强的适应能力。企业规模与STCs数量的交互项系数为正但并不显著，关税系数为正，与预期假设相反，笔者认为这可能是遗漏变

量所造成的，为了解决遗漏变量所带来的估计偏误问题，本章又加入了年度－进口国固定效应。

作为稳健性检验，本章同时加入了企业平均工资与资本劳动比变量进行了回归，结果放在了表6－3中。

表6－3　技术标准规制的扩展边际影响分析（加入了平均工资和资本劳动比变量）

变量	TBT		SPS		STCs	
	（1）	（2）	（3）	（4）	（5）	（6）
技术标准	- 0.252 ***	- 0.276 ***	- 0.185 ***	- 0.377 ***	- 0.872 ***	- 0.979 ***
	（- 4.082）	（- 4.965）	（- 8.646）	（- 12.420）	（- 5.312）	（- 9.078）
生产率	0.009 ***	0.006 **	- 0.009 **	0.022 ***	- 0.001	- 0.001
	（3.107）	（2.448）	（- 2.553）	（5.211）	（- 0.901）	（- 0.763）
生产率交互项	- 0.029 ***	- 0.039 ***	0.014 ***	- 0.012 ***	- 0.007	- 0.005
	（- 2.770）	（- 4.163）	（3.646）	（- 3.408）	（- 0.374）	（- 0.294）
企业规模	- 0.004	0.004	0.040 ***	0.014 *	- 0.000	0.001
	（- 0.704）	（0.783）	（5.942）	（1.888）	（- 0.046）	（0.572）
企业规模交互项	0.014	0.020 **	- 0.017 ***	0.024 ***	0.007	0.016
	（1.551）	（2.396）	（- 4.688）	（5.525）	（0.312）	（0.899）
关税	0.021 **		- 0.115 ***		0.002	
	（2.081）		（- 6.025）		（1.018）	
平均工资	0.003	0.006 **	- 0.009 **	0.007 *	0.001	- 0.002
	（0.851）	（2.270）	（- 2.047）	（1.670）	（0.339）	（- 1.390）
资本劳动比	- 0.000	- 0.000	- 0.000 ***	- 0.000 ***	- 0.000	- 0.000 *
	（- 1.514）	（- 1.214）	（- 4.258）	（- 5.647）	（- 1.383）	（- 1.854）
年度固定效应	是	是	是	是	是	是
进口国固定效应	是	否	是	否	是	否
年度－进口国固定效应	否	是	否	是	否	是
产品固定效应	是	是	是	是	是	是
企业固定效应	是	是	是	是	是	是
行业固定效应	是	是	是	是	是	是
样本量	247618	346029	247618	346029	247618	346029
R^2	0.661	0.691	0.674	0.626	0.855	0.845

注：* 、** 和 *** 分别表示在10%、5%和1%的显著水平下显著。

6.4.2 技术标准规制的集约边际影响分析

本章将企业当年出口额作为测度集约边际的变量，因此扩展边际与集约边际可以看作企业首先做出是否出口决策，然后再确定出口额的两阶段选择。结合传统的引力模型，本章在技术标准变量和企业特征变量之外，同时引入了进口国 GDP 以及地理距离等变量来测度对企业出口集约边际的影响。技术标准影响企业出口集约边际的模型如下：

$$\ln export_{ijkt} = \beta_0 + \beta_1 Standard_{jkt} + \beta\, Controls_{it} + \xi + \varepsilon_{ijkt} \qquad (6.3)$$

$$\beta Controls_{it} = \gamma_1 \ln tfp_{it} + \gamma_2 Standard_{jkt} \times \ln tfp_{it} + \gamma_3 \ln size_{it} + \gamma_4 Standard_{jkt}$$
$$\times \ln size_{it} + \gamma_5 \ln(100 + tariff_{jkt}) \qquad (6.4)$$

本节首先进行了 OLS 基准回归，回归结果如表 6 – 4 所示。

表 6 – 4 　　　　　技术标准对企业出口集约边际影响的基准回归

变量	TBT		SPS		STCs	
	（1）	（2）	（3）	（4）	（5）	（6）
技术标准	− 0.716 ***	− 0.624 **	− 0.172 *	0.033	− 1.275	− 0.634 *
	（− 2.593）	（− 2.544）	（− 1.825）	（0.571）	（− 1.538）	（− 1.812）
生产率	0.001	− 0.001	0.002	− 0.001	0.002	− 0.001
	（0.074）	（− 0.036）	（0.126）	（− 0.056）	（0.126）	（− 0.092）
生产率交互项	0.064	0.023	0.009	0.005	0.205	0.092
	（1.063）	（0.397）	（0.477）	（0.429）	（1.027）	（1.141）
企业规模	0.170 ***	0.181 ***	0.167 ***	0.182 ***	0.170 ***	0.181 ***
	（5.375）	（7.034）	（5.247）	（7.042）	（5.351）	（7.050）
企业规模交互项	0.023	0.040	0.007	− 0.010	− 0.033	− 0.020
	（0.503）	（0.923）	（0.425）	（− 1.009）	（− 0.258）	（− 0.327）
关税	− 0.005		− 0.021		− 0.004	
	（− 0.117）		（− 0.476）		（− 0.086）	
年度固定效应	是	是	是	是	是	是
进口国固定效应	是	否	是	否	是	否
年度 – 进口国固定效应	否	是	否	是	否	是
产品固定效应	是	是	是	是	是	是
企业固定效应	是	是	是	是	是	是

变量	TBT		SPS		STCs	
	（1）	（2）	（3）	（4）	（5）	（6）
行业固定效应	是	是	是	是	是	是
样本数	51116	72168	51116	72168	51116	72168
R^2	0.233	0.226	0.233	0.226	0.233	0.226

注：*、**和***分别表示在10%、5%和1%的显著水平下显著。

由表6-4可以看出，TBT通告和STCs均对企业出口的集约边际产生负影响，即制约企业出口，SPS通告的系数为负。由于对被解释变量企业出口额进行了对数处理，而以通告数和STCs数衡量的技术标准规制并未做对数处理，技术标准规制这一变量的系数可以解释为半弹性。在第（1）列与第（2）列中，TBT通告平均导致出口额分别下降71.6%和62.4%，而SPS通告仅导致出口额下降17.2%。此外，在加入了年度-进口国固定效应后，由STCs导致的贸易额下降约为63.4%。企业全要素生产率与技术标准规制的交互项对出口集约边际的影响并不显著，说明在以出口额衡量的集约边际方面，高生产率企业并未展现出对进口国技术标准规制较强的抵御能力。企业规模的系数显著为正，意味着企业规模越大出口额越多，但企业规模与技术标准规制的交互项并不显著。此外，进口国关税对企业出口额的影响为负但并不显著。

此外，本章还在基准回归中加入企业平均工资与资本劳动比变量进行了回归，结果放在了表6-5中。作为稳健性检验，本章采用了包括OLS、混合截面回归以及分位数回归等不同方法对技术标准规制的贸易影响进行了检验，模型中同时加入了进口国GDP和地理距离变量，回归结果展示在表6-6中。

回归结果再次证实了进口国技术标准规制抑制微观企业出口二元边际这一初始假设。但根据以上研究结果，本书发现企业规模与全要素生产率对出口集约边际的影响与理论假设存在一些出入，考虑到可能存在的估计偏误，为了使估计结果更加准确，对数据进行了进一步处理。

在基于工业企业数据库与海关数据库匹配后所获得的数据中，笔者发现我国的食品和农产品出口多为"一锤子买卖"，即多数企业自2000~2007年向某一进口国出口某一类HS8位代码下产品仅一次。由于"一锤子买卖"的存在，导致对技术标准影响企业出口集约边际的估计可能存在估计偏误，为了保证估计的稳健性，本书采用了对企业年度出口额分类加总的方式。本书具体采用了两种加总方式：一是将企业在一个年度中向所

表 6 - 5 　　技术标准规制的集约边际影响基准回归（加入了平均工资和资本劳动比变量）

变量	TBT		SPS		STCs	
	（1）	（2）	（3）	（4）	（5）	（6）
技术标准	- 0. 716 ***	- 0. 628 **	- 0. 173 *	0. 032	- 1. 276	- 0. 638 *
	（ - 2. 594）	（ - 2. 557）	（ - 1. 837）	（0. 569）	（ - 1. 539）	（ - 1. 824）
生产率	0. 000	- 0. 002	0. 001	- 0. 003	0. 001	- 0. 003
	（0. 013）	（ - 0. 140）	（0. 064）	（ - 0. 164）	（0. 068）	（ - 0. 193）
生产率交互项	0. 065	0. 025	0. 010	0. 006	0. 205	0. 093
	（1. 073）	（0. 422）	（0. 503）	（0. 482）	（1. 026）	（1. 148）
企业规模	0. 164 ***	0. 171 ***	0. 161 ***	0. 173 ***	0. 164 ***	0. 172 ***
	（5. 021）	（6. 494）	（4. 916）	（6. 529）	（5. 007）	（6. 513）
企业规模交互项	0. 023	0. 040	0. 006	- 0. 010	- 0. 033	- 0. 020
	（0. 495）	（0. 907）	（0. 410）	（ - 1. 053）	（ - 0. 257）	（ - 0. 327）
关税	- 0. 005		- 0. 021		- 0. 004	
	（ - 0. 111）		（ - 0. 470）		（ - 0. 081）	
平均工资	0. 014	0. 025	0. 013	0. 024	0. 013	0. 024
	（0. 682）	（1. 455）	（0. 620）	（1. 393）	（0. 644）	（1. 437）
资本劳动比	- 0. 000	- 0. 000	- 0. 000	- 0. 000	- 0. 000	- 0. 000
	（ - 0. 544）	（ - 0. 351）	（ - 0. 556）	（ - 0. 371）	（ - 0. 550）	（ - 0. 351）
年度固定效应	是	是	是	是	是	是
进口国固定效应	是	否	是	否	是	否
年度 - 进口国固定效应	否	是	否	是	否	是
产品固定效应	是	是	是	是	是	是
企业固定效应	是	是	是	是	是	是
行业固定效应	是	是	是	是	是	是
样本量	51116	72168	51116	72168	51116	72168
R^2	0. 233	0. 226	0. 233	0. 226	0. 233	0. 226

注： * 、 ** 和 *** 分别表示在 10% 、 5% 和 1% 的显著水平下显著。

表 6-6

技术标准规制影响出口集约边际的 OLS、混合截面和分位数回归结果

变量	TBT OLS回归	TBT 混合截面	TBT 分位数回归	SPS OLS回归	SPS 混合截面	SPS 分位数回归	STCs OLS回归	STCs 混合截面	STCs 分位数回归	总和 OLS回归	总和 混合截面	总和 分位数回归
技术标准	-0.867*** (-3.502)	-0.867*** (-2.797)	-1.605*** (-2.956)	-0.125 (-1.510)	-0.125 (-1.398)	-0.404** (-2.316)	-1.683*** (-2.629)	-1.683** (-2.005)	-3.414** (-2.447)	-0.284*** (-3.747)	-0.284*** (-3.279)	-0.659*** (-4.163)
生产率	0.036*** (3.132)	0.036*** (2.987)	0.072*** (2.845)	0.039*** (3.339)	0.039*** (3.171)	0.074*** (3.017)	0.035*** (3.072)	0.035*** (2.922)	0.069*** (2.750)	0.039*** (3.298)	0.039*** (3.145)	0.072*** (2.915)
生产率交互项	0.010 (0.204)	0.010 (0.157)	0.112 (1.021)	-0.012 (-0.661)	-0.012 (-0.665)	0.021 (0.546)	0.334* (1.788)	0.334 (1.592)	1.107*** (2.717)	-0.011 (-0.665)	-0.011 (-0.649)	0.024 (0.667)
企业规模	0.103*** (12.371)	0.103*** (11.584)	0.152*** (8.338)	0.101*** (11.909)	0.101*** (11.132)	0.152*** (8.512)	0.105*** (12.647)	0.105*** (11.814)	0.158*** (8.752)	0.099*** (11.575)	0.099*** (10.854)	0.147*** (8.203)
企业规模交互项	0.079** (1.990)	0.079 (1.612)	0.083 (0.950)	0.016 (1.102)	0.016 (1.063)	0.014 (0.484)	-0.064 (-0.531)	-0.064 (-0.495)	-0.433 (-1.639)	0.032** (2.445)	0.032** (2.296)	0.040 (1.488)
地理距离	-0.112*** (-15.369)	-0.112*** (-15.191)	-0.160*** (-10.066)	-0.117*** (-16.003)	-0.117*** (-15.833)	-0.171*** (-11.103)	-0.111*** (-15.390)	-0.111*** (-15.213)	-0.158*** (-10.003)	-0.116*** (-15.884)	-0.116*** (-15.707)	-0.168*** (-11.016)
GDP	0.131*** (40.353)	0.131*** (39.702)	0.207*** (29.142)	0.135*** (40.966)	0.135*** (40.088)	0.216*** (31.316)	0.131*** (40.604)	0.131*** (39.941)	0.208*** (29.532)	0.134*** (40.671)	0.134*** (39.831)	0.216*** (31.207)
关税	-0.065* (-1.773)	-0.065* (-1.801)	-0.267*** (-3.329)	-0.083** (-2.251)	-0.083** (-2.283)	-0.302*** (-3.921)	-0.065* (-1.772)	-0.065* (-1.800)	-0.269*** (-3.371)	-0.080** (-2.192)	-0.080** (-2.224)	-0.295*** (-3.848)
常数项	8.153*** (36.445)	8.153*** (36.193)	8.518*** (17.361)	8.175*** (36.524)	8.175*** (36.248)	8.514*** (18.106)	8.129*** (36.376)	8.129*** (36.121)	8.450*** (17.343)	8.183*** (36.561)	8.183*** (36.305)	8.538*** (18.236)
样本量	50005	50005	50005	50005	50005	50005	50005	50005	50005	50005	50005	50005

注: *、** 和 *** 分别表示在 10%、5% 和 1% 的显著水平下显著。

有进口国出口所有 HS8 位代码下的产品的出口额加总，此时样本以企业为单位；二是将企业在一个年度中向所有进口国出口某一类产品的出口额加总。有关加总的具体方式在第 5 章中已经做了详细介绍，在此不再赘述。

按照两种加总出口额的方式分别获得了两组加权数据，考虑到加总后仍存在"一锤子买卖"企业，而这些企业的出口行为显然具有较强的随机性，可能会造成估计偏误，因此本书去除了两种加总方式下在 2000~2007 年仅出口一次和两次的样本。此外又增加了进口国 TBT、SPS 通告及 STCs 数量加总的解释变量，估计结果如表 6-7 所示。

表 6-7 报告了经过加总后的技术标准规制影响企业出口集约边际的估计结果，其中，前四列为第一种加总方式下的估计结果，后八列为第二种加总方式下的估计结果。技术标准规制对企业出口集约边际的影响仍显著为负，在第一种加总方式下，技术标准规制变量的系数小于集约边际影响基准回归中该变量的系数，而第一种加总方式下 TBT 通告与 STCs 所导致的企业出口额变动百分比大于第二种加总方式。进口国 GDP 变量的系数显著为正，进口国关税的系数显著为负。企业生产率的系数显著为正，其交互项系数为负，这意味着高生产率企业面对进口国技术标准规制时更倾向于降低出口额。此外，可以看到在经过加总和剔除"一锤子买卖"企业后，企业规模的系数为正，符合集约边际下的情况和本章的理论假设，其交互项系数显著为正，说明在从事食品及农产品出口的企业中，企业规模是相对于生产率而言更重要的出口决定因素，规模更大的企业抵御非关税壁垒的能力也更强。本书认为，产生此种现象的原因在于，与其他制造业行业相比，从事食品、农产品出口的企业更倾向于劳动密集型而非技术密集型，此类企业更为依赖劳动力与资本的积累，相应地，规模更大的企业也就比高生产率企业具有更强的对风险的抵御能力。经过加权后，进口国地理距离对集约边际的影响呈现正向关系，第一种解释是规模较大的企业更倾向于进入距离更远的进口国市场（Lawless，2010）；第二种解释是经过加权后，地理距离这一变量变为将某一类产品出口到所有进口国的加权指数，变量的随机性进一步降低，且数据分布相对集中，可能出现正值；此外，还存在第三种解释，因为本章对出口产品类别进行了限定，相应地，目标市场的随机性也降低了，我国食品、农产品出口的目标市场主要集中于北美、欧洲等地理距离较远的国家，因此呈现出地理距离越远反而出口额越多的趋势。

此外，作为稳健性检验，本章采用两种加总方式下的数据分别通过 OLS 回归、混合截面回归以及分位数回归的方法分析了进口国技术标准规制对集约边际的影响，结果报告在表 6-8 和表 6-9 中。由表 6-8 和表 6-9

表 6 – 7　两种加总方式下的集约边际影响估计结果

变量	分类加总1				分类加总2							
	TBT	SPS	STCs	总和	TBT		SPS		STCs		总和	
					(1)	(2)	(3)	(4)	(5)	(6)	(7)	(8)
技术标准	-0.318** (-2.359)	-0.148*** (-4.671)	-0.335* (-1.760)	-0.158*** (-5.584)	-1.210*** (-3.658)	-1.026*** (-4.053)	-0.427*** (-7.118)	-0.649*** (-7.224)	-5.247*** (-5.811)	-5.945*** (-4.885)	-0.447*** (-7.548)	-0.680*** (-7.717)
生产率	0.004 (0.411)	0.004 (0.429)	0.004 (0.431)	0.004 (0.452)	0.003 (0.181)	0.001 (0.066)	0.010 (0.556)	0.011 (0.577)	0.006 (0.340)	0.008 (0.405)	0.012 (0.622)	0.013 (0.657)
生产率交互项	-0.004 (-0.144)	0.001 (0.093)	-0.010 (-0.749)	-0.001 (-0.231)	-0.057* (-1.704)	-0.032 (-0.845)	-0.042*** (-4.320)	-0.050*** (-3.444)	-0.339*** (-2.987)	-0.414*** (-2.987)	-0.041*** (-4.189)	-0.050*** (-3.365)
企业规模	0.417*** (23.974)	0.414*** (23.739)	0.417*** (23.973)	0.414*** (23.673)	0.269*** (9.586)	0.256*** (8.707)	0.257*** (9.180)	0.237*** (8.061)	0.268*** (9.546)	0.253*** (8.604)	0.253*** (9.041)	0.231*** (7.873)
企业规模交互项	0.025 (0.931)	0.009* (1.775)	0.036** (2.045)	0.012 (2.611)	0.163*** (3.878)	0.149*** (4.535)	0.075*** (8.538)	0.107*** (8.600)	0.776*** (6.389)	0.972*** (6.036)	0.077*** (8.831)	0.110*** (8.814)
地理距离	0.563*** (70.377)	0.566*** (70.714)	0.563*** (70.362)	0.566*** (70.718)								
GDP	0.229*** (30.201)	0.228*** (30.126)	0.229*** (30.167)	0.229*** (30.155)								
关税	-0.379*** (-7.479)	-0.355*** (-7.023)	-0.390*** (-7.642)	-0.348*** (-6.874)	4.094*** (25.836)		4.050*** (27.418)		4.129*** (27.961)		4.017*** (27.369)	

变量	分类加总1				分类加总2							
					TBT		SPS		STCs		总和	
	TBT	SPS	STCs	总和	(1)	(2)	(3)	(4)	(5)	(6)	(7)	(8)
年度固定效应	是	是	是	是	是	是	是	是	是	是	是	是
进口国国固定效应	否	否	否	否	是	否	是	否	是	否	是	否
年度-进口国固定效应	否	否	否	否	否	是	否	是	否	是	否	是
产品固定效应	是	是	是	是	是	是	是	是	是	是	是	是
企业固定效应	是	是	是	是	是	是	是	是	是	是	是	是
行业固定效应	是	是	是	是	是	是	是	是	是	是	是	是
样本数	25128	25128	25128	25128	59103	58923	59103	58923	59103	58923	59103	58923
R^2	0.917	0.917	0.917	0.917	0.439	0.399	0.440	0.403	0.439	0.400	0.441	0.404

注：*、** 和 *** 分别表示在10%、5%和1%的显著水平下显著。

第一类加总方式下集约边际影响的 OLS、混合截面和分位数回归结果

表 6-8

变量	TBT			SPS			STCs			总和		
	OLS	混合截面	分位数	OLS	混合截面	分位数	OLS	混合截面	分位数	OLS	混合截面	分位数
技术标准	0.022	0.022	-0.359	-0.120*	-0.120	-0.150*	-0.586*	-0.586**	-0.375	-0.138**	-0.138*	-0.215***
	(0.081)	(0.060)	(-0.950)	(-1.903)	(-1.511)	(-1.735)	(-1.798)	(-2.175)	(-0.813)	(-2.506)	(-1.828)	(-2.795)
生产率	-0.046***	-0.046***	-0.030*	-0.047***	-0.047***	-0.032*	-0.050***	-0.050***	-0.035**	-0.045***	-0.045***	-0.035**
	(-3.704)	(-2.995)	(-1.751)	(-3.781)	(-3.035)	(-1.884)	(-4.096)	(-3.275)	(-1.994)	(-3.611)	(-2.906)	(-1.991)
生产率交互项	-0.241***	-0.241***	-0.109	-0.015	-0.015	-0.012	-0.001	-0.001	0.018	-0.020*	-0.020*	-0.005
	(-3.500)	(-3.184)	(-1.136)	(-1.211)	(-1.305)	(-0.724)	(-0.022)	(-0.044)	(0.352)	(-1.908)	(-1.934)	(-0.338)
企业规模	0.467***	0.467***	0.583***	0.466***	0.466***	0.586***	0.467***	0.467***	0.586***	0.464***	0.464***	0.589***
	(39.974)	(28.146)	(35.733)	(39.224)	(27.655)	(35.822)	(40.061)	(28.063)	(35.541)	(38.962)	(27.473)	(35.521)
企业规模交互项	0.147**	0.147**	0.094	0.017	0.017	0.016	0.058	0.058**	0.015	0.023**	0.023**	0.017
	(2.445)	(2.385)	(1.123)	(1.522)	(1.623)	(1.014)	(1.519)	(2.144)	(0.268)	(2.361)	(2.391)	(1.283)
地理距离	0.290***	0.290***	0.327***	0.293***	0.293***	0.337***	0.289***	0.289***	0.327***	0.293***	0.293***	0.337***
	(48.205)	(27.478)	(38.973)	(48.471)	(27.647)	(40.484)	(48.074)	(27.375)	(38.407)	(48.462)	(27.643)	(40.053)
GDP	0.364***	0.364***	0.327***	0.364***	0.364***	0.327***	0.364***	0.364***	0.326***	0.364***	0.364***	0.328***
	(61.739)	(36.541)	(39.662)	(61.683)	(36.508)	(40.182)	(61.602)	(36.434)	(39.068)	(61.702)	(36.516)	(39.849)
关税	-0.079	-0.079	-0.027	-0.082	-0.082	-0.039	-0.145**	-0.145	-0.030	-0.072	-0.072	-0.014
	(-1.418)	(-0.792)	(-0.350)	(-1.461)	(-0.826)	(-0.503)	(-2.570)	(-1.402)	(-0.371)	(-1.277)	(-0.725)	(-0.179)

变量	TBT			SPS			STCs			总和		
	OLS	混合截面	分位数	OLS	混合截面	分位数	OLS	混合截面	分位数	OLS	混合截面	分位数
常数项	-3.716***	-3.716***	-3.047***	-3.674***	-3.674***	-3.042***	-3.355***	-3.355***	-3.015***	-3.716***	-3.716***	-3.194***
	(-12.529)	(-7.185)	(-7.356)	(-12.368)	(-7.164)	(-7.432)	(-11.286)	(-6.323)	(-7.170)	(-12.425)	(-7.232)	(-7.667)
样本量	25232	25232	25232	25232	25232	25232	25232	25232	25232	25232	25232	25232

注：*，**和***分别表示在10%，5%和1%的显著水平下显著。

表6－9　第二类加总方式下集约边际影响的OLS、混合截面和分位数回归结果

变量	TBT			SPS			STCs			总和		
	OLS	混合截面	分位数	OLS	混合截面	分位数	OLS	混合截面	分位数	OLS	混合截面	分位数
技术标准	-0.159	-0.159	-0.061	-0.084***	-0.084***	0.080**	0.137	0.137	0.488	-0.084***	-0.084***	0.075**
	(-1.047)	(-0.992)	(-0.364)	(-2.996)	(-3.463)	(2.545)	(0.329)	(0.237)	(1.052)	(-3.227)	(-3.380)	(2.558)
生产率	-0.092***	-0.092***	-0.004	-0.091***	-0.091***	-0.005	-0.092***	-0.092***	-0.004	-0.090***	-0.090***	-0.005
	(-9.347)	(-8.644)	(-0.379)	(-9.216)	(-8.509)	(-0.442)	(-9.304)	(-8.580)	(-0.386)	(-9.117)	(-8.425)	(-0.489)
生产率交互项	-0.040	-0.040*	0.055	-0.010*	-0.010***	0.009	-0.199**	-0.199	0.112	-0.011**	-0.011***	0.007
	(-1.322)	(-1.676)	(1.645)	(-1.829)	(-2.617)	(1.497)	(-2.034)	(-1.518)	(1.029)	(-2.142)	(-2.861)	(1.223)
企业规模	0.525***	0.525***	0.555***	0.524***	0.524***	0.556***	0.525***	0.525***	0.555***	0.522***	0.522***	0.556***
	(57.773)	(47.227)	(54.927)	(57.558)	(46.942)	(54.312)	(57.850)	(47.121)	(54.716)	(57.355)	(46.803)	(54.642)

变量	TBT			SPS			STCs			总和		
	OLS	混合截面	分位数	OLS	混合截面	分位数	OLS	混合截面	分位数	OLS	混合截面	分位数
企业规模交互项	0.046* (1.932)	0.046*** (2.699)	-0.031 (-1.192)	0.017*** (3.818)	0.017*** (4.706)	-0.015*** (-3.125)	0.137* (1.912)	0.137 (1.508)	-0.126 (-1.579)	0.017*** (4.274)	0.017*** (4.906)	-0.013*** (-2.885)
地理距离	0.494*** (98.462)	0.494*** (69.235)	0.526*** (94.277)	0.494*** (98.439)	0.494*** (69.168)	0.526*** (93.235)	0.494*** (98.425)	0.494*** (69.202)	0.526*** (93.858)	0.494*** (98.446)	0.494*** (69.159)	0.526*** (93.859)
GDP	0.104*** (28.958)	0.104*** (20.963)	0.155*** (38.901)	0.103*** (28.738)	0.103*** (20.757)	0.156*** (38.666)	0.104*** (29.042)	0.104*** (20.985)	0.155*** (38.962)	0.103*** (28.626)	0.103*** (20.688)	0.156*** (38.953)
关税	1.168*** (29.329)	1.168*** (24.298)	0.603*** (13.610)	1.152*** (28.769)	1.152*** (23.997)	0.599*** (13.299)	1.160*** (28.997)	1.160*** (23.988)	0.563*** (12.614)	1.146*** (28.552)	1.146*** (23.932)	0.599*** (13.362)
常数项	-4.677*** (-24.163)	-4.677*** (-19.625)	-2.811*** (-13.057)	-4.577*** (-23.490)	-4.577*** (-19.077)	-2.822*** (-12.873)	-4.649*** (-23.960)	-4.649*** (-19.357)	-2.638*** (-12.173)	-4.537*** (-23.180)	-4.537*** (-18.931)	-2.830*** (-12.935)
样本量	59526	59526	59526	59526	59526	59526	59526	59526	59526	59526	59526	59526

注: *，** 和 *** 分别表示在10%，5%和1%的显著水平下显著。

可以看出，回归结果基于与前文一致，进口国技术标准规制尤其是 SPS 通告显著抑制了企业的出口，企业规模与出口额显著正相关。

6.4.3 内生性问题

前文中对于扩展边际和集约边际的影响分析可能存在由于缺失变量或因果倒置所导致的内生性问题。本章已经通过加入固定效应来控制未能观测到的可能影响企业出口决策的潜在变量，从而在一定程度上解决了遗漏变量问题。丰塔涅等（2015）指出，因果倒置问题产生的根源在于某一进口国的政府可能针对某一类产品的大宗出口出台相应的技术标准规制措施。考虑到本章所采用的数据为微观企业数据，对于我国的企业而言 TBT 和 SPS 通告属于外生的政策冲击，本书认为专门的技术标准规制措施应针对出口国而非具体的出口企业，因此在本章的研究情景下，由于因果倒置所导致的内生性问题应不属于关键性问题。但为了保证估计结果的稳健性，本章仍采用了工具变量法和将技术标准规制变量进行滞后一期处理的方法来进行估计。

本章将对应 HS2 位代码的通告数或 STCs 数量作为工具变量，设置工具变量的逻辑为如果存在针对某一类产品的进口国通告或 STCs，则该通告或特殊关注对相似产品的出口也会产生影响，即对应 HS2 位代码产品的进口国通告或特殊关注与相应的 HS4 位代码下产品的进口国通告或特殊关注高度相关。与此同时，如果存在一类专门针对某一出口企业出口 HS4 位代码产品的通告，则与之相对应的 HS2 位代码产品的通告应与该企业出口无关，也即可以保证该工具变量的外生性。

两阶段 OLS 中第一阶段的估计结果在表 6 - 10 和表 6 - 11 中报告，表 6 - 12 和表 6 - 13 分别报告了采用工具变量法对应扩展边际和集约边际的估计结果。本章仅将 F 统计量与 P 值的结果放在表 6 - 12 与表 6 - 13 中报告。根据 F 统计量和 P 值的取值可知，并不存在弱工具变量问题。从估计结果可以看出，进口国技术标准规制对于微观企业出口决策及出口额的影响仍显著为负。在表 6 - 12 中全要素生产率与企业规模的影响并不明确；由表 6 - 13 可以看出，严格的技术标准规制对于规模较大企业的集约边际的抑制效应更弱，这也符合前文基准回归所得出的结论。

表6-10 扩展边际影响工具变量第一阶段回归结果

变量	TBT		SPS		STCs	
	(1)	(2)	(3)	(4)	(5)	(6)
HS2 位技术标准	0.005 *** (22.35)	0.005 *** (22.68)	0.003 *** (7.13)	0.003 *** (8.20)	0.005 *** (579.43)	0.004 *** (17.70)
生产率交互项	0.000 (0.99)	0.000 (0.89)	0.001 *** (8.53)	0.001 *** (9.68)	0.000 (0.73)	0.000 *** (3.50)
规模交互项	0.0001 *** (2.64)	0.0001 *** (2.94)	0.001 *** (17.36)	0.001 *** (18.83)	0.000 (1.37)	0.000 (0.45)
年度固定效应	是	是	是	是	是	是
进口国固定效应	是	否	是	否	是	否
年度 – 进口国 固定效应	否	是	否	是	否	是
产品固定效应	是	是	是	是	是	是
样本量	394038	541657	394038	541657	394038	541657
R^2	0.7553	0.7152	0.6705	0.3939	0.9371	0.5403
调整后 R^2	0.7552	0.7151	0.6704	0.3937	0.937	0.5401
F 统计量	4771.14	4647.29	1949.09	1703.4	13453.7	7873.46
P 值	0.0000	0.0000	0.0000	0.0000	0.0000	0.0000

注：*、** 和 *** 分别表示在10%、5%和1%的显著水平下显著。

为了缓解因果倒置所导致的内生性问题，考虑到 $t-1$ 期技术标准规制外生于 t 期的企业出口额，本章又采用两类加总方法所获得数据，分别对滞后一期的进口国技术标准规制影响企业出口集约边际的情况进行了估计。表6-14 所报告的估计结果基本与基准回归结果相一致，滞后一期进口国技术标准规制确实抑制了企业出口的集约边际，这种抑制效应对于规模较大的企业会受到一定程度的削减，但企业生产率对集约边际的影响仍不明确。

作为稳健性检验，本章也采用未经加总的数据对滞后一期的技术标准规制影响企业出口集约边际的情况进行了估计，估计结果在表6-15 中进行了报告。

表 6－11　集约边际影响工具变量第一阶段回归结果

变量	加总方式1			加总方式2					
	TBT	SPS	STCs	TBT		SPS		STCs	
				(1)	(2)	(3)	(4)	(5)	(6)
HS2 位技术标准	0.004 **	0.005 ***	0.212 *	0.008 ***	0.008 ***	0.001 ***	0.001 ***	0.066 ***	0.066 ***
	(2.06)	(5.77)	(1.69)	(7.22)	(7.22)	(2.51)	(2.51)	(3.13)	(3.13)
生产率交互项	0.002	0.003 ***	0.013	0.008 ***	0.008 ***	0.002	0.002	0.006 ***	0.006 ***
	(2.39)	(4.81)	(0.81)	(4.13)	(4.13)	(1.08)	(1.08)	(2.34)	(2.34)
规模交互项	0.006 ***	0.01 ***	0.05	0.001 ***	0.001 ***	0.02 ***	0.02 ***	0.02 ***	0.02 ***
	(2.84)	(8.22)	(1.58)	(6.04)	(6.04)	(7.98)	(7.98)	(4.31)	(4.31)
年度固定效应	是	是	是	是	是	是	是	是	是
进口国固定效应	是	否	否	否	是	否	是	否	是
年度－进口国固定效应	否	是	是	是	否	是	否	是	否
产品固定效应	是	是	是	是	是	是	是	是	是
样本量	25232	25232	25232	62016	62016	62016	62016	62016	62016
R^2	0.1318	0.108	0.3679	0.9321	0.9321	0.9682	0.9682	0.8317	0.8314
调整后 R^2	0.1314	0.1077	0.3676	0.9321	0.9321	0.9682	0.9682	0.8316	0.8314
F 统计量	42.18	85.93	21.78	576.4	608.1	5139.1	5087.85	128.12	127.52
P 值	0.0000	0.0000	0.0000	0.0000	0.0000	0.0000	0.0000	0.0000	0.0000

注：*、** 和 *** 分别表示在10%、5%和1%的显著水平下显著。

表 6-12　　　　　　　　　　扩展边际影响的工具变量回归结果

变量	TBT		SPS		STCs	
	(1)	(2)	(3)	(4)	(5)	(6)
技术标准	-0.654 ***	-0.684 ***	-0.352 ***	-0.328 ***	-0.899 ***	-0.905 ***
	(-12.198)	(-12.682)	(-15.440)	(-13.606)	(-5.737)	(-6.193)
生产率	0.002	0.000	-0.001	-0.009 **	-0.001	-0.000
	(1.132)	(0.071)	(-0.244)	(-2.047)	(-1.410)	(-0.021)
生产率 交互项	-0.035 ***	-0.037 ***	0.013 ***	0.010 **	0.006	0.004
	(-3.079)	(-3.233)	(2.677)	(2.183)	(0.330)	(0.240)
企业规模	-0.001	-0.005 **	0.000	0.004	0.000	-0.000
	(-0.647)	(-2.520)	(0.117)	(0.841)	(0.939)	(-0.118)
企业规模 交互项	0.051 ***	0.055 ***	-0.004	-0.002	-0.000	0.002
	(5.591)	(5.968)	(-0.887)	(-0.518)	(-0.008)	(0.082)
关税	0.082 ***		-0.065 ***		-0.001	
	(9.742)		(-4.928)		(-1.573)	
年度固定效应	是	是	是	是	是	是
进口国固定效应	Yes	No	Yes	No	Yes	No
年度-进口国 固定效应	否	是	否	是	否	是
产品固定效应	是	是	是	是	是	是
样本量	394038	541657	394038	541657	394038	541657
R^2	0.545	0.550	0.568	0.467	0.847	0.833
F 统计量	4771.14	4647.29	1949.09	1703.40	13453.70	7873.46
P 值	0.0000	0.0000	0.0000	0.0000	0.0000	0.0000

注：*、** 和 *** 分别表示在 10%、5% 和 1% 的显著水平下显著。

表 6 - 13   集约边际影响的工具变量回归结果

变量	分类加总 1			分类加总 2					
	TBT	SPS	STCs	TBT		SPS		STCs	
				(1)	(2)	(3)	(4)	(5)	(6)
技术标准	-1.696* (-1.775)	0.673* (1.655)	-0.786* (-1.732)	-1.104*** (-3.230)	-1.025*** (-3.040)	-0.638*** (-9.164)	-0.896*** (-9.476)	-5.356*** (-6.269)	-7.254*** (-5.881)
生产率	-0.066*** (-5.514)	-0.065*** (-3.369)	-0.065*** (-5.657)	-0.072*** (-5.511)	-0.062*** (-4.611)	-0.063*** (-4.805)	-0.051*** (-3.776)	-0.068*** (-5.206)	-0.055*** (-4.080)
生产率交互项	-0.066 (-0.426)	-0.003 (-0.042)	-0.029 (-0.621)	-0.072* (-1.763)	-0.057 (-1.071)	-0.056*** (-4.812)	-0.067*** (-4.206)	-0.730*** (-4.977)	-1.024*** (-6.665)
企业规模	0.475*** (40.372)	0.494*** (23.802)	0.478*** (42.478)	0.257*** (21.072)	0.206*** (16.477)	0.249*** (20.430)	0.197*** (15.745)	0.254*** (20.833)	0.200*** (15.992)
企业规模交互项	0.206 (1.427)	-0.058 (-0.758)	0.097* (1.817)	0.184*** (4.219)	0.188*** (4.199)	0.109*** (10.361)	0.147*** (10.552)	1.100*** (8.817)	1.572*** (9.854)
地理距离	0.303*** (46.294)	0.301*** (42.958)	0.303*** (46.284)						
GDP	0.356*** (58.289)	0.357*** (58.598)	0.357*** (58.668)						
关税	-0.048 (-0.763)	0.009 (0.133)	-0.050 (-0.853)	3.450*** (40.416)		3.384*** (40.401)		3.467*** (40.207)	

续表

变量	分类加总1			分类加总2					
	TBT	SPS	STCs	TBT		SPS		STCs	
				(1)	(2)	(3)	(4)	(5)	(6)
年度固定效应	是	是	是	是	是	是	是	是	是
进口国固定效应	否	否	否	是	否	是	否	是	否
年度-进口国固定效应	否	否	否	否	是	否	是	否	是
产品固定效应	是	是	是	否	否	否	否	否	否
样本量	25232	25232	25232	62016	62016	62016	62016	62016	62016
R²	0.672	0.672	0.674	0.087	0.021	0.092	0.029	0.087	0.020
F统计量	42.18	85.93	21.78	576.40	608.10	5139.10	5087.85	128.12	127.52
P值	0.0000	0.0000	0.0000	0.0000	0.0000	0.0000	0.0000	0.0000	0.0000

注：*、**和***分别表示在10%、5%和1%的显著水平下显著。

表6—14　技术标准规制滞后一期的集约边际影响估计结果

变量	分类加总1				分类加总2							
	TBT	SPS	STCs	总和	TBT		SPS		STCs		总和	
					(1)	(2)	(3)	(4)	(5)	(6)	(7)	(8)
技术标准	-0.259	-0.125***	-0.527**	-0.132***	-0.461***	-0.821***	-0.055	-0.222**	-1.261*	-2.376**	-0.098	-0.282***
	(-1.003)	(-3.470)	(-2.236)	(-3.811)	(-3.182)	(-4.659)	(-0.771)	(-2.013)	(-1.902)	(-2.116)	(-1.489)	(-2.836)

变量	分类加总1				分类加总2							
	TBT	SPS	STCs	总和	TBT		SPS		STCs		总和	
					(1)	(2)	(3)	(4)	(5)	(6)	(7)	(8)
生产率	0.023** (2.011)	0.024** (2.076)	0.023** (2.049)	0.024** (2.073)	0.027 (1.417)	0.017 (0.788)	0.027 (1.406)	0.018 (0.854)	0.032 (1.644)	0.023 (1.110)	0.027 (1.400)	0.018 (0.840)
生产率交互项	0.027 (0.655)	-0.004 (-0.683)	-0.013 (-0.880)	-0.003 (-0.692)	0.010 (0.394)	0.019 (0.600)	-0.000 (-0.071)	-0.001 (-0.062)	-0.279*** (-2.892)	-0.338** (-2.557)	-0.002 (-0.260)	-0.002 (-0.257)
企业规模	0.368*** (17.261)	0.366*** (17.007)	0.368*** (17.179)	0.365*** (17.012)	0.304*** (9.011)	0.308*** (8.617)	0.305*** (8.983)	0.302*** (8.346)	0.305*** (9.030)	0.309*** (8.613)	0.301*** (8.867)	0.296*** (8.182)
企业规模交互项	0.002 (0.048)	0.011** (2.327)	0.052** (2.308)	0.012*** (2.838)	0.044** (2.019)	0.079*** (2.811)	0.010 (1.222)	0.028** (2.156)	0.353*** (3.696)	0.532*** (3.583)	0.015* (1.902)	0.035*** (2.833)
地理距离	0.538*** (55.755)	0.540*** (55.945)	0.538*** (55.767)	0.540*** (55.936)								
GDP	0.246*** (26.585)	0.245*** (26.535)	0.246*** (26.592)	0.245*** (26.537)								
关税	-0.469*** (-7.628)	-0.452*** (-7.348)	-0.473*** (-7.633)	-0.450*** (-7.305)	3.256*** (30.945)		3.232*** (30.763)		3.266*** (31.074)		3.202*** (30.528)	
年度固定效应	是	是	是	是	是	是	是	是	是	是	是	是
进口国固定效应	否	否	否	否	是	否	是	否	是	否	是	否

变量	分类加总1				分类加总2							
	TBT	SPS	STCs	总和	TBT		SPS		STCs		总和	
					(1)	(2)	(3)	(4)	(5)	(6)	(7)	(8)
年度-进口国固定效应	否	否	否	否	否	是	否	是	否	是	否	是
产品固定效应	是	是	是	是	是	是	是	是	是	是	是	是
企业固定效应	是	是	是	是	是	是	是	是	是	是	是	是
行业固定效应	是	是	是	是	是	是	是	是	是	是	是	是
样本量	17600	17600	17600	17600	20981	20817	20981	20817	20981	20817	20981	20817
R^2	0.926	0.926	0.926	0.926	0.537	0.483	0.538	0.485	0.537	0.483	0.539	0.488

注：*、**和***分别表示在10%、5%和1%的显著性水平下显著。

表 6 – 15　技术标准规制滞后一期的集约边际影响估计结果（未加总数据）

变量	TBT		SPS		STCs		总和	
	(1)	(2)	(3)	(4)	(5)	(6)	(7)	(8)
技术标准	– 1. 337 ***	– 1. 121 ***	– 0. 216 **	– 0. 074	– 1. 062	– 0. 648 *	– 0. 358 ***	– 0. 132 ***
	(– 4. 761)	(– 4. 956)	(– 2. 164)	(– 1. 374)	(– 1. 208)	(– 1. 811)	(– 3. 885)	(– 2. 693)
生产率	0. 002	– 0. 000	0. 003	0. 002	0. 002	– 0. 002	0. 001	0. 000
	(0. 120)	(– 0. 028)	(0. 169)	(0. 108)	(0. 115)	(– 0. 101)	(0. 076)	(0. 031)
生产率交互项	0. 034	0. 008	0. 000	– 0. 005	0. 302	0. 110	0. 011	– 0. 001
	(0. 607)	(0. 141)	(0. 013)	(– 0. 476)	(1. 478)	(1. 313)	(0. 534)	(– 0. 093)
企业规模	0. 168 ***	0. 179 ***	0. 167 ***	0. 178 ***	0. 170 ***	0. 181 ***	0. 167 ***	0. 177 ***
	(5. 295)	(6. 989)	(5. 278)	(6. 880)	(5. 367)	(7. 063)	(5. 271)	(6. 870)
企业规模交互项	0. 097 **	0. 093 **	0. 019	0. 008	– 0. 124	– 0. 032	0. 026 *	0. 011
	(2. 205)	(2. 317)	(1. 254)	(0. 895)	(– 1. 004)	(– 0. 511)	(1. 734)	(1. 223)
关税	– 0. 007		– 0. 019		– 0. 004		– 0. 020	
	(– 0. 149)		(– 0. 420)		(– 0. 080)		(– 0. 435)	
年度固定效应	是	是	是	是	是	是	是	是
进口国固定效应	是	否	是	否	是	否	是	否
年度 – 进口国固定效应	否	是	否	是	否	是	否	是
产品固定效应	是	是	是	是	是	是	是	是
企业固定效应	是	是	是	是	是	是	是	是
行业固定效应	是	是	是	是	是	是	是	是
样本量	51116	72168	51116	72168	51116	72168	51116	72168
R^2	0. 234	0. 227	0. 233	0. 226	0. 233	0. 226	0. 234	0. 227

注：*、** 和 *** 分别表示在10%、5%和1%的显著水平下显著。

6.4.4　技术标准规制影响集约边际的滞后效应

为了检验技术标准规制影响企业出口集约边际的滞后效应，本章将解释变量进口国通告和 STCs 进行了滞后两期至四期处理。如果进口国技术标准规制能够对企业未来几年的出口产生正向的促进作用，本书可以认为其中的动力主要来自对企业技术创新的引致效应。本章仍采用加总后的出口数据进行处理，不仅剔除了"一锤子买卖"的企业，并且使用了 TBT、SPS 通告数以及 STCs 数量加总来作为衡量进口国技术标准规制的解释变量（本章同时分别将 TBT、SPS 通告和 STCs 单独作为解释变量进行了回归，回归结果在表 6 – 16 中进行了报告）。本章将所有企业样本划分为全行业企业和食品行业企业，分别检验了来自进口国的技术标准规制对未来 2 ~ 4 年企业出口额的影响。① 检验结果如表 6 – 17 所示，可以看到在未来的 2 ~ 4 年中进口国技术标准规制与企业出口额正向相关，技术标准变量的系数从第二年起到第四年呈现不断增大的趋势，除滞后四期外，其他年度的估计结果均在 1% 的水平上显著。检验结果表明进口国标准在未来数年中促进了企业的出口，这种促进效果呈现出不断增强的趋势。本章认为，进口国技术标准规制对未来 2 ~ 4 年内企业出口产生促进效应的原因有两个：一是来自更大的市场份额被持续留在市场中的在位企业所占有；二是在位企业为了适应进口国技术标准所进行的技术创新使其在未来实现了出口增长。因此，后文中将对进口国技术标准规制引致企业技术创新的效应进行进一步的实证验证。

表 6 – 16　　　　进口国技术标准规制影响集约边际的滞后效应
（划分 TBT/SPS 通告和 STCs）

变量	TBT			SPS			STCs		
	滞后两期	滞后三期	滞后四期	滞后两期	滞后三期	滞后四期	滞后两期	滞后三期	滞后四期
技术标准	0.978 ***	0.942 ***	- 0.261	0.181 ***	0.200 ***	0.290 *	1.051 ***	1.485 ***	0.546
	(4.534)	(2.840)	(- 0.490)	(4.688)	(4.544)	(1.789)	(2.662)	(3.560)	(0.182)
生产率	0.008	0.013	0.012	0.008	0.018	0.016	0.008	0.015	0.014
	(0.691)	(0.849)	(0.603)	(0.703)	(1.211)	(0.818)	(0.691)	(1.001)	(0.752)
生产率交互项	0.021	0.188 **	0.187 **	0.000	- 0.008	- 0.025	0.051 **	0.063	- 0.058
	(0.621)	(1.985)	(2.166)	(0.028)	(- 1.549)	(- 1.450)	(2.546)	(1.073)	(- 0.258)

① 采用 2 ~ 4 年时限的原因在于，假如技术标准通过引致技术创新导致企业出口额开始上升，这种效应难以在当年后立刻显现，因此滞后年限从第二年后开始。

变量	TBT			SPS			STCs		
	滞后两期	滞后三期	滞后四期	滞后两期	滞后三期	滞后四期	滞后两期	滞后三期	滞后四期
企业规模	0.141 ***	0.146 ***	0.087 **	0.144 ***	0.151 ***	0.091 **	0.139 ***	0.145 ***	0.086 **
	(6.942)	(5.071)	(2.144)	(7.061)	(5.234)	(2.251)	(6.862)	(5.024)	(2.130)
企业规模交互项	-0.101 ***	-0.212 ***	-0.086	-0.016 ***	-0.013 **	-0.010	-0.128 ***	-0.170 ***	-0.008
	(-2.804)	(-2.618)	(-0.984)	(-3.634)	(-2.273)	(-0.402)	(-4.537)	(-3.201)	(-0.021)
地理距离	0.169 ***	0.149 ***	0.136 ***	0.168 ***	0.149 ***	0.137 ***	0.168 ***	0.149 ***	0.136 ***
	(21.183)	(14.026)	(8.696)	(21.046)	(14.078)	(8.730)	(21.094)	(14.006)	(8.690)
GDP	0.097 ***	0.114 ***	0.124 ***	0.098 ***	0.115 ***	0.123 ***	0.097 ***	0.114 ***	0.124 ***
	(13.051)	(11.851)	(8.225)	(13.133)	(11.925)	(8.197)	(13.079)	(11.858)	(8.224)
关税	0.248 ***	0.197 ***	0.066	0.256 ***	0.206 ***	0.084	0.249 ***	0.189 ***	0.070
	(4.588)	(2.936)	(0.721)	(4.790)	(3.107)	(0.919)	(4.605)	(2.822)	(0.763)
年度固定效应	是	是	是	是	是	是	是	是	是
产品固定效应	是	是	是	是	是	是	是	是	是
企业固定效应	是	是	是	是	是	是	是	是	是
行业固定效应	是	是	是	是	是	是	是	是	是
样本量	12465	7803	4404	12465	7803	4404	12465	7803	4404
R^2	0.791	0.799	0.822	0.791	0.799	0.822	0.791	0.799	0.822

注：* 、** 和 *** 分别表示在10%、5%和1%的显著水平下显著。

表6-17 进口国技术标准规制影响集约边际的滞后效应（滞后2~4年）

变量	滞后两期		滞后三期		滞后四期	
	全行业	食品行业	全行业	食品行业	全行业	食品行业
技术标准	0.192 ***	0.241 ***	0.203 ***	0.240 ***	0.278 *	0.217
	(5.201)	(5.661)	(4.822)	(4.651)	(1.780)	(1.346)
生产率	0.008	0.007	0.018	0.013	0.016	0.017
	(0.710)	(0.625)	(1.178)	(0.870)	(0.843)	(0.875)

变量	滞后两期		滞后三期		滞后四期	
	全行业	食品行业	全行业	食品行业	全行业	食品行业
生产率 交互项	0.000 (0.012)	0.003 (0.881)	− 0.006 (− 1.101)	0.006 (0.787)	− 0.022 (− 1.348)	− 0.020 (− 1.225)
企业规模	0.145 *** (7.110)	0.148 *** (7.095)	0.151 *** (5.245)	0.162 *** (5.488)	0.091 ** (2.254)	0.090 ** (2.205)
企业规模 交互项	− 0.017 *** (− 4.563)	− 0.024 *** (− 6.510)	− 0.015 ** (− 2.559)	− 0.027 *** (− 3.025)	− 0.010 (− 0.435)	− 0.006 (− 0.241)
地理距离	0.168 *** (21.058)	0.171 *** (20.858)	0.149 *** (14.077)	0.152 *** (14.031)	0.137 *** (8.721)	0.140 *** (8.756)
GDP	0.098 *** (13.128)	0.097 *** (12.710)	0.114 *** (11.922)	0.114 *** (11.648)	0.123 *** (8.201)	0.123 *** (7.999)
关税	0.258 *** (4.846)	0.250 *** (4.504)	0.208 *** (3.141)	0.200 *** (2.920)	0.084 (0.915)	0.054 (0.576)
年度固定效应	是	是	是	是	是	是
产品固定效应	是	是	是	是	是	是
企业固定效应	是	是	是	是	是	是
行业固定效应	是	是	是	是	是	是
样本量	12465	11664	7803	7296	4404	4110
R^2	0.791	0.783	0.799	0.791	0.822	0.814

注: *、** 和 *** 分别表示在 10%、5% 和 1% 的显著水平下显著。

6.5 技术标准规制的引致过程创新效应检验

本章研究所关心的另一个重要问题是，来自进口国的技术标准规制在影响异质性企业出口二元边际的同时，是否会引致企业的自发技术创新行为。本章采用了企业申请专利这一产出端指标来反映技术创新。表 6 – 18 报告了划分行业的我国企业申请专利的基本情况，企业申请专利的数量呈现明显的增长趋势，但由于从事食品、农产品出口的企业每年专利申请基数仍相对较小，本章采用了当年企业是否申请专利的虚拟变量作为衡量技术创新的被解释变量。考虑到技术标准规制引致技术创新可能具有一定的滞后性，本书分别报告了当年及之后 1~4 年的企业申请专利情况。此外，本章所采用的数据是经过第一类分类加总后的企业层面的数据。

表 6-18　2000~2009 年我国有食品、农产品出口企业所属各行业技术创新情况

年份	农副食品加工业		食品制造业		饮料制造业		食品相关行业合计		其他行业合计	
	企业数（家）	专利数（个）	企业数（家）	专利数（个）	企业数（家）	专利数（个）	企业数（家）	专利数（个）	企业数（家）	专利数（个）
2000	14	29	33	271	13	42	60	342	5	20
2001	9	26	26	178	16	56	51	260	14	38
2002	11	50	24	323	14	81	49	454	22	62
2003	11	22	28	185	17	114	56	321	19	67
2004	20	51	38	167	23	168	81	386	33	120
2005	24	71	23	129	16	43	63	243	28	146
2006	46	108	32	277	20	68	98	453	43	304
2007	43	178	36	360	20	125	99	663	94	792
2008	51	192	39	375	18	128	108	695	46	365
2009	70	271	56	556	32	253	158	1080	155	1188

注：表中食品加工制造业为行业代码为 13~15 的农副食品加工业、食品制造业、饮料制造业，其他均为非食品行业。

首先，采用 LPM 模型进行基准回归，模型如下：

$$Duminno_{it} = \beta_0 + \beta_1 Standard_{jkt} + \beta\, Controls_{it} + \xi + \varepsilon_{it} \qquad (6.5)$$

$$\beta Controls_{it} = \gamma_1 \ln tfp_{it} + \gamma_2 \ln size_{it} + \gamma_3 Industry_{it} + \gamma_4 \ln wage_{it} + \gamma_5 KL_{it} \qquad (6.6)$$

其中，ξ 仍然表示行业、地域和年度的固定效应，$\ln wage_{it}$ 表示企业平均工资水平，KL_{it} 表示资本密集度。与前文保持一致，用以衡量进口国技术标准的变量 $Standard_{jkt}$ 分别为进口国当年对产品 k 的 TBT 通告数、SPS 通告数、STCs 以及由三者加总产生的虚拟变量。由于在对样本全行业进行基准回归中发现，企业的技术创新行为存在着显著的行业差异，因此本章又将样本按照食品行业与非食品行业进行了划分，进行进一步回归。① 结果如表 6-19 所示。

---

① 本书中的食品行业是指国民经济行业分类中，制造业行业前两位代码为 13~15 的行业，分别为农副食品加工业，食品制造业和酒、饮料、精制茶制造业。

技术标准规制引致技术创新效应的基准回归

表6-19

变量	全行业					食品行业					非食品行业				
	0	1	2	3	4	0	1	2	3	4	0	1	2	3	4
技术标准	-0.000	0.002*	0.002**	0.002*	0.002**	0.000	0.002	0.003***	0.002*	0.002*	-0.002***	0.001	-0.001	-0.000	0.001
	(-0.154)	(1.661)	(2.462)	(1.653)	(2.028)	(0.162)	(1.433)	(2.632)	(1.660)	(1.784)	(-2.580)	(0.421)	(-0.357)	(-0.165)	(0.540)
生产率	0.001	0.003	0.002	0.000	0.003	-0.001	0.000	-0.001	-0.003	-0.002	0.006	0.008	0.011**	0.012**	0.021***
	(0.682)	(1.215)	(1.021)	(0.165)	(1.145)	(-0.473)	(0.089)	(-0.382)	(-1.257)	(-0.915)	(1.162)	(1.498)	(2.081)	(2.245)	(3.726)
企业规模	0.011***	0.012***	0.014***	0.018***	0.018***	0.014***	0.014***	0.015***	0.020***	0.020***	0.011**	0.015**	0.014**	0.017**	0.011*
	(4.671)	(4.761)	(5.251)	(6.667)	(6.132)	(4.970)	(4.730)	(5.091)	(6.448)	(6.343)	(2.173)	(2.569)	(2.460)	(2.852)	(1.774)
平均工资	0.020***	0.019***	0.017***	0.015***	0.015***	0.019***	0.018***	0.015***	0.013***	0.010***	0.018***	0.015***	0.016***	0.015***	0.020***
	(12.360)	(10.998)	(10.044)	(8.358)	(7.700)	(10.277)	(9.610)	(8.488)	(6.467)	(5.075)	(5.372)	(3.974)	(3.941)	(3.765)	(4.588)
资本劳动比	0.000**	0.000***	0.000	0.000	0.000	0.000	0.000	0.000	-0.000	-0.000	-0.000	0.000	-0.000	0.000	0.000
	(2.031)	(2.485)	(1.441)	(1.496)	(0.518)	(1.066)	(1.565)	(0.792)	(-0.185)	(-1.138)	(-1.031)	(0.020)	(-0.315)	(1.318)	(0.868)
产业类型	0.000***	0.000***	0.000***	0.000***	0.000***	0.001***	0.001***	0.001***	0.001***	0.001***	0.000***	0.000***	0.000***	0.000***	0.000***
	(6.885)	(7.920)	(8.267)	(7.454)	(8.157)	(8.645)	(7.693)	(6.893)	(6.668)	(6.656)	(1.994)	(3.875)	(4.912)	(5.198)	(5.739)
年度固定效应	是	是	是	是	是	是	是	是	是	是	是	是	是	是	是
企业固定效应	是	是	是	是	是	是	是	是	是	是	是	是	是	是	是
样本量	16185	16185	16185	16185	16185	12044	12044	12044	12044	12044	4141	4141	4141	4141	4141
R^2	0.052	0.051	0.047	0.046	0.046	0.059	0.056	0.048	0.045	0.041	0.058	0.050	0.052	0.058	0.063

注：0、1、2、3和4分别表示企业当年、1年后、2年后、3年后和4年后的技术创新；*、**和***分别表示在10%、5%和1%的显著水平下显著。

由表6-19可以看出，在全行业样本中，从第二年开始进口国技术标准规制对我国出口企业的技术创新形成了促进效应，换句话说，当年的来自进口国技术标准规制会导致企业在未来的第二年开始进行技术创新，这再次印证了进口国技术标准通过激励企业技术创新促进未来数年出口增长的假设。此外，企业规模以及平均工资水平均与企业技术创新显著正相关，规模越大的企业越倾向于加大技术创新投入和产出专利，而较高的工资水平通常意味着员工具有更高的专业知识技能，从而更倾向于从事创新性活动。企业全要素生产率和资本密集度与技术创新的显著相关性不高，说明从事食品、农产品加工的企业尤其是食品行业并没有较高的生产率和资本进入门槛。

进一步划分行业的回归中，本书发现在食品行业的企业中进口国食品安全标准的引致技术创新效应仍较为显著，而该效应并没有体现在非食品行业当中。这说明进口国食品安全标准对企业技术创新的影响具有明显的行业差异，而这种差异显然主要存在于主要从事食品生产加工的企业和其他行业的企业当中。主要的原因是，对于所有虽然从事食品、农产品出口但其主业并非食品生产加工的企业而言，一方面是因为缺乏技术创新的人力资本基础，另一方面由于企业本身并不依赖食品出口，因此缺乏面对进口国食品安全标准规制进行技术创新的动力与能力。从表6-19的各行业样本数量来看，非食品行业的企业所占比例并不低，约占出口企业总量的1/4，这些企业的出口选择相对而言更容易受到外部政策因素的影响，且企业抵御风险的意愿和能力也更低。这些主业并非食品生产加工的企业的存在对于解释进口国技术标准规制的二元边际影响也具有一定意义。[①]

在分行业基准回归的基础上，本章又进行了进一步的稳健性检验。本章所采用的稳健性分析方法是倾向得分匹配（PSM），该方法通过进一步将样本划分为处理组和控制组，可在一定程度上避免样本选择偏误和因此导致的内生性问题。根据企业是否受到进口国食品安全标准影响对所有样本企业进行分组，在倾向得分匹配分组过程中加入了影响企业出口决策和技术创新的协变量[②]，以实现在处理选择性偏误的同时对其他影响企业技术创新的因素进行控制，同时在匹配后分别进行了平衡性假设检验和共同

[①] 作为稳健性检验，笔者同时对全行业和食品行业 TBT、SPS 通告和 STCs 引致企业技术创新效应进行了检验，回归结果在表6-21和表6-22中进行了报告，检验结果基本与将 TBT、SPS 通告和 STCs 加总后总变量作为解释变量的估计结果相一致。

[②] 经过多次反复测试，本章采用的匹配方法是半径为 0.0001 的半径匹配，所获得的匹配结果最为理想。

支撑假设检验。① 在倾向得分匹配后，对平均处理效应进行了估计。倾向得分匹配与估计结果如表6-20至表6-22所示。

由表6-20可以看到，经过倾向得分匹配后，全行业样本中，进口国食品安全标准对企业在当年后2~3年的专利申请产生显著的正向影响，而前两年的引致创新效应并不显著。经过倾向得分匹配之后，进口国食品安全标准引致企业技术创新的估计结果相比基准回归覆盖时间跨度更短。结合二者来看，本书认为技术标准引致企业技术创新主要体现在未来的2~3年后。进一步划分了食品行业与非食品行业后，本书发现，对非食品行业而言，进口国食品安全标准引致企业技术创新效应并不显著，这样对前文基准回归的结果进行了印证，从而说明这种技术创新引致效应主要存在于食品行业。

表6-20中同时报告了处理组的平均处理效应（ATT）和总样本平均处理效应（ATE），其中尤其关注的是ATT即在控制了其他影响因素的情况下，受到进口国食品安全规制影响的处理组与对照组之间的差异。可以看到对于全行业样本和食品行业样本而言，自当年后2年开始，处理组的技术创新水平均大于对照组。另外，对非食品行业而言甚至出现了ATT为负的情况，即对于本身不从事食品生产加工的企业而言，面对来自进口国技术规制限制的处理组企业技术创新动力反而不及对照组企业。

另外，根据国际通行专利分类，所有专利类型中发明专利研发难度最大，授权标准最高，权利稳定性最强，且相对其他两项专利而言与技术标准相关度更高，因此笔者对企业申请发明专利的情况专门进行了分析，结果与全部专利的情况基本一致，全行业样本自当年后2~3年呈现出显著的标准引致技术创新效应，食品行业企业的技术创新效应主要体现在第二年，此后第三年、第四年中进口国食品安全标准对于企业申请专利也具有正向影响，根据t值显示，这种影响接近显著。

结合进口国技术标准影响企业出口二元边际与引致企业技术创新效应的实证检验可以看到，进口国技术标准在当期确实抑制了微观企业出口，这主要体现在迫使企业退出的扩展边际影响上，如果企业继续留在市场中，则在未来几年中可以通过技术创新适应进口国标准以实现出口额的增长。这种引致技术创新效应主要体现在食品行业企业中。

---

① 共同支撑假设要求处理组与比较组企业估计得出的倾向得分有相近的分布；平衡性假设则要求两组企业的特征变量标准偏差估计值足够小。由于篇幅所限，本章并没有给出各年匹配检验的结果。

表6-20

进口国技术标准影响企业创新的PSM分析

行业		0		1		2		3		4	
		全部专利	发明	全部专利	发明	全部专利	发明	全部专利	发明	全部专利	发明
全行业	ATT	0.010 (1.37)	0.005 (1.19)	-0.002 (-0.28)	0.007 (1.26)	0.025*** (2.84)	0.016** (2.48)	0.016* (1.87)	0.006 (1.07)	0.011 (1.23)	0.008 (1.22)
	ATE	0.002	0.0023	-0.007	0.002	0.014	0.010	0.009	0.0003	0.005	0.0004
	样本数	16196	16196	16196	16196	16196	16196	16196	16196	16196	16196
食品行业	ATT	0.002 (0.31)	0.001 (0.25)	-0.011 (-1.50)	0.002 (0.41)	0.016* (1.73)	0.014** (2.03)	0.007 (0.82)	0.004 (0.56)	0.009 (0.96)	0.003 (0.40)
	ATE	-0.0003	-0.0007	-0.010	0.001	0.010	0.009	0.013	0.007	0.005	-0.002
	样本数	12050	12050	12050	12050	12050	12050	12050	12050	12050	12050
非食品行业	ATT	0.001 (-0.29)	-0.009 (-0.66)	-0.010 (-0.44)	0.004 (-0.25)	0.017 (-0.68)	-0.0004 (-0.02)	0.002 (0.08)	-0.012 (-0.75)	-0.020 (-0.83)	-0.007 (-0.33)
	ATE	0.020	0.002	0.014	0.015	0.053	0.013	0.026	-0.004	0.007	0.011
	样本数	4146	4146	4146	4146	4146	4146	4146	4146	4146	4146

注：样本数是包括处理组和对照组在内的全部样本数；括号中报告的为t统计量的值，可以与显著程度相互对照；*、**和***分别表示在10%、5%和1%的显著水平下显著。

表 6-21　全行业样本技术标准规制引致技术创新效应的回归结果（划分 TBT/SPS 通告和 STCs）

变量	TBT					SPS					STCs				
	0	1	2	3	4	0	1	2	3	4	0	1	2	3	4
技术标准	0.004	0.000	0.005*	0.001	0.001	-0.000	0.002	0.002**	0.002**	0.003**	0.008	0.011*	0.012*	0.005	0.006
	(1.566)	(0.221)	(1.721)	(0.535)	(0.602)	(-1.147)	(1.592)	(2.125)	(2.061)	(2.461)	(1.623)	(1.869)	(1.899)	(1.033)	(1.167)
生产率	0.001	0.000	0.001	0.000	0.003	0.001	0.000	0.001	0.000	0.003	0.001	0.000	0.001	0.000	0.003
	(0.596)	(0.219)	(0.895)	(0.211)	(1.572)	(0.614)	(0.183)	(0.851)	(0.163)	(1.522)	(0.610)	(0.224)	(0.909)	(0.214)	(1.581)
企业规模	0.007***	0.008***	0.008***	0.012***	0.010***	0.007***	0.008***	0.008***	0.011***	0.010***	0.007***	0.008***	0.008***	0.012***	0.010***
	(4.240)	(3.887)	(4.318)	(5.641)	(4.562)	(4.276)	(3.841)	(4.261)	(5.562)	(4.482)	(4.244)	(3.872)	(4.302)	(5.622)	(4.558)
平均工资	0.005***	0.006***	0.007***	0.007***	0.007***	0.005***	0.006***	0.007***	0.007***	0.007***	0.005***	0.006***	0.007***	0.007***	0.007***
	(4.461)	(5.333)	(5.419)	(4.964)	(4.981)	(4.508)	(5.433)	(5.621)	(5.087)	(5.117)	(4.521)	(5.328)	(5.503)	(4.980)	(4.998)
资本劳动比	0.000**	0.000***	0.000*	0.000	0.000*	0.000**	0.000***	0.000**	0.000	0.000*	0.000*	0.000***	0.000*	0.000	0.000
	(2.498)	(2.999)	(1.958)	(1.117)	(1.706)	(2.480)	(3.030)	(1.987)	(1.171)	(1.755)	(2.284)	(2.760)	(1.716)	(0.975)	(1.579)
产业	0.000***	0.000***	0.000***	0.000***	0.000***	0.000***	0.000***	0.000***	0.000***	0.000***	0.000***	0.000***	0.000***	0.000***	0.000***
	(5.737)	(5.055)	(6.331)	(5.554)	(5.188)	(5.654)	(5.175)	(6.437)	(5.688)	(5.337)	(5.666)	(5.030)	(6.257)	(5.532)	(5.163)
年度固定效应	是	是	是	是	是	是	是	是	是	是	是	是	是	是	是
企业固定效应	是	是	是	是	是	是	是	是	是	是	是	是	是	是	是
样本量	16185	16185	16185	16185	16185	16185	16185	16185	16185	16185	16185	16185	16185	16185	16185
R^2	0.022	0.022	0.025	0.027	0.027	0.021	0.023	0.025	0.028	0.028	0.022	0.023	0.025	0.027	0.027

注：0、1、2、3 和 4 分别代表当期的技术创新情况和未来 2～5 年的技术创新情况；括号中报告的为 t 统计量的值；*、**和***分别表示在 10%、5% 和 1% 的显著水平下显著。

表6-22　食品行业样本技术标准规制引致技术创新效应的回归结果（划分TBT/SPS通告和STCs）

变量	TBT					SPS					STCs				
	0	1	2	3	4	0	1	2	3	4	0	1	2	3	4
技术标准	0.005*	0.001	0.007**	0.002	0.003	0.000	0.002	0.003**	0.003**	0.003**	0.008	0.012*	0.012*	0.005	0.006
	(1.785)	(0.536)	(2.007)	(0.807)	(0.966)	(0.180)	(1.462)	(2.482)	(2.105)	(2.106)	(1.457)	(1.825)	(1.772)	(0.868)	(1.122)
生产率	-0.001	-0.002	-0.001	-0.003	-0.002	-0.001	-0.002	-0.002	-0.003	-0.002	-0.001	-0.002	-0.001	-0.002	-0.002
	(-0.938)	(-1.127)	(-0.870)	(-1.359)	(-1.086)	(-0.956)	(-1.162)	(-0.954)	(-1.411)	(-1.134)	(-0.926)	(-1.099)	(-0.839)	(-1.345)	(-1.075)
企业规模	0.007***	0.009***	0.010***	0.013***	0.014***	0.007***	0.008***	0.010***	0.013***	0.013***	0.007***	0.008***	0.010***	0.013***	0.014***
	(3.580)	(3.838)	(4.664)	(5.481)	(5.262)	(3.632)	(3.782)	(4.578)	(5.369)	(5.173)	(3.565)	(3.776)	(4.614)	(5.431)	(5.249)
平均工资	0.004***	0.005***	0.005***	0.005***	0.004***	0.004***	0.005***	0.005***	0.005***	0.005***	0.004***	0.005***	0.005***	0.005***	0.004***
	(3.325)	(3.905)	(3.937)	(3.202)	(2.798)	(3.434)	(4.101)	(4.334)	(3.449)	(3.024)	(3.486)	(4.023)	(4.166)	(3.266)	(2.881)
资本劳动比	0.000***	0.000**	0.000	-0.000	0.000	0.000**	0.000**	0.000	-0.000	0.000	0.000**	0.000**	0.000	-0.000	0.000
	(2.176)	(2.395)	(1.482)	(-0.149)	(0.168)	(2.158)	(2.467)	(1.576)	(-0.008)	(0.281)	(2.009)	(2.195)	(1.282)	(-0.250)	(0.051)
产业	0.000***	0.000***	0.000***	0.000***	0.000***	0.000***	0.000***	0.000***	0.000***	0.000***	0.000***	0.000***	0.000***	0.000***	0.000***
	(3.562)	(3.935)	(4.268)	(3.230)	(4.006)	(3.529)	(3.845)	(4.063)	(3.087)	(3.881)	(3.215)	(3.531)	(3.776)	(3.050)	(3.778)
年度固定效应	是	是	是	是	是	是	是	是	是	是	是	是	是	是	是
企业固定效应	是	是	是	是	是	是	是	是	是	是	是	是	是	是	是
样本量	12044	12044	12044	12044	12044	12044	12044	12044	12044	12044	12044	12044	12044	12044	12044
R^2	0.020	0.023	0.027	0.025	0.026	0.019	0.024	0.028	0.026	0.027	0.020	0.025	0.026	0.025	0.026

注：0、1、2、3和4分别代表当期的技术创新情况和未来2～5年的技术创新情况；*，**和***分别表示在10%、5%和1%的显著水平下显著；括号中报告的为t统计量的值。

基于本章的实证研究，本书得出以下研究结论：

第一，进口国技术标准对出口二元边际的影响。

本章再次对进口国技术标准对企业出口的抑制效应进行了实证检验，研究结果显示来自进口国技术标准在当期确实通过影响企业出口选择和降低企业出口额两种途径对企业的出口二元边际产生了负向影响。

第二，进口国技术标准规制对出口企业是否存在正向效应。

进口国技术标准规制一直以来被认为仅仅是一种典型的非关税壁垒。本章的实证分析结果虽然支持这一观点，但也需同时认识到，这一结论在以下两方面存在局限性：一是，尽管在当年甚至短期内进口国技术标准规制会对企业出口形成制约，但技术标准与关税及其他非关税壁垒存在明显差异，即绝大多数进口国技术标准的提出其目的并非只是地方保护，而是更多出于保护本国消费者生命健康安全的考量，如果出口产品能够达到技术标准，该项壁垒将不复存在。二是，进口国技术标准规制确实会导致一些企业退出市场或阻遏潜在的进入者，但对于继续留在市场中的在位企业而言，如果出口国企业可以通过技术创新以达到标准，那么这种技术标准规制在长期中对于从事出口的企业的出口增长与技术进步甚至是有益的。

第三，进口国技术标准规制引致企业技术创新的局限性及适用范围。

进口国技术标准规制的引致技术创新效应究竟发生在具有哪些特征的企业身上？本章研究发现，企业生产率水平越高、规模越大，越倾向于进行技术创新。另一个重要的发现是，这种引致技术创新效应存在明显的行业差异性，在所有从事食品与农产品出口的样本企业中，非食品生产加工行业的企业所占比例约为20%，而这些企业从事食品与农产品出口更倾向于一种短期行为，因此缺乏足够的技术创新动力。

第 7 章　出口产品质量、企业生产率
与出口产品价格

本书将企业的技术创新行为划分为过程创新与产品创新，并将产品创新定义为企业出口产品质量升级。基于这样的理论框架，本章首先对我国微观企业出口产品质量进行精确测度，综合需求信息反推法和供求信息综合测算法，将企业出口产品质量决策内生化，构建跨时、跨国可比的产品质量测度分析框架。在引入企业内生决定出口产品质量的假设下，本章进一步对企业生产率与出口产品价格关系的悖论进行了理论分析，提出企业的产品创新能力、消费者对产品的偏好程度以及产品质量差异度是影响生产率与价格关系的关键要素。在此基础上，本章综合采用了微观工业企业数据库、海关数据库以及企业专利数据库，对理论模型进行了实证检验。进一步验证了以下结论：当企业产品创新能力越强、消费者对产品偏好程度越高、出口产品质量差异度越高时，企业生产率与出口产品价格越倾向于呈正相关关系；反之，二者则呈负相关关系。高生产率意味着企业具有较强的过程创新能力，企业生产率与价格正向相关则间接表明企业具有较强的产品创新能力，因此高生产率企业出口价格和质量水平相对较高的产品实现了企业过程创新能力与产品创新能力的统一。

7.1　出口产品质量估计相关文献回顾

探索出口贸易中产品质量问题的逻辑起点同时位于现实与理论两个维度上。其一是从经济现实层面，经过数十年来的高速发展，中国的出口规模已稳居世界第一位，出口规模的增长伴随着出口结构的逐步优化，在这种背景下，越来越多的学者认为出口产品的质量差距才是目前中国出口贸易落后于发达国家的重要方面，2015 年中国发布的《共同推动认证认可服务 "一带一路" 建设的愿景与行动》，倡导 "一带一路" 沿线国家加强

质量认证认可合作；"十三五"规划纲要提出"加快培育以技术、标准、品牌、质量、服务为核心的对外经济新优势"，党的十九大报告中提出"实行高水平的贸易"的发展理念和战略目标，推动出口产品质量升级已经成为在国内外新形势下继续保持出口贸易可持续发展的重要路径，因此国内也有更多学者将视线转向出口贸易产品质量的相关研究。其二是从理论层面，梅里兹（2003）开创的新新贸易理论通过企业生产率异质性成功解释了出口与非出口企业存在的大量差异性问题，但对于企业出口产品价格问题的解释一直存在缺陷。根据新新贸易理论，从事出口的高生产率企业相比非出口企业而言产品价格更低，但许多学者通过研究发现出口企业的产品价格往往高于非出口企业。为了解决出口价格经济事实与理论的矛盾，出现了一系列在梅里兹（2003）的基础上引入企业产品质量异质性的文献。

基于消费者倾向于向高质量产品支付高价格的逻辑，早期文献中学者主要通过产品单位价值来衡量产品质量（Schott，2004；Hallak，2006；Hummels and Klenow，2005）。此外，常见的出口产品质量测算方法还包括基于性价比的测算方法（Hallak and Schott，2011）以及间接指标测算法（Goldberg and Verboven，2001；Crozet et al.，2012）。

需求信息反推法和供求信息综合测算法是目前较为主流的两种出口产品质量估计方法，本章即是对两种测算方法进行了综合。前者的思路主要是从出口产品的价格中剔除质量因素（Khandelwal，2010；Khandelwal et al.，2013；施炳展，2013，2014；樊海潮和郭光远，2015；Fajgelbaum and Khandelwal，2016；余淼杰和李乐融，2016；许家云等，2017），后者则是基于产品质量和价格同样为企业内生决定的假设（Feenstra and Romalis，2014）。

已有文献在构建企业出口产品质量内生决定模型，并运用微观数据解释出口产品价格悖论方面做出了重要贡献，但一方面测度出口产品质量的方法仍存在改进空间，另一方面仍未能充分解释最终决定企业生产率与出口产品价格之间关系的内在因素，及满足何种情况质量效应占优、生产率与价格正相关，在何种条件下生产率效应占优、生产率与价格负相关。本章试图进一步解决以上问题。

本章所做的工作主要包括在以下几个方面：（1）在测度方法方面，采用异质性企业的供求信息综合测算法测度出口产品质量，避免了估计偏误和质量跨时跨国不可比等问题；（2）通过分析异质性企业生产率、价格、质量的关系，对企业内生决定出口产品质量假设下生产率与出口产品价格悖论做出解释；（3）对企业生产率、出口产品价格以及出口产品质量的关系进行检验，并对影响企业生产率与出口价格关系的关键因素进行实证分析。

7.2 出口产品质量、企业生产率与出口产品价格关系的理论模型

参考约翰逊（Johnson，2012）以及热尔韦（Gervais，2015）等文献的分析框架，本节将在出口产品质量内生决定的假设下构建供求均衡模型，并结合安东尼亚迪斯（Antoniades，2015）的做法，引入产品质量差异度来对出口产品价格悖论做出解释。

7.2.1 需求端假设

假设消费者的效用同时取决于消费产品的数量和质量，来自进口国 j 国的消费者购买 HS6 位代码下类别为 k 的产品，在产品类别 k 中存在连续的差异化产品品种 ω，消费者效用函数具有不变替代弹性（CES）性质：

$$U_j = \left\{ \int_{\omega} \left[q_j(\omega) z_j(\omega)^{\alpha_{jk}} \right]^{\frac{\sigma_k-1}{\sigma_k}} n_{jk} \mathrm{d}\omega \right\}^{\frac{\sigma_k}{\sigma_k-1}} \tag{7.1}$$

其中，$q_j(\omega)$ 表示出口到 j 国的产品品种 ω 的需求量，$z_j(\omega)$ 表示出口到 j 国的产品品种 ω 的质量，n_{kj} 为出口到 j 国的产品类别 k 的品种数，σ_k 为同一产品类别 k 中不同品种之间的替代弹性，$\alpha_{jk} = 1 + \mu \ln U_j$，反映了 j 国消费者对于产品 k 质量的偏好程度。

由于进口国 j 消费者效用函数为 $U_j = \left\{ \int_{\omega} \left[q_j(\omega) z_j(\omega)^{\alpha_{jk}} \right]^{\frac{\sigma_k-1}{\sigma_k}} n_{jk} \mathrm{d}\omega \right\}^{\frac{\sigma_k}{\sigma_k-1}}$，

预算约束为 $Y_j = \int_{\omega} p_j(\omega) q_j(\omega) \mathrm{d}\omega$，采用拉格朗日乘数法求解消费者效用最大化问题：

$$L = \left\{ \int_{\omega} \left[q_j(\omega) z_j(\omega)^{\alpha_{jk}} \right]^{\frac{\sigma_k-1}{\sigma_k}} n_{jk} \mathrm{d}\omega \right\}^{\frac{\sigma_k}{\sigma_k-1}} - \lambda \left[\int_{\omega} p_j(\omega) q_j(\omega) \mathrm{d}\omega - Y_j \right] \tag{7.2}$$

关于消费量 $q_j(\omega)$ 的一阶条件为：

$$\frac{\partial L}{\partial q_j(\omega)} = \left\{ \int_{\omega} \left[q_j(\omega) z_j(\omega)^{\alpha_{jk}} \right]^{\frac{\sigma_k-1}{\sigma_k}} n_{jk} \mathrm{d}\omega \right\}^{\frac{1}{\sigma_k-1}} \left[q_j(\omega) z_j(\omega)^{\alpha_{jk}} \right]^{-\frac{1}{\sigma_k}}$$

$$n_{jk} \, z_j(\omega)^{\alpha_{jk}} - \lambda \, p_j(\omega) = 0 \qquad\qquad (7.3)$$

整理可得：

$$q_j(\omega) = \lambda^{-\sigma_k} \, p_j(\omega)^{-\sigma_k} \, z_j(\omega)^{\alpha_{jk}(1-\sigma_k)} \, n_{jk}^{\sigma_k} \, U_j \qquad\qquad (7.4)$$

将式 (7.4) 代入 $Y_j = \int_\omega p_j(\omega) \, q_j(\omega) \mathrm{d}\omega$，有：

$$Y_j = \int_\omega p_j(\omega) \, \lambda^{-\sigma_k} \, p_j(\omega)^{-\sigma_k} \, z_j(\omega)^{\alpha_{jk}(1-\sigma_k)} \, n_{jk}^{\sigma_k} \, U_j \mathrm{d}\omega \qquad (7.5)$$

则可推得：

$$U_j = Y_j \, \lambda^{\sigma_k} \, n_{jk}^{-\sigma_k} \left\{ \int_\omega \left[\frac{p_j(\omega)}{z_j(\omega)^{\alpha_{jk}}} \right]^{1-\sigma_k} \mathrm{d}\omega \right\}^{-1} \qquad (7.6)$$

代入式 (7.4)，则有：

$$q_{jk} = Y_{jk} \times P_{jk}^{\sigma_k-1} \times p_j(\omega)^{-\sigma_k} \times z_j(\omega)^{\alpha_{jk}(1-\sigma_k)} \qquad (7.7)$$

其中，$P_{jk} = \left\{ \int_\omega \left[\dfrac{p_j(\omega)}{z_j(\omega)^{\alpha_{jk}}} \right]^{1-\sigma_k} \mathrm{d}\omega \right\}^{\frac{1}{1-\sigma_k}}$，为出口到 j 国的产品 k 的价格指数，Y_{jk} 为 j 国消费者对产品 k 的总支出，$p_j(\omega)$ 为出口到 j 国的产品品种 ω 的价格。$\dfrac{p_j(\omega)}{z_j(\omega)^{\alpha_{jk}}}$ 即为产品的性价比或经质量调整后的价格。需求函数所反映的经济学直觉是，消费者的需求与产品价格负相关，与产品质量正相关。

7.2.2　供给端假设

企业在垄断竞争市场中内生决定所生产的差异化产品的价格与质量，企业的异质性主要反映为全要素生产率和生产质量能力的差异。假设企业 i 的全要素生产率为 φ_i，企业生产质量能力的异质性反映在边际生产成本上，假设边际生产成本与产品质量正相关，则生产率为 φ_i 的企业出口产品 k 到 j 国的边际成本为 $MC_{ijk} = \dfrac{z_{ijk}^\gamma c}{\varphi_i}$，$c$ 表示企业生产中投入要素的价格，$\gamma \in (0,1)$，其含义为产品质量的边际成本弹性。τ_{ijk} 为企业 i 出口产品 k 到 j 国的冰山运输成本，因此实际出口中的单位可变成本为 $\dfrac{z_{ijk}^\gamma \tau_{ijk} c}{\varphi_i}$。

企业的固定成本包括固定生产成本和固定出口成本。固定生产成本与产品质量相关，但与企业生产率无关，固定生产成本 $f_x = f z_{ijk}^\beta$，f 为与产品质量无关的固定成本，β 反映了产品质量的固定成本弹性，则 β 和 γ 共同反映了企业的质量生产能力。固定出口成本 f_j 只与进口国特征相关（如地理距离等），与产品质量无关。

7.2.3 企业利润最大化问题

代入需求函数，则企业面临的利润最大化问题为：

$$\max_{p_{ijk}, z_{ijk}} \left[\left(p_{ijk} - \frac{z_{ijk}^{\gamma} \tau_{ijk} c}{\varphi_i} \right) z_{ijk}^{\alpha_{jk}(\sigma_k-1)} Y_{jk} P_{jk}^{\sigma_k-1} p_{ijk}^{-\sigma_k} - f z_{ijk}^{\beta} - f_j \right] \quad (7.8)$$

对产品价格 p_{ijk} 求一阶偏导，有：

$$(1 - \sigma_k) z_{ijk}^{\alpha_{jk}(\sigma_k-1)} Y_{jk} P_{jk}^{\sigma_k-1} p_{ijk}^{-\sigma_k} + \sigma_k \frac{z_{ijk}^{\gamma+\alpha_{jk}(\sigma_k-1)} \tau_{ijk} c}{\varphi_i} Y_{jk} P_{jk}^{\sigma_k-1} p_{ijk}^{-\sigma_k-1} = 0$$
$$(7.9)$$

整理可得关于产品价格 p_{ijk} 的一阶条件：

$$p_{ijk} = \frac{\sigma_k}{\sigma_k - 1} \frac{z_{ijk}^{\gamma} \tau_{ijk} c}{\varphi_i} \quad (7.10)$$

对产品质量 z_{ijk} 求一阶偏导，有：

$$\left[\alpha_{jk}(\sigma_k - 1) \left(p_{ijk} - \frac{z_{ijk}^{\gamma} \tau_{ijk} c}{\varphi_i} \right) z_{ijk}^{\alpha_{jk}(\sigma_k-1)-1} - \right.$$
$$\left. \gamma \frac{\tau_{ijk} c}{\varphi_i} z_{ijk}^{\alpha_{jk}(\sigma_k-1)+(\gamma-1)} \right] Y_{jk} P_{jk}^{\sigma_k-1} p_{ijk}^{-\sigma_k} = \beta f z_{ijk}^{\beta-1} \quad (7.11)$$

由产品价格的一阶条件可得，$\dfrac{z_{ijk}^{\gamma}\tau_{ijk} c}{\varphi_i} = p_{ijk}\dfrac{\sigma_k-1}{\sigma_k}$，代入式（7.11）中，则有：

$$z_{ijk}^{\alpha_{jk}(\sigma_k-1)-1} Y_{jk} P_{jk}^{\sigma_k-1} p_{ijk}^{1-\sigma_k} \frac{\sigma_k-1}{\sigma_k}(\alpha_{jk} - \gamma) = \beta f z_{ijk}^{\beta-1} \quad (7.12)$$

再代入产品价格的一阶条件 $p_{ijk} = \dfrac{\sigma_k}{\sigma_k-1}\dfrac{z_{ijk}^{\gamma}\tau_{ijk} c}{\varphi_i}$，有：

$$z_{ijk}^{\alpha_{jk}(\sigma_k-1)-1} \frac{\tau_{ijk} c^{1-\sigma_k}}{\varphi_i} z_{ijk}^{\gamma(1-\sigma_k)} Y_{jk} P_{jk}^{\sigma_k-1} \frac{\sigma_k-1}{\sigma_k}(\alpha_{jk} - \gamma) = \beta f z_{ijk}^{\beta-1} \quad (7.13)$$

整理可得关于产品质量 z_{ijk} 的一阶条件：

$$z_{ijk}^{\beta-(\alpha_{jk}-\gamma)(\sigma_k-1)} = \frac{\sigma_k-1}{\sigma_k} \frac{(\alpha_{jk}-\gamma)}{\beta f} \left(\frac{\sigma_k}{\sigma_k-1} \frac{\tau_{ijk} c}{\varphi_i} \right)^{1-\sigma_k} Y_{jk} P_{jk}^{\sigma_k-1} \quad (7.14)$$

$$z_{ijk} = \left[\frac{\sigma_k - 1}{\sigma_k} \frac{(\alpha_{jk} - \gamma)}{\beta f} \left(\frac{\sigma_k}{\sigma_k - 1} \frac{\tau_{ijk} c}{\varphi_i} \right)^{1 - \sigma_k} Y_{jk} P_{jk}^{\sigma_k - 1} \right]^{\frac{1}{\beta - (\alpha_{jk} - \gamma)(\sigma_k - 1)}}$$

$$(7.15)$$

将式（7.15）代入产品价格的一阶条件中，则有：

$$p_{ijk} = \left(\frac{\sigma_k}{\sigma_k - 1} \frac{\tau_{ijk} c}{\varphi_i} \right)^{\frac{\beta - \alpha_{jk}(\sigma_k - 1)}{\beta - (\alpha_{jk} - \gamma)(\sigma_k - 1)}} \left[\frac{\sigma_k - 1}{\sigma_k} \frac{(\alpha_{jk} - \gamma)}{\beta f} Y_{jk} P_{jk}^{\sigma_k - 1} \right]^{\frac{\gamma}{\beta - (\alpha_{jk} - \gamma)(\sigma_k - 1)}}$$

$$(7.16)$$

通过式（7.14）可以发现，若使产品质量的最优解存在，则必须保证满足条件 $\beta - (\alpha_{jk} - \gamma)(\sigma_k - 1) > 0$，该条件的一个进一步引申含义是，企业 i 的全要素生产率 φ_i 与其生产的产品质量 z_{ijk} 一定是正相关关系，高生产率的企业会选择生产质量水平相对较高的产品。根据式（7.10）可以发现，产品价格与产品质量正向相关，即高质量的产品对应较高的价格，这符合有关出口产品质量文献的研究结果；而产品价格与企业的生产率负相关，这也符合梅里兹（2003）关于企业生产率异质性分析所得出的结论。结合企业生产率与产品质量的正相关性，可以得出以下推论：企业生产率与产品价格的关系因企业对产品质量的内生决策产生了生产率效应和质量效应两种相反的结果（樊海潮和郭光远，2015），这种机制也对出口产品价格悖论做出了解释。接下来，本章将就何种因素决定两种效应的最终作用效果展开分析。

7.2.4 产品质量差异度

将式（7.14）所得到的产品质量最优解代入式（7.10）可以得到产品价格的最优解：

$$p_{ijk} = \left(\frac{\sigma_k}{\sigma_k - 1} \frac{\tau_{ijk} c}{\varphi_i} \right)^{\frac{\beta - \alpha_{jk}(\sigma_k - 1)}{\beta - (\alpha_{jk} - \gamma)(\sigma_k - 1)}} \left[\frac{\sigma_k - 1}{\sigma_k} \frac{(\alpha_{jk} - \gamma)}{\beta f} Y_{jk} P_{jk}^{\sigma_k - 1} \right]^{\frac{\gamma}{\beta - (\alpha_{jk} - \gamma)(\sigma_k - 1)}}$$

$$(7.17)$$

由产品价格最优解可知，企业全要素生产率与产品价格所呈现的最终关系，取决于 $\dfrac{\beta - \alpha_{jk}(\sigma_k - 1)}{\beta - (\alpha_{jk} - \gamma)(\sigma_k - 1)}$ 的正负，由前文已知 $\beta - (\alpha_{jk} - \gamma)(\sigma_k - 1) > 0$，故生产率效应与质量效应何者占优的关键在于 $\beta - \alpha_{jk}(\sigma_k - 1)$ 的正负情况。安东尼亚迪斯（2015）通过引入产品质量偏好参数、产品可替代程度、企业产品创新能力、过程创新能力和进口国规

模，构造了产品质量差异度。参考安东尼亚迪斯（2015）的做法，本章

将 $-\dfrac{\beta - \alpha_{jk}(\sigma_k - 1)}{\beta - (\alpha_{jk} - \gamma)(\sigma_k - 1)}$ 定义为产品质量差异度，产品质量偏好参数对

应 α_{jk}，产品可替代程度对应产品替代弹性 σ_k，产品创新能力对应产品质量的固定成本弹性 β 和边际成本弹性 γ，其中，质量边际成本弹性 γ 与企业生产过程创新相关，固定成本弹性 β 与企业的产品创新相关，即企业与质量相关的产品创新来自初始固定成本的一次性投入。模型推导证明了进口国规模 Y_{jk} 是影响最优价格的因素，但并不影响产品价格与企业生产率的关系。

产品质量差异度的正负，与过程创新因素 γ 无关。当 $\beta - \alpha_{jk}(\sigma_k - 1) > 0$ 时，即产品创新能力越低、消费者对产品偏好程度越低，则产品差异化程度越小，产品质量差异度为负，产品价格与企业生产率负相关；当 $\beta - \alpha_{jk}(\sigma_k - 1) < 0$ 时，即产品创新能力越高、消费者对产品偏好程度越高，则产品差异化程度越大，产品质量差异度为正，产品价格与企业生产率正相关。

由此提出以下命题：

命题一：出口产品质量与企业生产率正相关。

命题二：出口产品质量的引入可以对出口产品价格与企业生产率的悖论做出合理解释，出口产品价格与企业生产率的最终关系取决于产品质量差异度。若产品质量差异度取值为正，则出口产品价格与企业生产率正相关；若产品质量差异度取值为负，则出口产品价格和企业生产率负相关。

命题三：出口产品质量差异度的正负同时取决于产品创新程度、消费者对产品的偏好程度。

命题四：进口国市场规模与产品价格正相关，但进口国市场规模不影响企业生产率与产品价格的关系。

7.3　数据及变量设置

7.3.1　数据来源及数据处理

本章所使用的数据来源为以下几个数据库：

一是来自中国海关总署的产品层面贸易数据。该数据库提供了海关 HS8 位代码下各企业对不同目标市场进出口产品的月度数据信息，每一笔

进出口贸易，海关数据库都会记录以下三类信息：（1）基本的贸易信息，包括贸易总价值、数量、贸易单位及单位价值等；（2）贸易方式（如一般贸易或加工贸易等）和运输方式（海运、陆运或空运）；（3）企业相关信息，如企业名称、代码、地址及联系方式、企业性质、进出口国代码、海关及所在城市等相关信息。本章采用其中的出口贸易数据，为了后续处理及与其他数据库合并匹配，本章首先将月度数据按照企业—产品—进口国分类加总为年度数据，加总后数据为每个企业每一年出口到某一目标市场的某一类海关 HS8 位代码产品的相关数据信息。

本章首先对海关数据的样本做了以下处理，以保证产品质量测算的准确性：（1）剔除了关键信息缺失的样本，关键信息包括企业代码、产品类别 HS 代码、进口国代码等；（2）由于 HS 产品编码在 2000～2007 年共经历了 1996 版、2002 版以及 2007 版三个版本，而国际贸易组织仅给出了 HS6 位编码的对照表，因此本章首先参照国际贸易组织编码对照表将海关数据 HS8 位编码与 6 位编码对齐，统一到 HS2002 的 6 位编码上，然后再与 ISICRev. 3 的 3 位编码、SITCRev. 2 的 3 位编码和 4 位编码对齐，编码转化标准来自 CEPII 的 BACI 数据库中的 Product Code 文件；（3）只保留制造业产品样本数据，即 ISICRev. 3 的 4 位编码位于 150～400、SITC4 位编码位于 5000～9000 的样本；（4）剔除农产品，由于农产品和资源品的质量差异主要源自资源禀赋，不能准确体现质量内涵，因此剔除农产品、资源品样本，本章按照拉尔（Lall，2000）标准，将 SITC3 位编码中的农产品和资源品予以剔除；（5）根据劳赫（Rauch，1999）的方法对同质品予以剔除；[①]（6）剔除在 HS6 位编码下总体样本量少于 100 的产品类别，以保证数据的可信度（许家云等，2017）；（7）由于出口贸易中间商可能存在价格调整，此时出口产品价格和数量信息将无法真实反映产品质量信息，因此剔除掉贸易中间商样本，即企业名称中带有"贸易""进出口""物流""工贸""经贸"的企业样本（阿米蒂，伊茨霍基和科宁斯，2014）；（8）由于加工贸易完全使用进口中间品以及部分进口资本品，其成本水平与国内投入品的成本水平差别很大，且难以获得。因此本章按照余淼杰和张睿（2017）的做法仅保留一般贸易出口的数据进行分析。

---

① 劳赫（1999）将产品类别划分为同质品、参考价格产品和差异化产品，将 SITCRev. 2 下的产品进行了分类，并在 2007 年对分类进行了修订，进一步划分了保守分类法和自由分类法，本章对同质品的筛选采用了保守分类法。

二是国有企业和规模以上（年销售额超过 500 万元）非国有制造业企业数据，即中国工业企业数据库。该数据库所包含的样本企业总数自 2000 年的 162885 家增至 2007 年的 336768 家。该数据库变量共包括资产负债表、利润表和现金流量表在内的三大会计报表上的 100 多个财务变量。由于 2007 年以后的中国工业企业数据存在变量缺失问题，缺乏工业增加值、中间投入指标的统计，导致无法估计企业全要素生产率，且样本筛选标准及变量统计口径不统一（2011 年开始规模以上非国有制造业企业的标准变为年销售额 2000 万元以上），因此本章所选择的数据时间跨度为 2000 ~ 2007 年。

关于中国工业企业数据库数据的筛选和处理，参考本书第 5 章中的处理方法，在此不再赘述。

此外，有关将中国工业企业数据与海关数据进行匹配的方法，本书第 5 章中已经做了介绍，在此不再赘述。经匹配后，原始海关数据中约有 52% 的样本与工业企业数据匹配成功。

7.3.2 变量设置

本章主要探讨在引入企业内生决定产品质量的假设下，企业生产率与产品价格之间的关系。核心变量包括企业全要素生产率（TFP）、产品价格、产品质量。同时结合理论模型，本章加入了进口国购买产品支出及一系列企业特征变量。具体变量设置如下：

7.3.2.1 企业全要素生产率

较早的文献采用估算"索洛残差"的方法来估计企业的全要素生产率，即假设企业生产函数为 $Y_{it} = \varphi_{it} K_{it}^{\alpha} L_{it}^{\beta} M_{it}^{\gamma}$，$K_{it}$、$L_{it}$ 和 M_{it} 分别表示资本、劳动和中间投入三种投入要素，通过 OLS 估计所得到的残差即为 φ_{it} 全要素生产率。余淼杰（2010）指出这种方法存在的缺陷主要是同步偏差和选择偏差，莱文森和佩特林（2003）通过用中间投入代替投资的方法解决了选择偏差和内生性问题。本书在综合了中国工业企业数据库的指标情况及各种估计方法存在的估计偏误问题后，选择了莱文森和佩特林（2003）的半参数方法来估计企业的全要素生产率。由于篇幅所限，本章不再报告全要素生产率的估计结果。

7.3.2.2 出口产品质量测算

余淼杰和张睿（2017）指出目前多数文献基于坎德尔瓦尔等（2013）的出口产品质量测算方法，仅从进口国需求端出发，其基本假设将质量视作外生，忽略企业内生决定质量这一事实，且以出口离岸价格代替到岸价格，容易造成对价格这一关键变量的估计偏误。余淼杰和张睿（2017）采用基于芬斯特拉和罗马里斯（2014）的供求均衡测算法，一方面考虑了产品供给和需求两方面的因素，从而将企业出口产品质量决策内生化；另一方面避免使用固定效应去除宏观因素，从而保证通过测算得到的质量跨时、跨国可比，还消除了价格的测量误差，弥补了坎德尔瓦尔等（2013）测算方法的缺陷。与芬斯特拉和罗马里斯（2014）的方法相比，余淼杰和张睿（2017）的测算方法又将宏观国家层面的平均质量估计扩展到了微观异质企业层面。本章即采用该文献所提出的测算方法。

（1）出口产品质量测算的理论框架。在前文理论模型的基础上，本章提出测算出口产品质量的理论框架，根据前文理论模型，进口国需求函数可以表示为：

$$q_{kj} = Y_{jk} \times P_{jk}^{\sigma_k - 1} \times p_{\omega j}^{-\sigma_k} \times z_{\omega j}^{\alpha_{jk}(\sigma_k - 1)} \tag{7.18}$$

在供给端，仍与前文理论模型保持一致，企业内生决定差异化产品的质量与价格，则企业面临的利润最大化问题可以表示为：

$$\max_{p_{ijk}^*, z_{ijk}} \left[p_{ijk}^* - c_i(z_{ijk}, w) \right] \times q_{ijk} \times \tau_{ijk} \tag{7.19}$$

其中，$c_i(z_{ijk}, w)$ 为与 i 企业生产的出口到 j 国的产品 k 质量及企业投入要素成本水平 w 相关的单位成本，p_{ijk}^* 为产品离岸价格，τ_{ijk} 为包含关税因素在内的冰山成本。由以上假设可以看出，采用该方法测算出口产品质量与本章的理论模型存在的共性与差异：第一，本章理论模型中的产品价格 p_{ijk} 实际为到岸价格，$p_{ijk} = p_{ijk}^* \times \tau_{ijk}$，因此在考虑了离岸价格与到岸价格的关税差异后，模型间在产品价格的设定上保持了一致性；第二，为了便于估计，芬斯特拉和罗马里斯（2014）将企业成本设定为单位成本，$c_i(z_{ijk}, w) = \dfrac{w(z_{ijk})^\gamma}{\varphi_i}$，$\gamma$ 仍然衡量了产品 k 单位成本递增效应的大小；第三，为了简化分析，该模型中去除了固定成本，但并不影响最终测算结果。

由企业利润最大化问题一阶条件可以得到：

$$\gamma \frac{w(z_{ijk})^\gamma}{\varphi_i} = \left[p_{ijk}^* - \frac{w(z_{ijk})^\gamma}{\varphi_i} \right] \times \left[\alpha_{jk}(\sigma_k - 1) \right] \tag{7.20}$$

经过对数处理可以得到：

$$\ln(z_{ijk}) = \frac{1}{\gamma} \left[\ln(\kappa_{jk} p_{ijk}^*) - \ln\left(\frac{w}{\varphi_i} \right) \right] \tag{7.21}$$

其中，$\kappa_{jk} = \dfrac{\alpha_{jk}(\sigma_k - 1)}{\gamma + \alpha_{jk}(\sigma_k - 1)}$，出口产品质量可以进一步表达为：

$$\ln(z_{ijkt}) = \frac{1}{\gamma}\big[\ln(\kappa_{jk}) + \ln(p_{ijkt}^*) + \ln(\varphi_{it}) - \ln(w_t)\big] \quad (7.22)$$

（2）出口产品质量的测算方法。根据式（7.22）可知，测算异质性企业出口产品质量需要获得的变量及参数包括企业全要素生产率 φ_{it}、产品离岸价格 p_{ijkt}^*、行业的投入要素成本水平 w_t、反映质量成本单位递增效应参数 γ、反映 j 国消费者质量偏好程度的参数 α_{jk}、产品需求替代弹性 σ_k。其中全要素生产率 φ_{it} 已经在前文中估计得到，其他的变量和参数获得方法如下：

出口离岸价格。在将海关数据与中国工业企业数据匹配后，我们获得了企业－进口国－产品－年份四维度的样本，并将海关数据中的月度数据加总为年度数据，得到企业 i 在 t 年向 j 国出口 HS6 位编码下产品类别 k 的年度出口额 $sumvalue_{ijkt}$ 和年度出口量 $sumquantity_{ijkt}$，则出口离岸价格可以表示为出口产品的单位价值：

$$p_{ijkt}^* = \frac{sumvalue_{ijkt}}{sumquantity_{ijkt}} \quad (7.23)$$

投入要素成本水平。余淼杰和张睿（2017）将投入要素成本水平 w_t 定义为资本 K、劳动 L 和中间投入 M 三种投入要素的投入品成本水平，因此有：

$$\ln(w_t) = A'\ln(w_t^K) + B'\ln(w_t^L) + \Gamma'\ln(w_t^M) \quad (7.24)$$

由于本章的研究将样本限定为一般贸易，企业生产所用的投入品均来自国内市场，每一行业的产出同时作为本行业及其他行业的中间投入，因此在均衡状态下有 $w_t^M = 1$，因此式（7.24）可以进一步写为：

$$\ln(w_t) = A'\ln(w_t^K) + B'\ln(w_t^L) \quad (7.25)$$

其中，A' 和 B' 分别为资本与劳动投入在所有投入要素成本中所占的份额，假设企业的生产技术仍然满足柯布－道格拉斯形式，即 $Y_{it} = \varphi_{it}K_{it}^A L_{it}^B M_{it}^\Gamma$，则有：$A' = \dfrac{A}{A+B+\Gamma}$，$B' = \dfrac{B}{A+B+\Gamma}$，$A$、$B$、$\Gamma$ 为对每一类 CIC4 位代码行业的生产函数进行 OLS 估计所获得的变量系数。

资本成本水平为每一类 CIC4 位代码行业中，平减后的企业当年折旧总额除以总资本存量，即 $w_t^K = \dfrac{Depreciation_t}{Capital_t}$；劳动成本水平为每一类 CIC4

位代码行业中，平减后的应付工资总额与应付福利总额加总后除以企业雇员总数，即 $w_t^L = \dfrac{Wage_t + Welfare_t}{Employee_t}$。然后通过式（7.25）即可计算每一类 CIC4 位代码行业的投入要素成本水平。

其他参数。本章采用芬斯特拉和罗马里斯（2014）所估计的国家和产品层面的结构性参数来测算出口产品质量。[①] 芬斯特拉和罗马里斯（2014）所估计出的参数 α_{jk}、θ_k 和 σ_k 为每一个进口国在 SITCRev. 2 的 4 位代码产品层面上的数值，再将 HS6 位代码与 SITCRev. 2 的 4 位代码相对应，即可获得每一个进口国 j 在 HS6 位代码上的产品结构性参数。[②]

由于一部分 HS6 位代码所对应的 SITCRev. 2 的 4 位代码的参数值为缺失值，本章按照余淼杰和张睿（2017）的方法，将这些 HS6 位代码所对应的 SITCRev. 2 的 3 位代码内的平均参数值作为其对应的参数值，以尽可能保证样本的完整性。

再将所获得的变量和参数代入式（7.25），即可通过估计得到企业 i 在 t 年出口到 j 国的产品 k 的质量。测算结果如表 7 -1 和图 7 -1 所示。为了使所测算的质量具有跨国、跨时间的可比性，表 7 -1 中所报告的产品质量为经过标准化处理后的质量。

结合表 7 -1 和图 7 -1 可以看出，2000~2007 年，我国制造业企业出口产品质量在平稳中不断提升。除 2007 年出口产品质量有一定回落外，七年间整体呈上升趋势。图 7 -2 和图 7 -3 分别报告了 2000~2007 年我国划分所有制类型的企业平均出口产品质量和制造业各行业平均出口产品质量。

如表 7 -1 和图 7 -2 所示，将所有样本企业按照不同所有制类型划分，国有企业和外资企业出口产品质量平均水平最高，民营企业和港澳台资企业次之，集体企业出口产品质量水平最低。国有企业出口产品质量年平均增长率最高，外资和港澳台资企业次之，集体企业出口产品质量整体呈现负增长趋势。

[①] 在此感谢芬斯特拉教授（Robert Feenstra）和徐明志（Mingzhi Xu，姓名为音译）提供的数据。

[②] 本章中参数 $\gamma = \dfrac{1}{\theta_k}$。

表 7-1

2000~2007 年我国出口产品质量测算结果

所有制类型/行业	2000 年	2001 年	2002 年	2003 年	2004 年	2005 年	2006 年	2007 年	平均值	年平均增长率（%）
总体	0.4368	0.4455	0.4468	0.4473	0.4453	0.4615	0.4705	0.4432	0.4496	0.21
国有企业	0.4470	0.4734	0.4844	0.4990	0.5010	0.5077	0.5307	0.5153	0.4948	2.05
集体企业	0.4308	0.4267	0.4267	0.4240	0.4182	0.4455	0.4480	0.4145	0.4293	-0.55
民营企业	0.4383	0.4527	0.4482	0.4393	0.4388	0.4535	0.4563	0.4163	0.4429	-0.73
外资企业	0.4518	0.4629	0.4586	0.4631	0.4608	0.4783	0.4909	0.4911	0.4697	1.20
港澳台资企业	0.4226	0.4227	0.4314	0.4375	0.4348	0.4515	0.4658	0.4667	0.4416	1.43
农副食品加工业	0.3001	0.4202	0.3596	0.4184	0.4127	0.4304	0.4404	0.3601	0.3928	2.64
食品制造业	0.4104	0.4649	0.4305	0.4806	0.4518	0.4821	0.4644	0.4024	0.4484	-0.28
饮料制造业	0.5528	0.4552	0.4931	0.4844	0.5428	0.5454	0.4975	0.3656	0.4921	-5.74
纺织业	0.4555	0.4631	0.4665	0.4766	0.4681	0.4874	0.4928	0.4603	0.4713	0.15
纺织服装鞋帽制造业	0.4497	0.4619	0.4600	0.4677	0.4731	0.4837	0.5020	0.4901	0.4735	1.24
皮革毛皮羽绒及其制品业	0.4558	0.5204	0.5315	0.5301	0.5134	0.5347	0.5419	0.4946	0.5153	1.18
木材加工及木、竹、藤、棕、草制品业	0.3863	0.4265	0.4108	0.4394	0.4506	0.4629	0.4757	0.3922	0.4305	0.22
家具制造业	0.4417	0.4194	0.4255	0.4447	0.4410	0.4645	0.4758	0.4859	0.4498	1.37
造纸及纸制品业	0.4794	0.5191	0.5078	0.4127	0.4145	0.4315	0.4364	0.3875	0.4486	-2.99
印刷业和记录媒介的复制业	0.3797	0.4080	0.3859	0.4200	0.4234	0.4298	0.4438	0.4338	0.4156	1.92
文教体育用品制造业	0.4388	0.4548	0.4408	0.4573	0.4408	0.4602	0.4648	0.4406	0.4498	0.06
石油加工、炼焦及核燃料加工业	0.4739	0.3364	0.4158	0.4610	0.4485	0.3931	0.3904	0.4017	0.4151	-2.34

所有制类型/行业	2000年	2001年	2002年	2003年	2004年	2005年	2006年	2007年	平均值	年平均增长率（%）
化学原料及化学制品制造业	0.4101	0.4247	0.4274	0.4230	0.4292	0.4520	0.4525	0.4412	0.4325	1.05
医药制造业	0.4879	0.5103	0.4530	0.4855	0.4583	0.4610	0.4621	0.4444	0.4703	-1.33
化学纤维制造业	0.4916	0.5222	0.4982	0.4992	0.5435	0.5274	0.5538	0.5250	0.5201	0.94
橡胶制品业	0.4065	0.4404	0.4330	0.4127	0.4222	0.4470	0.4537	0.4281	0.4305	0.74
塑料制品业	0.3928	0.3929	0.4115	0.4201	0.4207	0.4337	0.4397	0.4275	0.4174	1.22
非金属矿物制品业	0.3947	0.3722	0.4035	0.4351	0.4400	0.4660	0.4798	0.3867	0.4223	-0.29
黑色金属冶炼及压延加工业	0.4774	0.4194	0.4848	0.4854	0.4804	0.5026	0.5250	0.4648	0.4800	-0.38
有色金属冶炼及压延加工业	0.4890	0.4149	0.4613	0.4498	0.4582	0.4841	0.4772	0.4524	0.4609	-1.11
金属制品业	0.4022	0.4042	0.4198	0.4028	0.3986	0.4152	0.4189	0.4167	0.4098	0.51
通用设备制造业	0.3932	0.3818	0.3831	0.4135	0.4177	0.4356	0.4477	0.4397	0.4140	1.61
专用设备制造业	0.4292	0.4431	0.4334	0.4612	0.4771	0.4906	0.4977	0.4868	0.4649	1.81
交通运输设备制造业	0.4858	0.4674	0.4810	0.4366	0.4480	0.4620	0.4815	0.4702	0.4666	-0.46
电气机械及器材制造业				0.4091	0.4020	0.4098	0.4190	0.4159	0.4111	
通信设备、计算机及其他电子设备制造业	0.4235	0.4107	0.3995	0.4324	0.4224	0.4551	0.4516	0.4516	0.4309	0.92
仪器仪表及文化、办公用机械制造业	0.4482	0.4538	0.4900	0.4552	0.4436	0.4566	0.4778	0.4663	0.4614	0.57
工艺及其他制造业	0.4367	0.4364	0.4433	0.4524	0.4534	0.4639	0.4829	0.4837	0.4566	1.47

注：本章中测算的出口产品质量与余淼杰和张睿（2017）所估计的结果数值上有所差别，原因是标准化采用的方式不同，余淼杰和张睿（2017）所采用的标准化方法是减去十分位数，本章的方法是 $\dfrac{z_{ijgt} - \min z_{jgt}}{\max z_{jgt} - \min z_{jgt}}$。

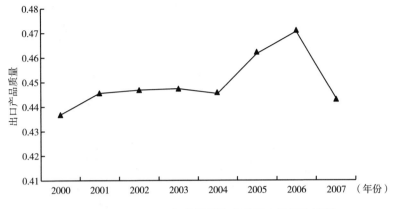

图 7-1   2000～2007 年我国制造业出口产品平均质量

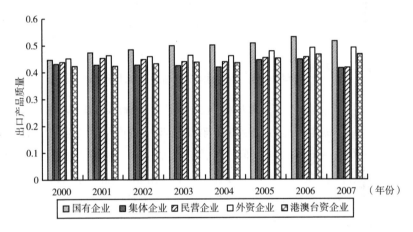

图 7-2   2000～2007 年各种所有制类型企业出口产品质量

如表 7-1 和图 7-3 所示，按照产业对样本企业进行分类后，本书发现，大部分制造业行业出口产品呈现质量升级的趋势。在各行业中，化学纤维制造业和皮革毛皮羽毛绒及其制品业的平均出口产品质量最高，均超过 0.5，农副食品加工业的平均出口产品质量水平最低，低于 0.4，绝大多数行业的平均出口产品质量均分布在 0.4～0.5 之间。2000～2007 年各行业出口产品质量提升速度方面，农副食品加工业出口产品质量年平均增速最快。农副食品加工业由于 2000 年初始的出口产品质量较低，仅为0.3001，即使八年间年平均增速较快，平均出口产品质量水平仍为各行业最低。而饮料制造业的出口产品质量八年间则呈明显下降趋势，2000 年出口质量为 0.5528，2007 年最低降至 0.3656，八年间年平均下降 5.74%。此外，食品制造业、造纸及纸制品业、医药制造业、非金属矿物制品业、黑色金属冶炼及压延加工业、有色金属冶炼及压延加工业、交通运输设备

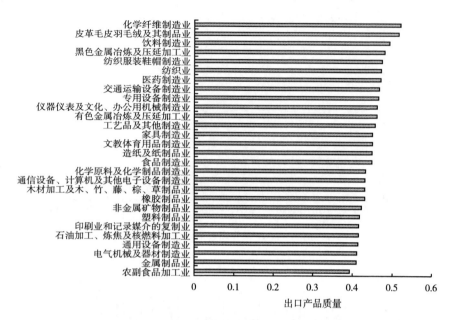

图 7 - 3　2000 ~ 2007 年制造业各行业平均出口产品质量

制造业，以及石油加工、炼焦及核燃料加工业 2000 ~ 2007 年年平均出口产品质量也呈下降趋势。综合来说，我国食品、农产品加工制造业的出口产品质量仍存在一定的改进空间，农副食品加工业、食品制造业、饮料制造业都不同程度存在出口产品质量水平不高或出口产品质量下降等问题。

本章同时采用坎德尔瓦尔等（2013）的方法对出口产品质量进行了测算。由于篇幅所限，测算结果不在正文中报告，将在后文中对采用该方法测算出的出口产品质量进行稳健性检验。

7.2.3.3　企业特征变量

为了尽可能控制企业的固定效应以及企业特征对于产品价格、产品质量的影响，本书参考樊海潮和郭光远（2015）的做法，加入若干企业特征变量，主要包括用以衡量异质性企业规模的企业资产总额，用以反映投入品水平的企业平均工资以及用以反映企业生产率之外技术特征的资本劳动比，并对以上变量进行了平减处理。此外，本章也对企业的所有制类型进行了控制。

7.2.3.4　出口产品价格

出口产品价格是本章研究的核心被解释变量。本章中的出口产品价格也即前文中所提及的用出口产品单位价值所表示的出口离岸价格。需要说明的是，在后文关于产品质量差异度影响企业生产率与出口产品价格关系的实证分析中，由于本章所测算出的出口产品质量是通过企业生产率与产品价格估计所得，为避免内生性问题，本书对出口产品质量及产品质量差异度均做了一阶滞后处理。

此外，根据本章理论模型的推导，进口国购买产品的支出也是影响产品价格的重要因素，本书在模型中也对该因素进行了控制，同时考虑到内生性问题，对进口国支出也做了一阶滞后处理。主要变量的描述性统计如表 7-2 所示。

表 7-2　　　　　　　　变量描述性统计

变量	均值	标准差	最大值	最小值	样本量
产品价格	1.570	2.156	18.21	-16.87	3487726
产品质量 1	0.452	0.157	1.000	0.000	2859093
产品质量 2	0.526	0.183	1.000	0.000	3430262
产品质量 3	0.529	0.157	1.000	0.000	2586353
企业生产率	7.084	1.149	12.57	0.0171	2912131
进口国支出	13.65	2.887	22.64	0.000	3497676
企业平均工资	8.144	1.490	15.79	-0.0721	2948608
企业规模	10.46	1.706	18.67	2.347	2950010
资本劳动比	3.444	1.297	9.793	-6.128	2946291
企业产品创新	1.672	1.556	8.720	0.000	383755
消费者偏好参数	0.984	0.0339	1.485	0.0247	3444652
质量差异度	6.843	2.807	22.58	0.000	3491238

注：产品质量 1 为按照余森杰和张睿（2017）方法测算的质量，产品质量 2 为按照坎德尔瓦尔等（2013）方法并用芬斯特拉和罗马里斯（2014）估计的 σ_k 标准化后的质量，产品质量 3 为按照坎德尔瓦尔等（2013）方法并用卜罗达（2006）估计的 σ_k 标准化后的质量。不同估计方法所测算获得的出口产品质量之间不具有可比性，但同一种方法测算所得的出口产品质量可以保证跨国、跨时可比。

7.4　企业生产率、出口产品价格及出口产品质量逻辑关系分析

7.4.1　企业生产率、出口产品价格和出口产品质量的关系

根据理论模型，对均衡出口产品价格和出口产品质量表达式取对数

后，本章设定以下两个模型来初步检验企业生产率与出口产品价格、出口产品质量之间的关系：

$$\ln p_{ijkt} = \alpha + \beta \ln\varphi_{it} + X_{it}\,\gamma' + \mu\ln Y_{jk} + v_s + v_{jk} + v_t + \varepsilon_{ijkt} \quad (7.26)$$

$$\ln z_{ijkt} = \alpha + \beta \ln\varphi_{it} + X_{it}\,\gamma' + \mu\ln Y_{jk} + v_s + v_{jk} + v_t + \varepsilon_{ijkt} \quad (7.27)$$

被解释变量 $\ln p_{ijkt}$、$\ln z_{ijkt}$ 分别表示经过对数处理后的 t 年企业 i 向进口国 j 出口产品 k 的价格和出口产品质量，$\ln\varphi_{it}$ 为企业生产率，X_{it} 为企业特征变量，$\ln Y_{jk}$ 为进口国 j 购买产品 k 的总支出，v_s 为行业固定效应，v_{jk} 为产品 – 进口国固定效应，v_t 为年度固定效应，ε_{ijkt} 是误差项。回归采用了同时考虑异方差和自相关问题的稳健性检验，回归结果如表 7 – 3 所示。

表 7 – 3　　　　　　产品价格、企业生产率、出口产品质量关系

变量	产品价格与企业生产率关系	产品质量与企业生产率关系
	（1）	（2）
企业生产率	0.035 ***	0.344 ***
	(33.308)	(200.817)
进口国支出	0.031 ***	0.001
	(35.713)	(0.748)
企业平均工资	0.036 ***	0.055 ***
	(31.099)	(32.645)
企业规模	0.037 ***	0.160 ***
	(30.862)	(89.418)
资本劳动比	0.049 ***	0.003 **
	(57.273)	(2.328)
所有制类型	0.016 ***	0.010 ***
	(95.090)	(43.233)
年度固定效应	是	是
行业固定效应	是	是
产品 – 进口国固定效应	是	是
样本量	2849616	735075
R²	0.744	0.867
调整后 R²	0.730	0.855

注：*、** 和 *** 分别表示在 10%、5% 和 1% 的显著水平下显著。

由表 7 – 3 可以看到，在总体样本下，企业生产率与出口产品价格及

出口产品质量均呈显著的正相关关系，此外，出口产品价格与进口国支出显著正相关，企业规模、平均工资、资本劳动比也均与出口产品价格和质量正相关。所有制类型的系数显著为负，说明外资和港澳台资企业相比国有和集体企业而言出口产品的价格更高。

作为稳健性检验，本章采用坎德尔瓦尔等（2013）方法对我国2000～2007年出口产品质量进行了测算，同时采用芬斯特拉和罗马里斯（2014）所估计的替代弹性 σ_k 值和卜罗达（Broda，2006）所估计的替代弹性 σ_k 值测算了出口产品质量，并依此分别对企业生产率和出口产品质量的关系进行了估计。估计结果再次验证了前文结论，由于篇幅所限，估计结果在表7－4中进行了报告。

表7－4　　　　企业生产率与出口产品质量关系的稳健性检验——
采用坎德尔瓦尔等（2013）方法测算质量

变量	采用 Feenstra 估计 Sigma	采用 Broda 估计 Sigma
	(1)	(2)
企业生产率	0.001 *** (6.981)	0.001 *** (5.731)
进口国支出	0.031 *** (260.665)	0.014 *** (104.223)
企业平均工资	0.002 *** (10.394)	0.001 *** (8.741)
企业规模	0.001 *** (3.117)	0.000 *** (3.041)
资本劳动比	－ 0.002 *** (－16.024)	－ 0.001 *** (－8.917)
所有制类型	－ 0.001 *** (－30.092)	－ 0.000 *** (－14.651)
年度固定效应	是	是
行业固定效应	是	是
产品－进口国固定效应	是	是
样本量	2810082	2133251
R^2	0.301	0.320
调整后 R^2	0.265	0.292

注：* 、** 和 *** 分别表示在10%、5%和1%的显著水平下显著。

表 7 - 3 说明了 2000 ~ 2007 年我国从事一般贸易出口的企业，总体上生产率越高，出口的产品价格与质量水平也越高。产品质量与企业生产率正相关，符合本章中通过理论模型推导所得出的结论，因此表 7 - 3 的估计结果也对命题一进行了验证。然而根据理论模型，企业生产率与出口产品价格未必一定呈正相关关系，因此总体样本的估计结果可能只是二者之间关系的正效应大于负效应的一个整体效果，樊海潮和郭光远（2015）亦指出这可能是因为我国出口产品整体上呈现"质量效应"的原因。为了进一步探究二者的关系，对企业生产率 - 出口产品价格悖论做出解释，本章进一步划分企业所有制类型和所属行业并进行了回归，结果如表 7 - 5 和表 7 - 6 所示。

表 7 - 5　　　　　　划分所有制类型的产品价格与生产率关系

变量	国有企业	集体企业	民营企业	外资企业	港澳台资企业
	（1）	（2）	（3）	（4）	（5）
企业生产率	0.018 * （1.817）	0.029 *** （4.054）	0.006 *** （3.527）	0.067 *** （33.527）	0.017 *** （8.900）
进口国支出	0.030 *** （4.360）	0.019 *** （3.403）	0.032 *** （22.150）	0.029 *** （15.947）	0.015 *** （9.219）
企业平均工资	0.089 *** （5.650）	0.031 *** （3.981）	0.008 *** （4.038）	0.033 *** （14.826）	0.063 *** （30.053）
企业规模	- 0.057 *** （- 3.663）	0.012 （1.433）	0.078 *** （39.518）	0.009 *** （3.844）	0.018 *** （7.768）
资本劳动比	0.089 *** （6.604）	0.017 *** （2.842）	0.014 *** （9.424）	0.068 *** （40.387）	0.051 *** （34.044）
年份固定效应	是	是	是	是	是
行业固定效应	是	是	是	是	是
产品 - 进口国 固定效应	是	是	是	是	是
样本量	34663	51529	1203745	787875	670309
R^2	0.895	0.846	0.804	0.706	0.730
调整后 R^2	0.857	0.797	0.783	0.679	0.705

注：*、** 和 *** 分别表示在 10%、5% 和 1% 的显著水平下显著。

表 7 - 6　　　　　　　　划分行业的产品价格与生产率关系

行业	生产率	样本量	行业	生产率	样本量	行业	生产率	样本量
农副食品加工业	0.036	4626	食品制造业	-0.079 ***	6803	饮料制造业	0.056	1079
金属制品业	0.046 ***	130474	纺织业	0.005 **	339855	通用设备制造业	0.089 ***	201143
造纸及纸制品业	0.008	7199	家具制造业	-0.063 ***	77313	专用设备制造业	0.089 ***	86907
橡胶制品业	0.038 ***	15384	医药制造业	0.072 ***	27630	塑料制品业	-0.010 **	114115
非金属矿物制品业	-0.072 ***	110286	化学纤维制造业	0.010	4465	工艺品及其他制造业	0.005	139595
文教体育用品制造业	0.034 ***	151431	交通运输设备制造业	0.031 ***	106793	电气机械及器材制造业	0.079 ***	203455
木材加工及木、竹、藤、棕、草制品业	0.036 ***	17220	化学原料及化学制品制造业	-0.021 ***	65373	仪器仪表及文化、办公用机械制造业	0.161 ***	85336
皮革毛皮羽毛（绒）及其制品业	0.004	97335	纺织服装鞋帽制造业	0.036 ***	394322	印刷业和记录媒介的复制业	0.059 ***	13895
黑色金属冶炼及压延加工业	0.033 ***	12324	通信设备、计算机及其他电子设备制造业	0.147 ***	114319			
有色金属冶炼及压延加工业	-0.051 ***	7319	石油加工、炼焦及核燃料加工业	-0.007	459			

注：*、** 和 *** 分别表示在 10%、5% 和 1% 的显著水平下显著。

　　表 7 - 5 的第（1）～（5）列分别报告了国有企业、集体企业、民营企业、外资企业以及港澳台资企业生产率与价格之间的关系，各类型企业的生产率与出口产品价格仍然显著正向相关，其中国有企业的出口产品价格与企业规模负向相关，这可能是因为相对于其他类型企业，国有企业的平均规模明显更大，出口的规模效应明显，相应带来了产品成本的节约和出口产品价格的下降。表 7 - 6 报告了制造业各行业企业生产率与价格的关系，由于篇幅所限这里仅报告了关键变量即企业生产率的情况。从表 7 - 6 可以发现细分到各行业的情况，共 28 个行业中 15 个行业企业生产率与出口产品质量显著正相关，6 个行业企业生产率与出口产品价格

显著负相关，另有6个行业企业生产率与产品价格正相关但不显著、1个行业企业生产率与产品价格负相关但不显著。这证明了在充分考虑企业异质性的情况下，企业生产率与出口产品价格的关系并非一成不变，本章关心的问题即影响二者关系的关键因素究竟为何，以理论模型为基础，本书将在下文进一步展开实证分析。

7.4.2 出口产品价格与企业生产率关系的影响因素

前文分析显示，我国 2000～2007 年出口产品价格与出口企业生产率总体上呈现正相关关系，即企业生产率水平越高，出口产品价格也越高。但当划分不同行业进行回归时，发现企业生产率与出口产品价格的这一关系并不是在所有行业成立，即在现实中，出口企业生产率与出口产品价格的悖论是明显存在的。影响企业生产率与产品价格关系的因素究竟为何，本书在理论模型中已经做以探讨，并指出企业所做出的产品创新、进口国消费者对产品的偏好程度以及出口产品质量差异度是影响二者关系的关键要素，接下来本章将对此进行实证检验。

本章将通过在基准回归模型基础上加入以上三个变量与企业生产率的交互项来解释这些因素对企业生产率与出口产品价格之间关系的影响。模型为：

$$\ln p_{ijkt} = \alpha + \beta \ln\varphi_{it} + \gamma \ln\varphi_{it} \times Diff + X_{it}\, \gamma' + \mu\ln Y_{jk} + v_s + v_{jk} + v_t + \varepsilon_{ijkt}$$

$$(7.28)$$

其中，交互项 $Diff$ 分别包括以下三个变量：（1）企业的产品创新能力。在前文理论模型中，笔者指出企业生产产品质量的固定成本弹性表示了企业的产品创新能力，产品创新能力越强，则生产单位产品质量的固定成本越低，产品创新能力较高的企业，其生产率与产品价格呈现正相关关系。本章采用了当年企业的专利数来作为产品创新能力的代理变量，企业的专利数据来自国家专利管理中心提供的微观企业专利数据库，笔者将数据库中专利层面的数据按企业年份加总，计算出 2000～2007 年每个企业当年申请专利数，再通过企业名称对工业企业数据库与专利数据库进行匹配。（2）消费者对产品的偏好程度 α_{jk}。消费者对产品偏好程度越高，则企业生产率与产品价格呈现正相关关系。（3）产品质量差异度。笔者在理论模型中构造了产品质量差异度，并提出产品质量差异度越大，则企业生产率与产品价格呈现正相关关系。笔者用 HS6 位代码下同类产品质量最大值与最小值的差来表示产品质量差异度。

关于交互项，有两点需要说明：（1）一般而言若模型中存在交互项，则构成交互项的变量也应该存在于模型中，但本章中与企业生产率构成交互项的参数并未加入。主要原因是本章在该模型中加入交互项的目的并不是"构成交互项的两个变量之间存在相互影响关系"或者"其中一个变量影响被解释变量要以另一个变量为条件"，而是"其中一个自变量当另一个自变量取值范围不同时对因变量产生的影响不同"。也就是说，根据理论模型，在本章中参数 β 或 α_{jk} 本身并不影响产品价格，但是这两个变量的取值影响企业生产率与产品价格的正负关系。（2）为了使交互项的系数具有意义，同时避免交互项可能导致的多重共线性问题，本章也对交互项进行了中心化处理。估计结果如表 7-7 所示。

表 7-7　　出口产品价格与企业生产率关系的影响因素分析结果

变量	产品创新	消费者偏好	质量差异度
	(1)	(2)	(3)
企业生产率	0.038 ***	0.034 ***	0.008 ***
	(7.997)	(32.963)	(3.991)
交互项	0.014 ***	0.065 ***	0.005 ***
	(10.408)	(2.790)	(24.322)
进口国支出	0.052 ***	0.031 ***	0.018 ***
	(16.156)	(35.067)	(9.956)
企业平均工资	0.003	0.036 ***	0.026 ***
	(0.560)	(31.266)	(12.767)
企业规模	0.002	0.037 ***	0.021 ***
	(0.312)	(30.651)	(9.799)
资本劳动比	0.062 ***	0.049 ***	0.054 ***
	(14.021)	(57.010)	(36.670)
所有制类型	0.005 ***	0.016 ***	0.012 ***
	(7.403)	(95.018)	(40.434)
年度固定效应	是	是	是
行业固定效应	是	是	是
产品-进口国固定效应	是	是	是
样本量	281654	2810105	795898
R^2	0.815	0.742	0.783
调整后 R^2	0.778	0.728	0.766

注：*、** 和 *** 分别表示在 10%、5% 和 1% 的显著水平下显著。

表 7 - 7 的第（1）～（3）列分别报告了加入产品创新能力、消费者偏好程度以及产品质量差异度与企业生产率交互项后的估计结果。由表 7 - 7 第（1）列可以看到，企业产品创新能力与企业生产率的交互项系数显著为正，也即企业的产品创新能力越强，其生产率与出口产品质量越倾向于呈现正向关系。此外，第（2）列和第（3）列也分别呈现出了相似的结果，消费者对产品的偏好程度和出口产品质量差异度越高，则与之相对应产品的价格与企业生产率也越倾向于正向关系。因此表 7 - 7 所报告的估计结果对命题二、命题三进行了实证验证，并进一步对企业生产率和出口产品价格悖论做出了解释。进口国消费者对于该产品的偏好程度（需求端）、企业的产品创新能力以及所生产产品的质量差异度（供给端），是最终决定企业生产率与出口产品质量关系的关键因素。

7.4.3 企业生产率与出口产品价格关系影响因素的门槛回归

作为前文分析的一个补充和稳健性检验，本章采用门槛回归模型对产品质量差异度影响企业生产率与出口产品价格关系的情况进行了分析。分析的思路是，若产品质量差异度确实影响了企业生产率与产品价格的正负关系，那么应该存在一个产品质量差异化的阈值，在此阈值两侧，出口产品价格与企业生产率关系的模型也存在显著差异。门槛模型设定如下：

$$\ln p_{ijkt} = \alpha + \beta_1 \ln \varphi_{it} I(Diver \leqslant \gamma_1) + \beta_2 \ln \varphi_{it} I(Diver > \gamma_1) + X_{it} \gamma' + \mu \ln Y_{jk} + \varepsilon_{ijkt} \tag{7.29}$$

其中，$Diver$ 为门槛变量，γ_1 代表特定的门槛值，I 为一个指标函数，当条件符合时值为 1，否则为 0。门槛变量 $Diver$ 的取值 γ_1 介于不同区间时，该模型适用不同的形式。为了便于分析，首先将原始数据处理为平衡面板数据，再以质量差异度作为门槛变量进行分析。

表 7 - 8 报告了门槛效果检验结果，P 值显示显著拒绝原假设，即确实存在单一门槛效应，企业所出口的产品质量差异度门槛值为 11.99。门槛回归结果如表 7 - 9 所示。

表 7 - 8　　　　　　　　　　门槛效果检验

模型	门槛值	RSS	MSE	F 统计量	P 值	Bootstrap 次数
单一门槛	11.99	4642	0.336	68.93	0	300

表7-9   门槛回归结果

变量	系数	标准误	t 值	P 值	95% 置信区间	
进口国支出	0.0798	0.00612	13.04	0.000	0.0678	0.0918
企业平均工资	0.0461	0.0142	3.250	0.001	0.0183	0.0739
企业规模	−0.0149	0.0206	−0.730	0.468	−0.0553	0.0254
资本劳动比	−0.0142	0.0136	−1.040	0.298	−0.0408	0.0125
所有制类型	0.00452	0.00326	1.390	0.165	−0.00186	0.0109
门槛变量与解释变量交互项						
0	0.00364	0.0123	0.300	0.767	−0.0205	0.0278
1	−0.0426	0.0136	−3.140	0.002	−0.0691	−0.0160
样本量	14984	14984	14984	14984	14984	14984

　　门槛回归模型首先对门槛变量在门槛值两侧的取值生成了虚拟变量，然后再生成与解释变量企业生产率的交互项。由表7-9可以看到，交互项的系数分别为正和负。再次证明了产品质量差异度确实显著影响了企业生产率与出口产品价格的正负关系。

　　根据本章的实证分析，可以得出以下研究结论：

　　根据新新贸易理论，生产率水平更高的企业出口的产品价格应该更低。但根据早期出口产品质量测算的相关文献，生产率水平较高的企业生产的产品质量水平也应更高，而出口产品质量与出口产品价格正向相关，因此生产率水平越高的企业出口的产品价格也应越高，这一点也得到大量实证研究的证实。以上，本书称为企业生产率与出口产品价格悖论。本章通过引入企业内生决定出口产品质量的假设，对这一悖论做出了合理化解释，发现在企业生产率与出口产品价格关系经验事实表象背后的经济规律，即从事出口企业的生产率与出口产品价格的关系取决于企业产品创新能力、消费者产品偏好程度以及出口产品质量差异度等关键因素，当企业产品创新能力越强、消费者对产品偏好程度越高、出口产品质量差异度越高，企业生产率与出口产品价格越倾向于呈正相关关系；反之，二者则呈负相关关系。高生产率说明企业具有较强的过程创新能力，企业生产率与价格正向相关则间接表明企业具有较强的产品创新能力，因此高生产率企业出口价格和质量水平相对较高的产品实现了企业过程创新能力与产品创新能力的统一。

　　本章同时采用微观企业数据对以上命题进行了实证验证发现，现实中我国出口产品价格总体上与企业生产率呈正相关关系，但具体到不同产业时该关系不再完全成立。进而，本书对三个关键因素对企业生产率和出口产品价格关系的影响进行了检验。

根据以上结论，本书建议，我国对外贸易当前已进入由寻求数量、价格优势转向寻求质量优势阶段，党的十九大报告中提出"实行高水平的贸易"的战略目标，鼓励和引导高生产率企业出口高质量产品也成为未来我国拓展对外出口贸易的重要发展理念。在此背景下，企业创新能力的重要性得以凸显，我国政府应着力于引导企业增强产品创新能力，鼓励多层次、差异化生产。同时，更注重对海外消费市场的深度拓展，做到有的放矢，针对不同目标市场消费者的偏好精准出口，从而保证企业生产率与出口产品价格和质量水平呈正向关系，这也符合党的十九大报告所提出的"加强创新能力开放合作"与"实行高水平贸易"的精神。

第8章 技术标准规制引致企业产品创新的成本效应研究

进口国关税与技术标准规制等外生贸易政策一直以来被认为抑制了微观企业出口，本书认为，来自进口国的技术标准规制及关税壁垒在通过提升贸易成本抑制出口二元边际的同时，亦可能对企业产品创新形成激励效应。本章主要从成本效应角度探讨进口国技术标准引致企业产品创新的机制。在理论分析的基础上，本章以进口国 TBT 和 SPS 通告衡量技术标准规制强度，以出口产品质量提升反映企业产品创新，采用中国工业企业数据及海关数据对进口国关税及技术标准规制激励微观企业产品创新的机制进行了实证验证。此外，研究结论亦验证了微观企业全要素生产率及进口国收入水平与出口产品质量呈正相关关系。

8.1 技术标准规制与出口产品质量升级的
研究背景及文献回顾

近年来，我国不断扩大对外开放程度，进出口贸易额逐年攀升。加入世贸组织后，我国对外贸易顺差逐年增长。作为出口依存度较高的发展中国家，我国产品在出口过程中，一方面面临进口国的关税壁垒，另一方面因难以达到进口国所要求的技术标准而出口受阻的案例屡见不鲜。根据商务部《全球贸易摩擦研究报告（2011）》提供的数据，我国已连续 16 年位居全球遭遇贸易摩擦数量最多国家的首位，其中进口国的技术性贸易措施限制是我国出口贸易中面临的主要贸易壁垒之一。中国国际贸易促进委员会 2019 年公布的数据亦显示，近年来我国出口企业受到技术性贸易壁垒影响，遭受的出口贸易直接损失额为 494.8 亿美元。

一直以来，进口国的技术标准规制被认为是一种非关税壁垒，非关税壁垒与进口国关税的双重制约对出口增长形成持续的抑制效应。进口国技术标准规制限定了进口产品所应达到的技术标准，并对不合规进口产品采取一定制裁措施。作为一种施加于出口企业之上的外生政策，进口国技术标准规制与关税一同造成了出口企业贸易成本上涨，进而导致企业退出市场或出口贸易额下降。

但也有学者指出，进口国技术标准规制作为一种外生贸易成本对企业技术创新也具有一定的激励效应。贸易成本上升在抑制企业出口二元边际的同时，可能通过引入竞争机制等方式引致在位企业的过程创新和产品创新。来自进口国的技术标准规制及进口国关税是否单纯抑制企业出口，出口企业能否通过创新和提升产品质量从而在市场中维持竞争力？本章将试图对该问题做出回答。在当前我国对外贸易逐步由寻求数量、价格优势转向寻求质量优势的经济背景下，以上问题的探索和验证具有一定的理论和现实意义。

相关技术标准规制的贸易影响研究多集中于食品安全标准领域，一些学者提出若将产品的技术和安全标准视为非关税壁垒，则可得出标准规制会抑制出口的结论，并对此进行了理论论证和实证研究，发现进口国的技术标准规制确实对发展中国家的出口产生了抑制效应。近年来，国内学者也在该领域展开了相关研究，并发现来自进口国的安全标准规制确实抑制了中国的食品和农产品出口。尽管已有研究普遍支持进口国技术标准规制抑制出口二元边际这一结论，亦有学者指出进口国技术标准规制对微观出口企业而言可能具有一定的积极意义。

出口产品质量升级被视为是企业产品创新的一种表现形式，对于出口产品质量的测度近年来也成为国内外学者研究的热点之一。早期学者主要通过产品单位价值（产品出口额与出口量的比值）来替代产品质量，有关需求信息反推法和供求信息综合测算法的两类文献则对出口产品质量的估计方法做了进一步的拓展和完善（Khandelwal，2010；Khandelwal et al.，2013；Feenstra and Romalis，2014）。

在对出口产品质量进行科学测度的基础上，一些学者开始探索影响出口产品质量的宏观及微观因素（Basto and Silva，2010；Henn，Papageorgiou and Spatafora，2015；Crinò and Epifani，2012）。还有一些学者针对贸易自由化对出口产品质量的影响展开研究，探讨贸易自由化所带来的进口关税减免以及相应地促进竞争效应对出口产品质量升级的影响（Gilbert and Tollens，2002；Amiti and Khandelwal，2013；Curzi，Raimondi and Olper，2015；Fan，Li and Yeaple，2015；Bas and Strauss-Kahn，2015）。

梳理已有文献发现，已有实证研究多为基于宏观国家层面贸易数据展开的分析，缺乏微观数据的实证验证，对于进口国技术标准规制等外生政策导致贸易成本上涨进而引致微观企业提升产品质量进行产品创新行为的可能性较为忽视，从而缺乏相关的理论分析和实证检验。

因此，本章力求在已有研究基础上，以出口产品质量提升作为衡量企业产品创新的指标，[①] 对进口国技术标准规制和关税政策引致出口企业产品创新的效应进行研究和探索。本章所做的工作主要包括：

（1）基于企业内生决定出口产品质量的理论框架，对微观企业均衡出口产品质量的决定机制进行理论分析，从理论角度探索出口产品质量的影响因素。

（2）基于微观企业数据，对包括进口国技术标准规制及进口国关税在内的外生政策引致企业产品创新的效应进行实证验证。

（3）基于理论分析和实证检验，提出应对进口国技术标准规制的贸易政策与激励策略，对外生政策冲击下的出口企业通过产品质量升级寻求长期发展和贸易增长提供政策引导。

8.2　技术标准规制引致企业产品创新的成本效应理论模型

本节主要基于安东尼亚迪斯（2015）构建了一个有关异质性出口企业内生质量选择的贸易模型，该模型则是对梅里兹和屋大维（Melitz and Ottaviano，2008）的线性偏好和需求模型进行的拓展。将外生的贸易政策冲击反映为企业边际成本的变动，在企业内生选择出口产品质量的条件下，分析进口国技术标准规制和关税等外生政策冲击对企业出口产品质量的影响。

8.2.1　需求端分析

本节首先讨论封闭经济下的情形，进而向开放经济拓展。根据安东尼亚迪斯（2015），本节假设消费者 c 面对两类消费品，即同质化产品和差异化产品，用 i 表示差异化产品的类别，且 $i \in \Omega$，每一位消费者对产品具有相同的线性偏好，消费者效用表示为：

---

① 阿米蒂和坎德尔瓦尔（2013）提出以产品质量升级度量企业的产品创新行为。

$$U = q_0^c + \alpha \int_{i \in \Omega} q_i^c \mathrm{d}i + \beta \int_{i \in \Omega} z_i q_i^c \mathrm{d}i - \frac{1}{2} \gamma \int_{i \in \Omega} (q_i^c)^2 \mathrm{d}i - \frac{1}{2} \eta \left(\int_{i \in \Omega} q_i^c \mathrm{d}i \right)^2$$

$$(8.1)$$

其中，q_0^c 和 q_i^c 分别表示消费者 c 对同质化产品和差异化产品 i 的消费量，对同质化产品的消费量可以进一步表示为对单位货币产品的消费量。z_i 表示差异化产品 i 的质量，参数 α 和 η 分别表示差异化产品与同质单位货币产品之间的可替代程度，γ 表示差异化产品之间的可替代程度，而参数 β 则表示消费者对于产品质量的偏好。

由式（8.1）可知消费者效用函数，假设消费者收入水平为 E，则有消费者预算约束为：

$$q_0^c + \int p_i q_i^c \mathrm{d}i = E$$

$$(8.2)$$

构造消费者效用最大化的拉格朗日函数：

$$\Gamma = q_0^c + \alpha \int_{i \in \Omega} q_i^c \mathrm{d}i + \beta \int_{i \in \Omega} z_i q_i^c \mathrm{d}i - \frac{1}{2} \gamma \int_{i \in \Omega} (q_i^c)^2 \mathrm{d}i$$

$$- \frac{1}{2} \eta \left(\int_{i \in \Omega} q_i^c \mathrm{d}i \right)^2 + \lambda \left(q_0^c + \int p_i q_i^c \mathrm{d}i - E \right)$$

$$(8.3)$$

求解关于 p_i 的一阶条件可以得到反向需求函数：

$$p_i = \alpha - \gamma q_i^c + \beta z_i - \eta Q_c$$

$$(8.4)$$

进一步将 Q_c 定义为对所有差异化产品的消费量，即 $Q_c = \int_{i \in \Omega} q_i^c \mathrm{d}i$，假设市场规模为 L，产品类别总数为 N，则可以进一步通过式（8.4）获得整个市场的总体需求函数：

由 N 表示产品种类数，有 $N = \int_{i \in \Omega} \mathrm{d}i$，且由 $Q_c = \int_{i \in \Omega} q_i^c \mathrm{d}i$，可将式（8.4）扩展为整个市场所有消费，则式（8.4）可写为：

$$\int_{i \in \Omega} p_i \mathrm{d}i = \alpha N - \gamma \int_{i \in \Omega} q_i^c \mathrm{d}i + \beta \int_{i \in \Omega} z_i \mathrm{d}i - \eta N Q_c$$

$$(8.5)$$

由 $\bar{p} = 1/N \int_{i \in \Omega} p_i \mathrm{d}i$，$\bar{z} = 1/N \int_{i \in \Omega} z_i \mathrm{d}i$，可将式（8.5）写为：

$$N\bar{p} = \alpha N - (\eta N + \gamma) Q_c + \beta N \bar{z}$$

$$(8.6)$$

由式（8.6）可得到 $Q_c = \dfrac{N(\alpha - \bar{p}) + \beta N \bar{z}}{\eta N + \gamma}$，由式（8.4）得到 $q_i^c =$

$\frac{1}{\gamma}(\alpha - p_i) + \frac{\beta}{\gamma} z_i - \frac{\eta}{\gamma} Q_c$，代入 Q_c 可以得到：

$$q_i^c = \frac{1}{\gamma}(\alpha - p_i) + \frac{\beta}{\gamma} z_i - \frac{\eta}{\gamma} \frac{N(\alpha - \bar{p}) + \beta N \bar{z}}{\eta N + \gamma} \qquad (8.7)$$

由 $q_i \equiv L q_i^c$，则有：

$$q_i \equiv L q_i^c = \frac{\alpha L}{\eta N + \gamma} - \frac{L}{\gamma} p_i + \frac{\beta L}{\gamma} z_i + \frac{\eta L N}{(\eta N + \gamma)\gamma} \bar{p} - \frac{\beta \eta L N}{(\eta N + \gamma)\gamma} \bar{z} \qquad (8.8)$$

其中，$\bar{p} = 1/N \int_{i \in \Omega} p_i \mathrm{d}i$，表示平均价格，$\bar{z} = 1/N \int_{i \in \Omega} z_i \mathrm{d}i$，表示产品平均质量。笔者进一步定义产品价格上限 $p_{\max}$，即使产品需求为 0 的最高价格。由式（8.8）可知，若 $q_i = 0$，则有：

$$p_{\max} = \frac{\alpha \gamma + \eta N \bar{p} - \beta \eta N \bar{z}}{\eta N + \gamma} + \beta z_i \qquad (8.9)$$

与梅里兹（2003）中不变替代弹性的假设不同，根据梅里兹和屋大维（2008），由 $Q_c = \frac{N(\alpha - \bar{p}) + \beta N \bar{z}}{\eta N + \gamma}$，且 $q_i^c \equiv \frac{q_i}{L}$，代入式（8.4）中，则有：

$$p_i = \frac{\alpha \gamma + \eta N \bar{p} - \beta \eta N \bar{z}}{\eta N + \gamma} - \frac{\gamma}{L} q_i + \beta z_i \qquad (8.10)$$

由式（8.9）结合式（8.10）有 $p_{\max} - p_i = \frac{\gamma}{L} q_i$，进而有 $\frac{p_{\max}}{p_i} - 1 = \frac{\gamma}{L} \frac{p_i}{q_i}$，即 $\frac{p_i}{q_i} = \frac{\gamma}{L} \left(\frac{p_{\max}}{p_i} - 1 \right)^{-1}$。根据需求替代弹性的定义，有 $\varepsilon_i \equiv \frac{\partial q_i}{\partial p_i} \frac{p_i}{q_i} = \frac{L}{\gamma} \frac{\gamma}{L} \left(\frac{p_{\max}}{p_i} - 1 \right)^{-1}$（由式（8.8）得出），故有消费替代弹性 $\varepsilon_i = \left(\frac{p_{\max}}{p_i} - 1 \right)^{-1}$。

由式（8.9）可以看出，当差异化产品种类较多，且产品平均价格较低时将导致价格上限下降，梅里兹和屋大维（2008）以此来刻画更为激烈的市场竞争环境。

8.2.2 供给端分析

按照梅里兹和屋大维（2008），本章仍假设劳动力是唯一生产投入要素且无弹性供给，同一企业生产单一类别产品，因此产品种类数 N 同时代表了企业数量。企业在进入市场时需要支付一个固定的进入成本 f，企业进入该行业后边际成本为 c，边际成本反映了企业的生产率异质性，并假设边际成本服从 $[0, c_M]$ 上的正态分布 $G(c)$。定义企业的零利润边际成本为 c_D，当企业生产率较低使边际成本高于 c_D 时，企业将退出市场，留在市场中的企业以自身利润最大化为目标。企业 i 的成本函数可以表示为：

$$TC_i = q_i c_i + \delta q_i z_i + \theta(z_i)^2 \tag{8.11}$$

其中，$q_i c_i$ 表示与产品质量无关的可变成本，$\delta q_i z_i$ 则表示与产品质量正相关的边际成本，参数 δ 反映了企业 i 在生产过程中质量提升带来的边际成本变化，θ 则用来刻画与产品质量升级所导致的固定成本。在考虑了产品质量因素后，企业的生产边际成本实际应表示为 $c_i + \delta z_i$，因此有 $p_{\max} = c_D + \delta z_i$。

根据企业利润定义有：

$$\pi(c,z) = [p(c,z) - c - \delta z] q(c,z) - \theta z^2 \tag{8.12}$$

由式（8.12）得到企业利润最大化关于价格的一阶条件为：

$$\frac{\partial \pi(c,z)}{\partial p(c,z)} = q(c,z) + [p(c,z) - c - \delta z]\frac{\partial q(c,z)}{\partial p(c,z)} = 0 \tag{8.13}$$

由式（8.8）有 $\frac{\partial q(c,z)}{\partial p(c,z)} = -\frac{L}{\gamma}$，代入式（8.13）得到：

$$q(c,z) = \frac{L}{\gamma}[p(c,z) - c - \delta z] \tag{8.14}$$

根据产品加价的定义，加价 $\mu(c,z) = p(c,z) - c - \delta z$，结合式（8.14）则有 $\mu(c,z) = q_i \frac{\gamma}{L}$，又因 $q_i \equiv L q_i^c$，则有 $\mu(c,z) = \gamma q_i^c$。根据替代弹性的定义，有 $\varepsilon_i \equiv \frac{\partial q_i}{\partial p_i}\frac{p_i}{q_i} = \frac{L}{\gamma}\frac{p_i}{q_i}$，故有 $\frac{1}{\varepsilon_i} = \frac{\gamma q_i^c}{p_i}$，进而有 $\frac{\mu(c,z)}{p(c,z)} = \frac{1}{\varepsilon}$。根据消费替代弹性推导有 $\varepsilon_i = \left(\frac{p_{\max}}{p_i} - 1\right)^{-1}$，即 $\frac{1}{\varepsilon} = \frac{p_{\max} - p(c,z)}{p(c,z)}$，故有 $\frac{p_{\max} - p(c,z)}{p(c,z)} = \frac{p(c,z) - c - \delta z}{p(c,z)}$，代入 $p_{\max} = c_D + \delta z$，则有：

$$p(c,z) = \frac{1}{2}(c_D + c) + \frac{1}{2}(\beta + \delta)z \tag{8.15}$$

将式（8.15）代入 $q(c,z) = \frac{L}{\gamma}[p(c,z) - c - \delta z]$，则有：

$$q(c,z) = \frac{L}{2\gamma}(c_D - c) + \frac{L}{2\gamma}(\beta - \delta)z \qquad (8.16)$$

将式（8.15）代入 $\mu(c,z) = p(c,z) - c - \delta z$，直接得到：

$$\mu(c,z) = \frac{1}{2}(c_D - c) + \frac{1}{2}(\beta - \delta)z \qquad (8.17)$$

将式（8.15）、式（8.16）代入 $\pi(c,z) = [p(c,z) - c - \delta z]q(c,z) - \theta z^2$，则有：

$$\pi(c,z) = \frac{L}{4\gamma}[(c_D - c) + (\beta - \delta)z]^2 - \theta z^2 \qquad (8.18)$$

$p(c,z)$、$q(c,z)$、$\mu(c,z)$ 和 $\pi(c,z)$ 分别表示企业利润最大化条件下的均衡价格、产量、加价和利润。通过求解式（8.18）企业利润最大化关于产品质量 z 的一阶条件可以得到：

$$z^* = \lambda(c_D - c) \qquad (8.19)$$

其中，$\lambda = \frac{L(\beta - \delta)}{4\theta\gamma - L(\beta - \delta)^2}$。安东尼亚迪斯（2015）将其定义为产品质量差异度，产品质量差异度 λ 与市场规模 L 和消费者对产品质量的偏好程度 β 正相关，与差异化产品可替代程度 γ、产品质量的边际成本参数 δ 及产品质量创新成本 θ 负相关。且由式（8.19）可以看出，最优产品质量与零利润成本 c_D 正相关，与企业边际成本 c 负相关，也即与企业生产率正相关，由于最优产品质量与产品质量差异度正相关，亦可由此获得最优产品质量与其他参数的正负关系。将式（8.19）分别代入式（8.15）至式（8.18），则有：

$$p(c) = \frac{1}{2}(c_D + c) + \frac{1}{2}(\beta + \delta)\lambda(c_D - c) \qquad (8.20)$$

$$q(c) = \frac{L}{2\gamma}(c_D - c)[1 + (\beta - \delta)\lambda] \qquad (8.21)$$

$$\mu(c) = \frac{1}{2}(c_D - c)[1 + (\beta - \delta)\lambda] \qquad (8.22)$$

$$\pi(c) = \frac{L}{4\gamma}(c_D - c)^2[1 + (\beta - \delta)\lambda] \qquad (8.23)$$

8.2.3　贸易成本的引入

以上模型可以进一步拓展到开放经济条件下，假设只存在本国 H 和外

国 F 两个国家，两国之间可互为进口国、出口国，两国消费者数量分别为 L^H 和 L^F，并假设两国消费者具有相同的产品消费偏好，但具有不同的产品质量偏好。① 根据前文封闭经济环境下的假设，可知开放经济环境下国家 $l(l = \{H,F\})$ 的消费者的需求函数可以写为：

$$q_i^l \equiv L^l q_i^c = \frac{\alpha L^l}{\eta N^l + \gamma} - \frac{L^l}{\gamma}p_i^l + \frac{\beta^l L^l}{\gamma}z_i + \frac{\eta L^l N^l}{(\eta N^l + \gamma)\gamma}\bar{p}^l - \frac{\beta^l \eta L^l N^l}{(\eta N^l + \gamma)\gamma}\bar{z}^l$$

$$(8.24)$$

相应的 N^l 和 L^l 分别表示 l 国的企业数量和消费者数量，p_i^l 和 q_i^l 分别表示 l 国产品 i 的价格和销量，$\bar{p}^l$ 和 $\bar{z}^l$ 分别表示 l 国的产品平均价格和平均质量，β^l 则表示 l 国消费者对于产品质量的偏好程度。

假设两国间出口贸易会产生额外的贸易成本，该成本主要体现为可变成本，即初始企业边际成本若为 c，则出口到 l 国导致的贸易成本为 $\tau^l c$，且 $\tau^l > 1$，τ^l 包含进口关税及进口国安全标准等贸易政策的影响，封闭经济下企业单位成本为 $c + \delta z$，开放经济下单位成本则变为 $\tau^l c + \delta^l z^l$。$p_D^l(c)$ 和 $q_D^l(c)$ 分别表示 l 国企业在本国国内销售产品的利润最大化价格和产量，$p_X^l(c)$ 和 $q_X^l(c)$ 则分别表示 l 国企业出口到 f 国的产品的利润最大化价格和产量，则 l 国企业在本国国内销售与出口国外的总利润可以分别写为 $\pi_D^l(c,z) = [p_D^l(c,z) - c - \delta^l z_D^l]q_D^l(c,z)$ 和 $\pi_X^l(c,z) = [p_X^l(c,z) - \tau^f c - \delta^l z_X^l]q_X^l(c,z)$。② 以 c_D^l 和 c_X^l 分别表示 l 国企业在本国销售和出口到 f 国的零利润成本，则有：

$$c_D^l = \sup\{\pi_D^l(c,z) > 0\} = p^l \qquad (8.25)$$

$$c_X^l = \sup\{\pi_X^l(c,z) > 0\} = \frac{p^f}{\tau^f} \qquad (8.26)$$

由式（8.25）和式（8.26）易得出 c_X^l，进而可以得出在国内销售和出口的最优价格和产量：

$$p_D^l(c,z) = \frac{1}{2}(c_D^l + c) + \frac{1}{2}(\beta^l + \delta^l)z_D^l \qquad (8.27)$$

① 相同的产品消费偏好是指对于两国消费者而言，差异化产品与同质单位货币产品之间的可替代程度相同，也即参数 α 和 η 相同；差异化产品之间的可替代程度相同，也即参数 γ 相同，但两国消费者对产品质量的偏好不同，也即参数 β 不同，分别为 β^H 和 β^F。

② 前文假设开放经济环境下国家 $l = \{H,F\}$，此时 $f \neq l$，即若 l 表示本国 H，则 f 表示外国 F。

$$p_X^l(c,z) = \frac{\tau^f}{2}(c_X^l + c) + \frac{1}{2}(\beta^f + \delta^l)z_X^l \qquad (8.28)$$

$$q_D^l(c,z) = \frac{L^l}{2\gamma}(c_D^l - c) + \frac{L^l}{2\gamma}(\beta^l - \delta^l)z_D^l \qquad (8.29)$$

$$q_X^l(c,z) = \frac{L^f}{2\gamma}(c_X^l - c) + \frac{L^f}{2\gamma}(\beta^f - \delta^l)z_X^l \qquad (8.30)$$

结合企业利润定义，可以得到：

$$\pi_D^l(c,z) = \frac{L^l}{4\gamma}\left[(c_D^l - c) + (\beta^l - \delta^l)z_D^l\right]^2 - \theta(z_D^l)^2 \qquad (8.31)$$

$$\pi_X^l(c,z) = \frac{L^f}{4\gamma}\left[\tau^f(c_X^l - c) + (\beta^f - \delta^l)z_X^l\right]^2 - \theta(z_X^l)^2 \qquad (8.32)$$

式（8.31）与式（8.32）分别对产品质量求企业利润最大化的一阶条件，则有：

$$z_D^{*l} = \lambda_D^l(c_D^l - c) \qquad (8.33)$$

$$z_X^{*l} = \tau^f \lambda_X^l(c_X^l - c) \qquad (8.34)$$

其中，$\lambda_D^l = \dfrac{L^l(\beta^l - \delta^l)}{4\theta^l\gamma - L^l(\beta^l - \delta^l)^2}$，$\lambda_X^l = \dfrac{L^f(\beta^f - \delta^l)}{4\theta^l\gamma - L^f(\beta^f - \delta^l)^2}$。

将式（8.33）、式（8.34），代入式（8.27）至式（8.32）中则有：

$$p_D^l(c,z) = \frac{1}{2}(c_D^l + c) + \frac{1}{2}(\beta^l + \delta^l)\lambda_D^l(c_D^l - c) \qquad (8.35)$$

$$p_X^l(c,z) = \frac{\tau^f}{2}(c_X^l + c) + \frac{1}{2}(\beta^f + \delta^l)\tau^f\lambda_X^l(c_X^l - c) \qquad (8.36)$$

$$q_D^l(c,z) = \frac{L^l}{2\gamma}(c_D^l - c)\left[1 + (\beta^l - \delta^l)\lambda_D^l\right] \qquad (8.37)$$

$$q_X^l(c,z) = \frac{L^f}{2\gamma}(c_X^l - c)\left[1 + (\beta^f - \delta^l)\lambda_X^l\right] \qquad (8.38)$$

$$\pi_D^l(c,z) = \frac{L^l}{4\gamma}(c_D^l - c)^2\left[1 + (\beta^l - \delta^l)\lambda_D^l\right] \qquad (8.39)$$

$$\pi_X^l(c,z) = \frac{L^f}{4\gamma}(c_X^l - c)^2\left[1 + (\beta^f - \delta^l)\lambda_X^l\right] \qquad (8.40)$$

本章所关注的为 l 国销往国外的均衡产品质量也即出口产品质量 z_X^{*l}，由式（8.34）可以看出，均衡出口产品质量 z_X^{*l} 与贸易成本 τ^f 正相关，与边际成本 c 负相关，也即与企业全要素生产率正相关。根据 λ_X^l 的表达式，已可知进口国市场规模 L^f 与出口产品质量正相关。此外，λ_X^l 还取决于进口国消费者对产品质量的偏好程度 β^I、差异化产品可替代程度 γ、产品质量的边际成本参数 δ^I 及产品质量创新成本 θ^I。安东尼亚迪斯（2015）指出，以上参数共同影响了产品质量差异度。因此产品质量差异度亦对均衡产品质量具有一定影响，该影响主要体现为产品质量差异度不同，则贸易成本影响出口产品质量的机制存在一定差异。

因此基于理论模型，本章提出以下假设：

（1）进口国技术标准规制这一外生贸易政策作为施加于微观企业的贸易成本，会引致在位企业提升出口产品质量，即企业出口产品质量与进口国技术标准规制强度正相关。

（2）进口国关税作为另一种贸易成本亦会促进在位企业提升出口产品质量，即企业出口产品质量与进口国关税正相关。

（3）市场规模越大，收入水平越高的进口国对高质量产品需求量越大，进口国收入水平与企业出口产品质量正相关。

（4）不同产品质量差异度区间内，外生的进口国技术标准规制和关税影响出口产品质量的机制存在差异。

（5）企业全要素生产率与其可变生产成本负相关，与出口产品质量正相关。

8.3　数据来源及变量设置

8.3.1　主要数据来源及数据处理

本章所使用的数据来自以下数据库：

一是中国工业企业数据库，该数据库包含了国有企业和规模以上（年销售额超过 500 万人民币）非国有制造企业数据。

关于中国工业企业数据库数据的筛选和处理，参考本书第 5 章中的处理方法，在此不再赘述。

二是中国海关贸易数据，该数据库提供了微观企业对不同目的国进出口各类 HS8 位代码产品的月度数据，包括以下三类信息：（1）基本贸易信息，包括贸易额、贸易量、贸易单位等；（2）贸易方式（加工贸易或一般贸易等）和运输方式（海运、陆运或空运）；（3）企业相关信息，如企业名称、代码、地址、联系方式、进出口国代码、海关及所在城市等相关信息。由于本章的研究对象为出口产品质量，因此仅采用了其中的出口贸易数据，为了便于后续处理，笔者首先将月度数据分类加总为年度数据。

有关将中国工业企业数据与海关数据进行匹配的方法，本书第 5 章中已经做了介绍，在此不再赘述。

三是衡量进口国技术标准规制的进口国通告数据。参考了丰塔涅（2015）的做法，本章以 TBT 和 SPS 通告数来衡量进口国技术标准规制这一外生政策。以上数据均来自 WTO 的 IMS 信息管理系统，该数据库记录了每年中各国在各类 HS 产品代码下针对出口国的 SPS、TBT 通告数量。

IMS 信息管理系统中提供的 TBT 和 SPS 通告信息主要包括两个方面：一是基本信息，包括发布通告的进口国国别及代码、通报时间、对应的产品 HS4 位代码；二是通报信息，包括通报的属性（技术规制、应急通报、附加条款等）、可能影响的国家等。本书按照 HS4 位代码以及国家代码将通告数据与工业企业和海关数据合并后的数据再次进行了匹配。

8.3.2　变量设置

本章以出口产品质量提升衡量企业的产品创新，探讨引入企业内生决定产品质量的假设下，外生政策所导致的贸易成本变动对均衡出口产品质量的影响。核心变量包括出口产品质量、进口国技术标准规制、进口国关税、进口国收入水平、企业全要素生产率（TFP）等。结合理论模型，具体变量设置如下：

8.3.2.1　被解释变量即出口产品质量测算

余淼杰和张睿（2017）采用了基于芬斯特拉和罗马里斯（2014）的供求均衡测算法，一方面，同时考虑了需求和供给两方面的因素，从而将企业出口产品质量决策内生化；另一方面，避免使用固定效应去除宏观因素，从而保证通过测算得到的质量跨时、跨国可比，弥补了坎德尔瓦尔等（2013）测算方法的缺陷。与芬斯特拉和罗马里斯（2014）相比，余淼杰和张睿（2017）的测算方法又将宏观国家层面的平均质量估计扩展到了微观异质企业层面。本章即采用该文献所提出的测算方法，具体测算方法已在第 7 章中做了详细介绍，在此不再赘述。

8.3.2.2　核心解释变量

（1）进口国技术标准规制。本章中核心解释变量之一为衡量进口国技术标准规制的 TBT 和 SPS 通告数。一般意义上进口国 TBT 通告主要针对初级工业品和工业制成品，而 SPS 通告则主要针对农产品和食品，为了准确测算出口产品质量，避免同质品造成的估计偏误，本章的样本中剔除了

HS 前两位代码为 01 ~ 24 的食品和农产品，样本产品均为工业制成品，因此所有出口产品类别中所对应的 SPS 通告数远小于 TBT 通告数。本章分别计算了进口国每一年中针对不同 HS4 位代码产品的 SPS 和 TBT 通告数，并进行了加总，同时设置了当年该进口国是否有针对 HS4 位代码产品通告的虚拟变量。本章假设进口国技术标准规制强度也即进口国通告数与出口产品质量正相关。

　　为了可以直观了解我国工业制成品出口面对的进口国技术标准规制强度，笔者通过表 8 - 1 对 2000 ~ 2007 年来自进口国的 TBT 和 SPS 通告数量、发出通告的进口国数量以及通告覆盖的产品种类数进行了统计。由该表格可以看出，目前对我国工业制成品出口造成影响的贸易通告主要是TBT 通告，SPS 通告的数量相对较少。

表 8 - 1　　　　　2000 ~ 2007 年向中国进口产品的国家发出的通告数

年份	SPS 通告			TBT 通告		
	通告数	发出通告 进口国数	4 位代码 产品种类	通告数	发出通告 进口国数	4 位代码 产品种类
2000	72 (0.06%)	12 (5.74%)	28 (5.63%)	131 (1.39%)	12 (5.74%)	69 (13.88%)
2001	111 (0.13%)	17 (8.02%)	38 (7.39%)	112 (2.25%)	14 (6.60%)	62 (12.06%)
2002	60 (0.16%)	17 (8.10%)	30 (5.67%)	308 (0.91%)	20 (9.52%)	175 (33.08%)
2003	186 (0.07%)	18 (8.74%)	96 (19.24%)	620 (3.02%)	25 (12.14%)	260 (52.10%)
2004	112 (0.07%)	21 (9.68%)	39 (6.91%)	433 (1.03%)	21 (9.68%)	222 (39.36%)
2005	132 (0.17%)	33 (15.57%)	49 (8.78%)	519 (3.34%)	29 (13.68%)	238 (42.65%)
2006	210 (0.07%)	23 (10.50%)	86 (14.38%)	510 (8.38%)	24 (10.96%)	263 (43.98%)
2007	130 (0.14%)	18 (7.89%)	60 (10.05%)	500 (4.21%)	25 (10.96%)	190 (31.83%)

　　注：4 位代码产品种类和发出通告进口国数两列的括号中，分别为进口国发出通告所对应的进口国数量占当年我国所有 HS25 ~ 97 产品进口国数量的比重以及产品种类比重；通告数一列的括号中报告的是通过海关数据与工业企业数据匹配后的样本中，被发出通告的出口食品所对应的出口额占当年我国全部 HS25 ~ 97 位代码出口额的比重。

　　资料来源：根据 WTO 的 IMS 信息管理系统数据库整理所得。

（2）进口国关税。本章采用世界银行 TRAINS 贸易系统中的对应 HS6 位代码的加权平均关税数据，并将关税数据按照产品类别和进口国国别与原始数据进行了匹配。本章中假设进口国关税与出口产品质量正相关。

（3）产品质量差异度。本章计算了每一个贸易年度中同一类别产品中出口产品质量的标准差，并以此作为度量出口产品质量差异度的指标。

8.3.2.3 进口国特征变量

此外，根据本章理论模型的推导，进口国市场规模即进口国收入水平，也是影响出口产品质量的重要因素，本章以进口国购买产品支出作为度量进口国收入水平的指标，并假设进口国收入水平与出口产品质量正相关。此外，本章还对进口国相对于我国的地理距离进行了控制，数据来自 CEPII – BACI 数据库。

8.3.2.4 企业特征变量

（1）企业全要素生产率。已有文献证明了企业出口行为本身即是高生产率企业的一种自我选择（Melitz，2003），也有文献表明生产率较高的企业通过提升产品质量进行产品创新的倾向性也越强（Fan，Li and Yeaple，2015）。结合前文理论模型，本章将微观企业全要素生产率作为控制变量加入实证模型中。莱文森和佩特林（2003）通过用中间投入替代投资的方法解决了传统索罗残差法估计全要素生产率的选择偏差和内生性问题。本章在综合了中国工业企业数据库的指标情况及各种估计方法存在的估计偏误问题后，选择了莱文森和佩特林（2003）的半参数方法来估计企业的全要素生产率。本章假设全要素生产率与出口产品质量正相关。

（2）其他企业特征变量。为了尽可能控制企业特征对于出口产品质量的影响，本章加入了若干企业特征变量，主要包括用以衡量企业规模的企业资产总额、用以反映投入品水平的企业平均工资以及用以反映企业生产率之外技术特征的资本劳动比，并对以上变量进行了平减处理。变量的描述性统计如表 8 – 2 所示。

表 8 – 2 变量描述性统计

变量	均值	标准差	最大值	最小值	样本量
出口产品质量 1	0.452	0.157	1	0	2855368
出口产品质量 2	0.529	0.157	1	0	2586291
进口国 TBT 通告	0.0207	0.243	16	0	3493102
进口国 SPS 通告	0.00219	0.0695	16	0	3493102
进口国关税	7.872	13.89	3000	0	2379045

变量	均值	标准差	最大值	最小值	样本量
产品质量差异度	1.046	0.199	2.591	0.0794	3480787
进口国收入	13.65	2.886	22.64	0	3493102
地理距离	8.654	0.727	9.868	6.696	3483506
企业生产率	7.084	1.149	12.57	0.0171	2908402
企业规模	10.46	1.706	18.67	2.347	2946244
资本劳动比	3.444	1.297	9.793	−6.128	2942525
企业工资	8.144	1.490	15.79	−0.0721	2944844

注：表中统计的产品质量、关税与进口国通告数未作对数处理，其余企业及进口国相关变量均为对数处理后变量。

8.4　技术标准规制引致产品创新成本效应的实证分析

8.4.1　基准回归

已有文献证明了进口国关税及非关税壁垒直接提升了出口型企业的贸易成本，确实通过阻遏企业进入市场、降低企业出口额等形式抑制了出口二元边际。但与此同时，面临成本提升的在位企业为了维持存续且保持盈利，进行技术创新亦是其主要的应对策略。本章以出口产品质量提升衡量企业的产品创新，检验外生的进口国技术标准规制及进口国关税对于企业产品创新的激励效应。本章首先对单一核心解释变量进行了简单回归来检验出口产品质量与进口国技术标准和进口国关税的关系，由表8-3可以看出，进口国通告数、进口国关税的系数均显著为正，说明进口国技术标准规制和关税政策与微观企业的出口产品质量确实存在正向关系。

表8-3　　　　　　　　　　单变量回归结果

解释变量	技术标准规制	进口国关税
	(1)	(2)
	0.001 ***	0.005 ***
	(3.025)	(2.615)
年度固定效应	Yes	Yes
产品固定效应	Yes	Yes
进口国固定效应	Yes	Yes

解释变量	技术标准规制	进口国关税
	(1)	(2)
	0. 001 ***	0. 005 ***
	(3. 025)	(2. 615)
样本量	2586289	2586289
R²	0. 205	0. 205
F	9. 151	6. 838

注：*、** 和 *** 分别表示在10%、5%和1%的显著水平下显著。

在单变量回归的基础上，基于前文的理论假设，笔者将验证外生技术标准规制与进口国关税对微观企业出口产品质量影响的实证模型设置如下：

$$z_{ijkt} = \alpha + \beta_1 Standard_{jkt} + \beta_2 \ln(100 + tariff_{jkt}) + X_{it}\,\gamma' + Y_{jt}\,\mu'$$
$$+ W_{jkt}\,\eta' + v_t + v_j + v_k + v_i + \varepsilon_{ijkt} \tag{8.41}$$

$$z_{ijkt} = \alpha + \beta_1 Standard_{jkt} + \beta_2 \ln(100 + tariff_{jkt}) + \gamma_1 \ln\varphi_{it} + \gamma_2 \ln size_{it}$$
$$+ \gamma_3 \ln kl_{it} + \gamma_4 \ln wage_{it} + \mu_1 \ln L_{jt} + \mu_2 \ln dist_j + \eta_1 \ln(100 + tariff_{jkt})$$
$$\times Diff_{jkt} + \eta_2 Standard_{jkt} \times Diff_{jkt} + v_t + v_j + v_k + v_i + \varepsilon_{ijkt} \tag{8.42}$$

其中，被解释变量 z_{ijkt} 表示 t 年企业 i 向进口国 j 出口产品 k 的质量水平。$Standard_{jkt}$ 表示 t 年进口国 j 针对产品 k 的通告数量。$tariff_{jkt}$ 表示 t 年进口国 j 对产品 k 征收的进口关税，考虑到大量零关税的存在，本书首先在原关税税率基础上加 100 再进行对数处理。X_{it} 表示企业特征变量，具体包括 t 年企业 i 的全要素生产率 $\ln\varphi_{it}$、企业规模 $\ln size_{it}$、企业资本劳动比 $\ln kl_{it}$ 以及平均工资 $\ln wage_{it}$。Y_{jt} 表示进口国特征变量，主要包括 t 年进口国 j 的收入水平 $\ln L_{jt}$ 以及进口国 j 与中国的地理距离 $\ln dist_j$。此外，模型中加入了技术标准规制强度及进口国关税与出口产品质量差异度 $Diff_{jkt}$ 的交互项，用以说明不同质量差异度之下贸易成本对于产品质量的影响，由于已经加入了交互项，为了避免多重共线性，模型中没有加入产品质量差异度的单一变量。v_t 为年份固定效应，v_j 为进口国固定效应，v_k 为产品类别固定效应，v_i 为企业固定效应，ε_{ijkt} 为误差项，回归采用了同时考虑异方差和自相关问题的稳健性检验。

表 8-4 中报告了基准回归结果，第（1）、（2）、（3）列以进口国 TBT 通告数衡量来自进口国的技术标准规制强度，第（4）、（5）、（6）列对应进口国 SPS 通告数，第（7）、（8）、（9）列则对应 TBT 和 SPS 通告加总后的进口国总通告数。笔者同时对模型的固定效应进行了不同设置，其中第（1）、（4）、（7）列加入了年度固定效应、产品固定效应和进口国固

表 8-4 进口国技术标准规制及关税影响出口产品质量的基准回归结果

变量	TBT			SPS			加总		
	(1)	(2)	(3)	(4)	(5)	(6)	(7)	(8)	(9)
技术标准规制	0.004** (2.373)	0.004*** (3.009)	0.006*** (4.844)	0.001 (0.141)	0.002 (0.199)	0.003 (0.429)	0.003** (2.374)	0.004*** (2.998)	0.006*** (4.807)
标准×质量差异度	-0.004*** (-2.869)	-0.003* (-1.958)	-0.005*** (-4.511)	-0.005 (-0.638)	-0.004 (-0.539)	-0.006 (-0.910)	-0.004*** (-3.064)	-0.003** (-2.176)	-0.005*** (-4.730)
关税	0.028*** (15.423)	0.013*** (9.781)	0.018*** (10.524)	0.028*** (15.469)	0.013*** (9.764)	0.018*** (10.501)	0.028*** (15.406)	0.013*** (9.764)	0.018*** (10.505)
关税×质量差异度	0.006*** (13.207)	0.005*** (12.392)	0.007*** (18.318)	0.006*** (13.127)	0.005*** (12.339)	0.007*** (18.205)	0.006*** (13.214)	0.005*** (12.406)	0.007*** (18.333)
进口国收入水平		0.002*** (48.557)			0.002*** (49.124)			0.002*** (48.650)	
进口国地理距离			2.075 (0.000)			2.067 (0.000)			2.068 (0.000)
企业生产率	0.077*** (624.960)	0.077*** (621.042)	0.076*** (412.851)	0.077*** (624.975)	0.077*** (621.035)	0.076*** (412.855)	0.077*** (624.961)	0.077*** (621.037)	0.076*** (412.851)
企业规模	0.000 (0.277)	-0.000*** (-3.451)		0.000 (0.255)	-0.000*** (-3.428)		0.000 (0.280)	-0.000*** (-3.443)	

变量	TBT			SPS			加总		
	(1)	(2)	(3)	(4)	(5)	(6)	(7)	(8)	(9)
资本劳动比	0.004*** (38.522)	0.004*** (44.420)		0.004*** (38.531)	0.004*** (44.434)		0.004*** (38.522)	0.004*** (44.422)	
企业工资	0.005*** (38.149)	0.006*** (41.961)		0.005*** (38.169)	0.006*** (41.953)		0.005*** (38.149)	0.006*** (41.956)	
年度固定效应	Yes	Yes	Yes	Yes	Yes	Yes	Yes	Yes	Yes
产品固定效应	Yes	Yes	Yes	Yes	Yes	Yes	Yes	Yes	Yes
进口国固定效应	Yes	No	Yes	No	No	Yes	No	No	Yes
企业固定效应	No	No	Yes	No	No	Yes	No	No	Yes
样本量	1458829	1458829	1450056	1458829	1458829	1450056	1458829	1458829	1450056
R^2	0.554	0.547	0.679	0.554	0.547	0.679	0.554	0.547	0.679
F值	1.1e+05	9.6e+04	2.8e+04	1.1e+05	9.6e+04	2.8e+04	1.1e+05	9.6e+04	2.8e+04

注：*、**和***分别表示在10%、5%和1%的显著水平下显著。

定效应，为了检验进口国收入水平与出口产品质量的相关性，笔者在第（2）、（5）、（8）列中加入了进口国收入水平变量，同时去掉了进口国固定效应，第（3）、（6）、（9）列中则同时加入了年度固定效应、产品固定效应、进口国固定效应和企业固定效应。由于加入企业固定效应已经吸收了企业特征变量对被解释变量的影响，因此在加入企业固定效应的模型中仅保留了关键企业特征变量——企业生产率，剔除了其他企业特征变量。

以进口国 TBT 通告衡量的进口国技术标准规制与企业出口质量同样显著正相关。进口国 SPS 通告与企业出口质量的关系为正但并不显著，主要原因在于 SPS 通告主要针对初级农产品，而本章样本中的出口产品为工业制成品，SPS 通告对其影响有限。尽管进口国 SPS 通告对企业出口质量升级并未呈现显著的促进作用，但 TBT 与 SPS 通告加总的总体通告指标与企业出口质量亦正向相关，说明整体上进口国技术标准规制对微观企业的出口产品质量提升形成了正向激励。进口国关税对出口质量影响显著为正，说明贸易自由化为出口型企业提供了产品质量升级的动力，促进了微观企业的产品创新。根据安东尼亚迪斯（2015），结合本章理论模型，不同产品质量差异度区间内外生的关税和技术标准规制影响出口产品质量的机制存在差异，笔者也在模型中设置了产品质量差异度与进口国通告、进口国关税的交互项。如表 8 - 4 所示，关税与质量差异度的交互项系数显著为正，说明产品质量差异度越高，则进口国关税对于出口产品质量提升的促进作用越明显；进口国技术标准规制与产品质量差异度的交互项系数显著为负，说明随着产品差异度的提升，进口国技术标准规制对出口产品质量提升的助推作用有所减弱。进口国收入水平与出口产品质量显著正相关，说明进口国收入水平越高，对高质量产品的需求量越大，也对前文理论模型进行了验证。进口国地理距离对于出口产品质量的影响并不显著，但二者呈正相关关系。此外，企业生产率与出口产品质量显著正相关，该结论与大量相关文献一致。企业的资本劳动比与平均工资水平也与出口产品质量显著负相关，而企业规模则与出口产品质量负相关，说明尽管高生产率企业具有明显的生产高质量产品的倾向，但企业规模并非是产品质量的风向标。

8.4.2　稳健性检验

为了验证基准回归结果的稳健性，本书又进一步进行了检验。表 8 - 5 报告了以当年某进口国针对某一类 HS4 位代码产品是否发布通告的虚拟变量为技术标准规制指标的回归估计结果。表 8 - 6 则报告了以坎德尔瓦尔（2013）的方法所估计出口产品质量作为替代被解释变量的回归结果。

表 8-5

采用技术标准虚拟变量的稳健性检验结果

变量	TBT虚拟变量			SPS虚拟变量			加总虚拟变量		
	(1)	(2)	(3)	(4)	(5)	(6)	(7)	(8)	(9)
技术标准规制	0.013*** (3.254)	0.018*** (4.416)	0.017*** (4.987)	0.059*** (3.670)	0.054*** (3.387)	0.069*** (5.279)	0.014*** (3.753)	0.018*** (4.569)	0.018*** (5.629)
标准×质量差异度	-0.014*** (-3.733)	-0.013*** (-3.417)	-0.015*** (-4.834)	-0.066*** (-4.117)	-0.059*** (-3.692)	-0.076*** (-5.843)	-0.016*** (-4.403)	-0.014*** (-3.791)	-0.018*** (-5.751)
关税	0.028*** (15.409)	0.013*** (9.727)	0.018*** (10.512)	0.028*** (15.453)	0.013*** (9.750)	0.018*** (10.485)	0.028*** (15.382)	0.013*** (9.710)	0.018*** (10.483)
关税×质量差异度	0.006*** (13.255)	0.005*** (12.462)	0.007*** (18.357)	0.006*** (13.206)	0.005*** (12.409)	0.007*** (18.290)	0.006*** (13.287)	0.005*** (12.495)	0.007*** (18.402)
进口国收入水平		0.002*** (48.255)			0.002*** (49.135)			0.002*** (48.429)	
进口国地理距离			2.066 (0.000)			2.089 (0.000)			2.057 (0.000)
企业生产率	0.077*** (624.958)	0.077*** (621.043)	0.076*** (412.855)	0.077*** (624.978)	0.077*** (621.034)	0.076*** (412.849)	0.077*** (624.958)	0.077*** (621.031)	0.076*** (412.858)
企业规模	0.000 (0.281)	-0.000*** (-3.445)		0.000 (0.255)	-0.000*** (-3.429)		0.000 (0.286)	-0.000*** (-3.436)	

变量	TBT 虚拟变量			SPS 虚拟变量			加总虚拟变量		
	(1)	(2)	(3)	(4)	(5)	(6)	(7)	(8)	(9)
资本劳动比	0.004*** (38.521)	0.004*** (44.402)		0.004*** (38.533)	0.004*** (44.436)		0.004*** (38.522)	0.004*** (44.407)	
企业工资	0.005*** (38.145)	0.006*** (41.951)		0.005*** (38.170)	0.006*** (41.956)		0.005*** (38.143)	0.006*** (41.946)	
年度固定效应	Yes	Yes	Yes	Yes	Yes	Yes	Yes	Yes	Yes
产品固定效应	Yes	Yes	Yes	Yes	Yes	Yes	Yes	Yes	Yes
进口国固定效应	Yes	No	Yes	Yes	No	Yes	Yes	No	Yes
企业固定效应	No	No	Yes	No	No	Yes	No	No	Yes
样本量	1458829	1458829	1450056	1458829	1458829	1450056	1458829	1458829	1450056
R^2	0.554	0.547	0.679	0.554	0.547	0.679	0.554	0.547	0.679
F 值	1.1e+05	9.6e+04	2.8e+04	1.1e+05	9.6e+04	2.8e+04	1.1e+05	9.6e+04	2.8e+04

注：*、**和***分别表示在10%、5%和1%的显著水平下显著。

表8-6　采用坎德尔瓦尔（2013）方法估计出口产品质量的稳健性检验

变量	TBT		SPS		加总		TBT虚拟变量		SPS虚拟变量		加总虚拟变量	
	(1)	(2)	(3)	(4)	(5)	(6)	(1)	(2)	(3)	(4)	(5)	(6)
技术标准规制	0.005** (2.429)	0.004* (1.941)	0.006 (0.414)	0.001 (0.083)	0.005** (2.388)	0.004* (1.844)	0.013** (2.407)	0.013** (2.466)	0.018 (0.679)	-0.030 (-1.171)	0.014*** (2.713)	0.010** (1.997)
标准×质量差异度	-0.007*** (-3.846)	-0.002 (-1.184)	-0.002 (-0.163)	0.005 (0.384)	-0.006*** (-3.473)	-0.002 (-0.867)	-0.018*** (-3.842)	-0.011** (-2.242)	-0.016 (-0.609)	0.037 (1.494)	-0.019*** (-4.047)	-0.008* (-1.748)
关税	0.069*** (39.078)	0.024*** (10.270)	0.069*** (39.111)	0.024*** (10.216)	0.069*** (39.087)	0.024*** (10.288)	0.069*** (39.131)	0.024*** (10.234)	0.069*** (39.115)	0.024*** (10.220)	0.069*** (39.137)	0.024*** (10.236)
关税×质量差异度	0.000 (0.221)	0.005*** (6.852)	0.000 (0.155)	0.005*** (6.840)	0.000 (0.219)	0.005*** (6.852)	0.000 (0.240)	0.005*** (6.889)	0.000 (0.160)	0.005*** (6.814)	0.000 (0.253)	0.005*** (6.885)
进口国收入水平	0.007*** (124.328)	0.016*** (158.644)	0.007*** (124.216)	0.016*** (158.653)	0.007*** (124.245)	0.016*** (158.657)	0.007*** (124.315)	0.016*** (158.599)	0.007*** (124.234)	0.016*** (158.648)	0.007*** (124.327)	0.016*** (158.605)
进口国地理距离		-3.096 (-0.000)		-3.138 (-0.000)		-3.092 (-0.000)		-3.114 (-0.000)		-3.147 (-0.000)		-3.118 (-0.000)
企业生产率	0.002*** (14.596)	0.002*** (7.664)	0.002*** (14.619)	0.002*** (7.657)	0.002*** (14.599)	0.002*** (7.663)	0.002*** (14.605)	0.002*** (7.664)	0.002*** (14.617)	0.002*** (7.661)	0.002*** (14.605)	0.002*** (7.664)
企业规模	-0.003*** (-17.475)		-0.003*** (-17.517)		-0.003*** (-17.487)		-0.003*** (-17.472)		-0.003*** (-17.519)		-0.003*** (-17.477)	

变量	TBT		SPS		加总		TBT 虚拟变量		SPS 虚拟变量		加总虚拟变量	
	(1)	(2)	(3)	(4)	(5)	(6)	(1)	(2)	(3)	(4)	(5)	(6)
资本劳动比	0.003*** (23.991)		0.003*** (23.993)		0.003*** (23.990)		0.003*** (24.011)		0.003*** (23.993)		0.003*** (24.009)	
企业工资	-0.002*** (-10.130)		-0.002*** (-10.114)		-0.002*** (-10.120)		-0.002*** (-10.130)		-0.002*** (-10.108)		-0.002*** (-10.125)	
年度固定效应	Yes	Yes	Yes	Yes	Yes	Yes	Yes	Yes	Yes	Yes	Yes	Yes
产品固定效应	Yes	Yes	Yes	Yes	Yes	Yes	Yes	Yes	Yes	Yes	Yes	Yes
进口国固定效应	No	Yes	No	Yes	No	Yes	No	Yes	No	Yes	No	Yes
企业固定效应	No	Yes	No	Yes	No	Yes	No	Yes	No	Yes	No	Yes
样本量	1458829	1450056	1458829	1450056	1458829	1450056	1458829	1450056	1458829	1450056	1458829	1450056
R^2	0.229	0.343	0.229	0.343	0.229	0.343	0.229	0.343	0.229	0.343	0.229	0.343
F 值	1914.972	3612.348	1910.099	3612.420	1913.552	3613.495	1917.500	3611.708	1910.015	3612.269	1917.533	3611.169

注：*、**和***分别表示在10%、5%和1%的显著水平下显著。

如表 8 – 5 所示，采用 t 年进口国 j 针对 HS4 位代码的产品 k 是否发布通告的虚拟变量来衡量进口国技术标准规制强度后，进口国技术标准规制与关税对微观企业出口产品质量仍然具有显著的正向影响，进口国关税与产品质量差异度交互项系数显著为正，进口国通告与质量差异度交互项系数显著为负，进口国收入水平与产品质量显著正相关，企业生产率、资本劳动比及平均工资水平均与该企业所出口的产品质量显著正相关，以上回归结果均与基准回归的结果一致。如表 8 – 6 所示，采用坎德尔瓦尔（2013）的残差法所估计的出口产品质量替代基准回归中余淼杰和张睿（2017）方法估计的产品质量后，核心解释变量和进口国特征变量的回归结果仍与基准回归保持一致，但企业平均工资系数与基准回归相反，本书认为其原因主要来自两方面：一是两种质量估计方法及标准化方式的不同导致个别变量系数的差异；二是固定效应的设置问题。为了避免企业特征变量的影响，本章也在模型中加入了企业固定效应，以吸收其他企业特征变量对被解释变量的影响效果。

8.4.3　内生性问题

本书已在前文中通过加入固定效应来处理遗漏变量问题。此外，通过引入 HS2 位代码下的进口国通告的工具变量来解决因果倒置所导致的内生性问题。关于工具变量的选取，本章主要参考了丰塔涅（2015）的做法，采用 HS2 位代码下进口国总通告数作为原解释变量的工具变量，由于原进口国技术标准规制变量为 HS4 位代码下的进口国通告数，HS2 位代码通告数与其具有显著的相关性（一项通告如果对应 HS4 位代码，则也必将从属于相应的 HS2 位代码），同时避免了作为解释变量的进口国通告数与误差项的相关性。采用工具变量法回归的结果如表 8 – 7 和表 8 – 8 所示。

表 8 –7　　　　　　　　　工具变量 2SLS 估计第一阶段结果

变量	TBT	SPS	加总
	(1)	(2)	(3)
HS2 工具变量	0.000240 ***	0.000582 ***	0.000246 ***
	(2.03e – 06)	(1.00e – 05)	(2.01e – 06)
进口国关税	0.0180 ***	– 0.00475 ***	0.0130 ***
	(0.00202)	(0.000883)	(0.00223)

变量	TBT	SPS	加总
	（1）	（2）	（3）
进口国收入	0.000763 ***	- 0.000135 ***	0.000425 ***
	（7.99e - 05）	（1.90e - 05）	（8.34e - 05）
地理距离	- 0.000356	- 9.21e - 06	- 0.00193 ***
	（0.000260）	（0.000128）	（0.000303）
企业生产率	0.00214 ***	0.000175 *	0.00239 ***
	（0.000342）	（0.000101）	（0.000361）
企业规模	0.00530 ***	1.73e - 05	0.00533 ***
	（0.000391）	（0.000122）	（0.000414）
资本劳动比	2.40e - 05	0.000536 ***	0.000638 **
	（0.000269）	（8.96e - 05）	（0.000286）
企业工资	- 0.00412 ***	7.56e - 05	- 0.00411 ***
	（0.000394）	（0.000114）	（0.000414）
常数项	2.476 ***	1.265 ***	3.181 ***
	（0.194）	（0.143）	（0.241）
样本量	1458966	1458966	1458966
R^2	0.154	0.166	0.148
F 值	1754.01	412.22	1815.67

注：*、** 和 *** 分别表示在 10%、5% 和 1% 的显著水平下显著。

表 8 - 8 　　　　　　　　　工具变量 2SLS 估计第二阶段结果

变量	TBT	SPS	加总
	（1）	（2）	（3）
进口国技术标准规制	0.002 ***	0.001	0.002 ***
	（3.178）	（0.447）	（3.211）
进口国关税	0.009 ***	0.009 ***	0.009 ***
	（4.126）	（4.158）	（4.122）
进口国收入	0.001 ***	0.001 ***	0.001 ***
	（14.934）	（15.027）	（14.946）
企业生产率	0.076 ***	0.076 ***	0.076 ***
	（650.147）	（650.115）	（650.128）

变量	TBT	SPS	加总
	（1）	（2）	（3）
企业规模	- 0.000 ** (- 2.241)	- 0.000 ** (- 2.192)	- 0.000 ** (- 2.242)
资本劳动比	- 0.000 (- 0.301)	- 0.000 (- 0.282)	- 0.000 (- 0.298)
企业工资	0.000 ** (2.407)	0.000 ** (2.415)	0.000 ** (2.405)
样本数	1458966	1458966	1458966

注：＊、＊＊和＊＊＊分别表示在10%、5%和1%的显著水平下显著。

8.4.4　外生贸易政策引致产品创新的动态分析

前文的理论模型刻画了当期微观企业所面临的贸易成本对其生产产品均衡质量的影响，若将其扩展至动态水平，本书也可了解贸易成本变动对产品质量升级幅度的影响。基于这一思路，在前文探索各种外生政策因素对产品质量绝对水平影响的基础上，本章将进一步分析贸易成本变动对产品质量提升的影响机制。本章对已有相关变量均进行了一阶差分处理，构造了"关税变动""规制政策变动""质量升级幅度"等变化量指标。表 8-9 报告了对以上一阶差分变化量所进行的回归结果。其中第（1）、（2）、（3）列衡量进口国技术标准规制强度的指标依然为进口国 TBT 通告数，第（4）、（5）、（6）列为 SPS 通告数，第（7）、（8）、（9）列为三者加总。与基准回归相一致的，第（1）、（4）、（7）列控制了年度、产品和进口国固定效应，为了检验进口国收入水平对出口产品质量的影响，第（2）、（5）、（8）列仅控制了年度和产品固定效应，第（3）、（6）、（9）列则同时加入了年度、产品、进口国和企业固定效应。

估计结果显示，进口国技术标准规制的增强以及进口国关税的提升也对出口型企业的产品质量升级起到了激励作用。进口国 TBT 通告数、进口国总通告数及进口关税一阶差分的系数仍显著为正，说明进口国技术标准规制强度加大及关税水平提升确实导致了企业出口产品质量的进一步升级。此外，进口国收入水平的提升及生产率提高也与出口产品质量升级显著正相关，企业平均工资水平的上涨也对出口产品质量升级形成了激励效应。以上实证分析的结果说明，进口国的技术标准规制以及关税壁垒确实无论从存量还是增量角度都间接促进了在位企业的产品创新行为。

表 8-9

技术标准规制及进口国关税影响出口质量提升的动态分析

变量	TBT			SPS			加总		
	(1)	(2)	(3)	(4)	(5)	(6)	(7)	(8)	(9)
进口国技术标准规制	0.001*** (3.945)	0.001*** (3.850)	0.001*** (3.767)	-0.001 (-0.793)	-0.001 (-0.757)	-0.001 (-0.801)	0.001*** (3.308)	0.001*** (3.244)	0.001*** (3.180)
进口国关税	0.004* (1.929)	0.005*** (2.676)	0.004** (2.133)	0.004* (1.954)	0.005*** (2.707)	0.004** (2.156)	0.004* (1.930)	0.005*** (2.679)	0.004** (2.134)
进口国收入		0.002*** (14.316)			0.002*** (14.316)			0.002*** (14.317)	
企业生产率	0.075*** (502.073)	0.075*** (502.217)	0.075*** (425.171)	0.075*** (502.075)	0.075*** (502.220)	0.075*** (425.173)	0.075*** (502.067)	0.075*** (502.211)	0.075*** (425.167)
企业规模	-0.000* (-1.746)	-0.000** (-2.046)	-0.000 (-0.465)	-0.000* (-1.752)	-0.000** (-2.051)	-0.000 (-0.471)	-0.000* (-1.748)	-0.000** (-2.048)	-0.000 (-0.468)
资本劳动比	-0.000 (-1.088)	-0.000 (-1.072)	-0.000 (-1.369)	-0.000 (-1.090)	-0.000 (-1.073)	-0.000 (-1.375)	-0.000 (-1.087)	-0.000 (-1.070)	-0.000 (-1.368)
企业工资	0.000*** (2.932)	0.000*** (2.907)	0.000** (2.330)	0.000*** (2.932)	0.000*** (2.906)	0.000** (2.328)	0.000*** (2.930)	0.000*** (2.904)	0.000** (2.327)
样本量	503723	503725	498812	503723	503725	498812	503723	503725	498812
年度固定效应	Yes	Yes	Yes	Yes	Yes	Yes	Yes	Yes	Yes

变量	TBT			SPS			加总		
	(1)	(2)	(3)	(4)	(5)	(6)	(7)	(8)	(9)
产品固定效应	Yes	Yes	Yes	Yes	Yes	Yes	Yes	Yes	Yes
进口国固定效应	Yes	No	Yes	Yes	No	Yes	Yes	No	Yes
企业固定效应	No	No	Yes	No	No	Yes	No	No	Yes
R^2	0.499	0.499	0.540	0.499	0.499	0.540	0.499	0.499	0.540
F值	4.4e+04	3.8e+04	3.1e+04	4.4e+04	3.8e+04	3.1e+04	4.4e+04	3.8e+04	3.1e+04

注: *，** 和 *** 分别表示在10%，5%和1%的显著水平下显著。

本章的研究结果显示，进口国技术标准规制及关税等外生政策在抑制企业出口二元边际的同时也确实促进了企业产品质量提升，引致企业通过产品创新适应开放环境下的竞争与贸易成本上涨。

　　本章的研究结论表明，以 TBT 通告数量衡量的进口国技术标准规制强度对微观企业出口工业制成品质量具有显著的正向影响，但针对食品、农产品为主的 SPS 通告对出口产品质量影响并不显著。总体而言，以技术标准规制和关税为代表的外生贸易政策冲击确实促进了企业的出口产品质量提升。本章的研究同样验证了高生产率的企业更倾向于生产高质量产品，收入水平较高、经济规模较大的进口国对高质量产品的需求也更高。此外，本章研究亦发现，不同区间的产品质量差异度会对外生贸易政策作用于出口产品质量的机制造成影响，产品质量差异度越大，进口国关税对企业出口产品质量升级的促进作用越明显，而进口国技术标准规制对企业出口产品质量提升的影响效果则会下降。

第9章 技术标准规制引致企业产品创新的竞争效应研究

本章主要采用 ABGHP 技术前沿分析框架，对进口国技术标准规制引致企业产品创新的竞争效应展开研究。本章将进口国技术标准规制定义为外生引入的竞争，将企业出口产品质量占最高产品质量的比例定义为企业相对于技术前沿的距离。对外生引入的竞争、相对于技术前沿的距离等因素影响出口产品质量升级的机制进行实证研究。本章的研究结论表明，进口国技术标准规制对于出口产品质量升级具有正向作用，而企业相对于技术前沿的距离是判定技术标准规制如何影响企业贸易行为及产品质量升级的关键因素。

9.1 出口产品质量升级相关文献回顾

以梅里兹（2003）和赫普曼等（Helpman et al.，2004）为代表的新新贸易理论认为微观企业出口行为的差异源于企业全要素生产率的异质性，异质性企业生产率的差异表现为企业出口的自选择效应。安东尼亚迪斯（2015）指出，企业出口产品质量差异亦是微观企业异质性的一种表现，出口企业面对市场竞争降低零利润成本的同时提升了产品质量差异度，从而导致均衡条件下高生产率企业出口产品质量、出口产品价格和出口产品加价的提升，而低生产率企业则呈现相反趋势甚至退出市场。安东尼亚迪斯（2015）就企业出口行为对出口产品质量差异的影响进行了探讨，此外亦有文献就出口产品质量差异是否影响企业出口行为展开研究。施炳展（2013）指出生产高质量产品的企业更容易进入并持续活跃于出口贸易市场，且出口产品质量与出口贸易持续时间存在正相关关系。这主要是由于选择出口的企业具有技术和资本优势，而生产高质量产品的企业全要素生产率也更高，能够相应克服市场进入成本，从而保证在出口市场中的存续。此外，有关"干中学"效应的相关研究也进一步印证了出口企业通过创新提高生产率和出口产品质量以应对不断加剧的市场竞争的现象（Bernard et al.，2007）。

企业出口产品质量水平被看作生产率异质企业的一种内生选择，一些学者针对微观企业出口产品质量升级问题展开了研究。杜莱克等（Dulleck et al.，2005）对产品质量升级进行基本的界定和划分，提出在产业层面将质量升级划分为产业间质量升级（低技术产业向高技术产业转移）、产业内质量升级（产业内低质量产品向高质量产品转移）和产业区间内质量升级（同一产业同质量区间内的产品质量提升）。

有关出口产品质量测度的研究推动了对产品质量升级影响因素研究的进展。目前有关出口产品质量升级影响因素的理论研究多以 ABGHP 框架为基础。ABGHP（2004，2005，2009）（Philippe Aghion，Richard Blundell，Rachel Griffin，Peter Howitt and Susanne Prantl，ABGHP）指出潜在进入者所带来的竞争会激励在位企业技术创新和提升全要素生产率，并对竞争与企业技术创新的倒"U"型关系进行实证检验。ABGHP 模型认为企业的技术创新与生产率提升取决于企业本身相对于技术前沿的距离，这一基本理论框架逐步得到拓展并被应用于其他领域。在 ABGHP 框架基础上，阿米蒂和坎德尔瓦尔（2009）针对进口关税影响产品质量升级问题进行了实证分析，通过构建产品质量的技术前沿距离证实了对靠近技术前沿的企业而言，降低进口关税有利于促进产品质量升级。阿玛布尔、德莫和莱德兹马（Amable，Demmou and Ledezma，2010），以及布尔、赛特和科伦扎克（Bourle's，Cette and Cozarenco，2012）也在 ABGHP 框架基础上进行了拓展研究。库尔奇、雷蒙迪和奥尔珀（Curzi，Raimondi and Olpe，2015）则采用欧盟数据验证了食品、农产品出口领域的竞争促进产品质量升级效应，在以进口关税减免度量进口竞争效应并构建产品质量技术前沿的基础上，库尔奇、雷蒙迪和奥尔珀（2015）再次验证了相对靠近技术前沿的企业更容易由竞争引致技术创新和产品质量升级这一结论。此外，也有一些学者从其他角度探索了影响出口产品质量升级的因素。阿玛布尔、德莫和莱德兹马（2010）构建了一个修正前沿距离模型，并指出当行业中技术领先者更容易进行创新时，外生的技术规制将会进一步促进其创新行为，因为这将会加大技术落后者的追赶难度。因此，外生技术规制的引致创新效应往往对于技术领先者更为明显。殷德生（2011）认为出口规模扩大、单位贸易成本降低以及贸易伙伴国经济规模的扩大对产品质量升级起到了决定作用，贸易成本下降在促进产品质量升级的同时也给中间产品部门带来了技术溢出效应和规模经济效应。王明益（2013）则认为企业产品质量升级与内外资企业技术差距相关，当内外资企业技术差距下降时，内资企业的产品质量升级将会加快，当内外资企业技术差距拉大时，内资企业产品质量升级将会减缓。李坤望和王有鑫（2013）亦指出，FDI 对于提升我国出口产品质量具有正向助推作用。

有关农产品质量升级的研究也是产品质量升级影响因素研究的一个重要应用领域。董银果和邱荷叶（2014）将追溯、透明和质量安全保障体系（TTA）作为农产品质量安全竞争力的重要指标，研究发现中国猪肉 TTA 水平与出口绩效呈显著正相关关系。董银果和黄俊闻（2016）对中国出口农产品质量进行测度，发现自 2004 年以来中国出口农产品质量经历了先上升、后下降而后再上升的变动趋势。董银果和黄俊闻（2018）使用 AB-GHP 前沿距离模型对日本 SPS 措施影响各国出口农产品质量升级的机制进行了实证检验。研究结果显示，当日本 SPS 措施标准提高后，确实促进了各出口国农产品的质量提升，尤其是技术落后的农产品相较技术前沿的农产品实现了更大的质量升级。

基于以上研究成果，本章将采用 ABGHP 技术前沿框架，将进口国 SPS 和 TBT 措施的技术标准规制定义为外生引入的竞争，将企业出口产品质量占最高产品质量的比例定义为企业相对于技术前沿的距离，分析竞争、相对于技术前沿距离对企业出口产品质量升级的影响。

9.2 技术标准规制引致企业产品创新的
竞争效应理论模型

阿吉翁和豪伊特（Aghion and Howitt，2005）对有关竞争如何引致技术创新的文献进行了梳理，并指出通过引入竞争是否能够激励企业进行创新的关键在于在位企业相对于技术前沿的距离。ABGHP（2009）对该模型进行了进一步阐释，本部分内容的理论假设即以该模型为基础。ABGHP（2009）假设在伯特兰竞争下存在两个企业生产中间投入品并能够进行技术创新，在每一期中都存在潜在进入者，进入者只需支付一定的准入成本即可进入市场。潜在的进入者会观察到行业内在位者的生产效率与技术能力，考虑到伯特兰竞争下在位者利润为零，如果在位者可以通过创新达到行业技术前沿，潜在进入者将不会选择进入市场。因此一旦潜在进入者选择进入市场，必将赶超技术前沿且获得市场领导地位。而在位的技术落后企业也将失去投资技术研发的动力，因为至多只能达到追赶前沿的水平并获得零利润。在该模型中，进入成本是一种衡量在位者所面临的竞争程度的外生参数。

ABGHP 模型指出，竞争与创新的关系反映为专属效应和逃离效应。前者是指当企业的技术水平远离技术前沿时，提升竞争强度将会抑制企业技术创新，因为远离技术前沿的企业意识到即使创新成功，由于先天技术差距过大，面对不断加剧的竞争它们也无法生存，因此任何诸如降低进入成本的鼓励竞争政策都会导致落后企业将资源由技术创新投入转出。后者则是指当企业技术水平接近技术前沿时，由于能够通过技术创新摆脱新企业进入所带来的竞争威胁，竞争程度的提升可以促进在位企业的技术创新。基于这一理论假设，引入竞争是否能够促进企业技术创新将取决于企业相对于技术前沿的距离，即：

$$I = f(C, D, X) \tag{9.1}$$

其中，I 表示企业技术创新，C 表示企业面对的市场竞争，D 表示企业技术水平相对于技术前沿的距离，X 为其他一系列影响技术创新的变量。

开放经济环境下外生的技术标准规制（TBT 和 SPS 措施）的引入也加剧了企业间的竞争。这主要体现在，进口国的技术标准规制对出口产品必须达到的技术水平和安全程度进行规定，在提高出口产品安全程度和质量水平的同时也提高了对出口企业生产和技术水平的要求，出口企业为了满足进口国的市场要求一方面面对来自国外的竞争，另一方面面对在适应进口国技术要求中不断提升技术和管理水平的国内同行企业的竞争。

本章以 ABGHP 模型为基础，将竞争影响技术创新的机制引入进口国标准规制措施与产品质量升级关系的实证检验中，用进口国 TBT 和 SPS 措施来衡量竞争程度，用出口产品质量升级来衡量企业的技术创新（在本章中具体指产品创新）。

根据 ABGHP 模型的技术前沿理论，出口国出口 k 类产品的质量水平领先于其他出口国且接近技术前沿时，即便进口国的技术和安全标准规制强度提升进而导致贸易成本上涨，技术相对领先的出口国遵从进口国技术标准规制的成本也相对较低，因此进口国的技术标准规制更容易推动出口国的产品质量升级，即使其他出口国出口同类商品时也能通过技术创新实现产品质量升级或者发生新竞争者进入的情况，对出于技术前沿的出口国而言所面临的出口冲击也足可以抵御，因此表现为逃离效应。若出口国出口产品的质量水平和技术水平相对落后于技术前沿，则由于进口国技术和安全标准规制强度提升所导致的贸易成本上涨对于出口企业而言将形成明显的抑制效应，无论是贸易成本上涨导致企业无法维持盈利抑或是出口企业无法满足进口国的技术要求，都会迫使出口企业退出市场或者阻止新的出口企业进入，表现为专属效应。

9.3 技术标准规制引致产品创新竞争效应的实证研究

9.3.1 数据来源

本章中所采用的数据仍来自中国工业企业数据库、海关数据库及WTO 的 IMS 信息管理系统数据库。其中，中国工业企业数据库包含了国有企业和规模以上（年销售额超过 500 万元人民币）非国有制造企业数据。海关数据库提供了微观企业对不同国家和地区进出口各类 HS8 位代码产品的月度数据，本章中仅采用了其中的出口贸易数据，并将月度数据分类加总为年度数据。WTO 的 IMS 信息管理系统则记录了每年中所有国家和地区在各类 HS 产品代码下针对出口国的 SPS、TBT 通告数量。与本书前文的做法相似，本章中按照 HS4 位代码以及国家代码将中国工业企业数据与海关数据、进口国通告数量进行了匹配。本章中所采用的数据样本为HS2 位代码下 01 ~ 24 的农产品与 25 ~ 98 的工业制成品。

关于中国工业企业数据库数据的筛选和处理以及将中国工业企业数据与海关数据进行匹配的方法，参考本书第 5 章中的处理方法，在此不再赘述。

本章中所采用的企业出口产品质量数据为按照第 7 章中估计方法所获得的数据，基准回归采用坎德尔瓦尔（2013）方法并按照芬斯特拉（2014）参数估计了出口产品质量，作为稳健性检验又采用坎德尔瓦尔（2013）的估计方法并按照卜罗达（2006）的参数估计了出口产品质量。

9.3.2 实证模型

基于理论模型，本章对进口国技术标准规制引致微观企业进行产品创新的竞争效应进行实证分析，实证模型设计如下：

$$\Delta z_{jkt} = \beta_1 Front_{jk,t-5} + \beta_2 Standard_{jk,t-5} + \beta_3 (Front_{jk,t-5} \times Standard_{jk,t-5})$$
$$+ \alpha_{jk} + \alpha_{jt} + \alpha_{kt} + \varepsilon_{jkt} \tag{9.2}$$

其中，Δz_{jkt} 表示对进口国 j 出口的产品 k 在 t 期和 $t-5$ 期之间的质量差异，本章以 5 期之间的出口产品质量差异来反映产品质量升级。$Front_{jk,t-5}$ 表示滞后五期的技术前沿距离，技术前沿距离被定义为出口到 j 国的产品 k 在 t 期的质量占 t 期出口到所有国家的产品 k 的最高质量的比例，表示为

$$Front_{jk,t-5} = \frac{z_{jkt}}{\max_{j \in kt}(z_{jkt})}, Front_{jk,t-5}$$ 取值越接近 1 则说明技术水平越接近于前沿，越接近 0 则说明技术水平越落后。$Standard_{jk,t-5}$ 表示滞后五期的进口国 j 针对我国出口产品 k 的 TBT 或 SPS 通告数，$Front_{jk,t-5} \times Standard_{jk,t-5}$ 为技术前沿和通告数的交互项。α_{jk}、α_{jt} 和 α_{kt} 分别表示产品 – 进口国固定效应、进口国 – 年度固定效应和产品 – 年度固定效应，ε_{jkt} 是随机误差项。变量描述性统计如表 9 – 1 所示。

表 9 – 1　　　　　　　　　　变量描述性统计

变量	均值	标准差	最大值	最小值	样本量
出口产品质量 1	– 0.00619	0.519	13.33	– 9.543	2539526
出口产品质量 2	0.0204	2.012	97.39	– 134.4	1457313
出口到各国产品质量最大值 1	0.916	0.575	13.33	– 2.454	2714102
出口到各国产品质量最小值 1	– 1.354	0.854	1.379	– 9.543	2714102
出口到各国产品质量最大值 2	4.504	4.903	97.39	– 12.21	2698240
出口到各国产品质量最小值 2	– 4.915	5.363	9.000	– 134.4	2698240
标准化后出口产品质量 1	0.587	0.217	1	0	2539509
标准化后出口产品质量 2	0.527	0.249	1	0	1457293
技术前沿 1	0.589	0.217	1	0	2539508
技术前沿 2	0.527	0.249	1	0	1457293
SPS 通告数	0.00586	0.162	16	0	2716824
TBT 通告数	0.0111	0.204	32	0	2716824

　　注：出口产品质量 1 和质量 2 分别对应采用芬斯特拉（2014）和卜罗达（2006）的参数估计的结果，其他出口质量变量类同。

9.3.3　估计结果

9.3.3.1　基准回归结果

　　表 9 – 2 报告了覆盖 HS2 位代码 01 ~ 98 的全产品类别的技术标准规制引致企业出口产品质量升级的估计结果。表 9 – 2 的第（1）、（2）、（3）列报告了控制了产品 – 进口国固定效应的回归结果，第（4）、（5）、（6）列报告了控制了产品 – 进口国固定效应和年度固定效应的回归结果，第

表9-2 技术标准规制引致出口产品质量升级回归结果（全产品类别）

变量	d1	d2	d3	d4	d5	d6	d7	d8	d9
	(1)	(2)	(3)	(4)	(5)	(6)	(7)	(8)	(9)
前沿距离	-1.045***	-1.045***	-1.044***	-1.050***	-1.050***	-1.050***	-1.052***	-1.052***	-1.052***
	(-1.1e+03)	(-1.1e+03)	(-1.1e+03)	(-1.0e+03)	(-1.0e+03)	(-1.0e+03)	(-980.049)	(-979.480)	(-979.404)
技术标准	0.002	0.009***	0.005*	0.002	0.008**	0.005*	0.001	0.003	0.002
	(0.505)	(2.729)	(1.888)	(0.435)	(2.371)	(1.648)	(0.189)	(1.114)	(0.838)
交互项	-0.007	-0.011**	-0.009**	-0.008	-0.011**	-0.009**	-0.009*	-0.006	-0.006*
	(-1.073)	(-2.422)	(-2.075)	(-1.101)	(-2.448)	(-2.156)	(-1.656)	(-1.248)	(-1.822)
产品-进口国固定效应	是	是	是	是	是	是	是	是	是
年度-产品固定效应	否	否	否	否	否	否	是	是	是
年度-进口国固定效应	否	否	否	否	否	否	是	是	是
年度固定效应	否	否	否	是	是	是	否	否	否
样本量	1087591	1087591	1087591	1087591	1087591	1087591	1087555	1087555	1087555
R^2	0.726	0.726	0.726	0.727	0.727	0.727	0.804	0.804	0.804
调整后 R^2	0.668	0.668	0.668	0.669	0.669	0.669	0.757	0.757	0.757
F值	3.7e+05	3.7e+05	3.7e+05	3.6e+05	3.6e+05	3.6e+05	3.2e+05	3.2e+05	3.2e+05

注：*、** 和 *** 分别表示在10%、5%和1%的显著水平下显著。

（7）、（8）、（9）列则报告了同时控制产品－进口国固定效应、年度－产品固定效应以及年度－进口国固定效应的回归结果。第（1）、（4）、（7）列核心解释变量为滞后五期的进口国 SPS 通告数，第（2）、（5）、（8）列则用滞后五期的进口国 TBT 通告数衡量进口国技术标准强度，第（3）、（6）、（9）列采用滞后五期的 SPS 和 TBT 通告数加总来作为衡量进口国技术标准规制的解释变量。

由表 9－2 可以看出，在各种固定效应设置下，且无论用以何种变量衡量技术标准规制，前沿距离变量均显著为负。说明 5 年前位于技术前沿的产品相比技术落后的产品而言，当期产品质量升级的速度反而更慢，处于技术前沿的产品质量升级幅度相对更小，相反远离技术前沿的产品质量升级幅度更大，也即技术前沿距离对产品质量升级具有显著负向作用。在全球范围内进口国普遍提高产品技术标准的背景下，一部分产品已经达到或者接近进口国的安全和技术要求，因此其产品质量提升的空间有限，导致了相对接近技术前沿的产品质量升级幅度反而偏低的情况；而对于相对远离技术前沿的产品而言，引起技术和质量水平距离进口国标准有较大差距，需要通过技术创新实现大幅度质量升级才能达到进口国标准要求从而留在市场中，此类产品的生产企业若具备适应进口国技术标准规制且实现技术创新的能力，则可相比已经处于技术前沿的企业实现更大幅度的产品质量升级，形成后发优势。

根据表 9－2 的第（2）列和第（5）列可以看到，前两种固定效应设置下，滞后五期的进口国 TBT 通告数对产品质量升级具有显著的正向影响，增加 1 份 TBT 通告 5 年后会导致我国出口产品质量提高 0.009 和 0.008，即进口国技术标准规制确实导致了出口产品质量水平的显著提升。进口国 TBT 通告对于出口产品质量升级的激励效应首先来自出口企业对进口国技术标准规制的适应与遵从，面对进入门槛的不断提高，为了满足进口国不断提升的技术和安全要求，出口企业必须通过技术创新等手段优化生产工艺和流程，提升产品质量安全控制能力。其次，出口企业对进口国技术标准规制的遵循和适应（尤其是技术水平明显高于出口国的进口国标准）也间接向出口国本国市场的消费者及所有海外市场消费者传达了自身具有一定技术水平同时能够保障消费者安全的信号，从而为自身带来潜在的声誉效应，这种声誉效应明显地具有一定的滞后性。但从表 9－2 中亦可看出，第（1）、（4）、（7）列进口国 SPS 通告数对产品质量升级的影响并不显著，本书认为这是因为本章所考察的样本中 HS2 位代码为 01～24 的食品、农产品所占比重较低，而 SPS 通告则主要对食品和农产品产生影响。为了验证这一假设，本书将在后文将样本按照 HS2 位代码进行划分，进一步验证 SPS 通告、TBT 通告对于不同类别产品质量升级的影响。最后，以 SPS 和 TBT 通告加总的进口国技术标准变量在前两种固定效应设置下在 10% 水平下显著，在同时控制产品 – 进口国固定效应、年度 – 产品固定效应以及年度 – 进口国固定效应的情况下进口国技术标准变量并不显著。

从表 9 – 2 可以发现，技术标准规制与技术前沿距离的交互项系数显著为负，说明当进口国技术标准规制强度提升时，位于技术前沿的企业因遵从标准的成本相对较低，从而导致产品的创新动力不足和创新能力下降；与之相对应的技术落后的企业则具有较强的创新和产品质量提升动力。因而本章实证分析的结果所反映的恰为反向的逃离效应与专属效应。

综合进口国技术标准规制的影响机制可以看出，进口国技术标准对于出口产品质量升级具有正向作用，但企业相对于技术前沿距离及技术标准规制与前沿距离的交互项则显著负向作用于出口产品质量升级。企业相对于技术前沿的距离是判定进口国技术标准规制如何影响企业贸易行为及产品质量升级的关键因素。

9.3.3.2 稳健性检验

为了验证 TBT 通告与 SPS 通告对不同类别产品质量升级的影响，本章将所有出口产品按照 HS2 位代码划分为了食品、农产品（HS2 位代码 01 ~ 24）及工业制成品（HS2 位代码 25 ~ 98）两个大类，分别进行了回归分析，回归结果分别如表 9 – 3、表 9 – 4 所示。由表 9 – 3 可以看出，由于 SPS 通告主要针对农产品和食品出口，SPS 通告及两类通告加总对于企业出口产品质量升级具有显著的正向影响；与之相应的，由于 TBT 通告主要针对工业制成品，表 9 – 3 中第（2）列和第（5）列进口国 TBT 通告数对于工业制成品出口产品质量升级具有显著的正向影响。

作为稳健性检验，本书又采用以卜罗达（2006）的参数所估计的出口产品质量替换前文中以芬斯特拉（2014）参数所估计的出口产品质量，进而对技术标准规制引致企业产品质量升级的效应再次进行回归分析。回归结果如表 9 – 5、表 9 – 6、表 9 – 7 所示。

与表 9 – 2 相似，表 9 – 5 第（1）、（2）、（3）列依然报告了控制了产品 – 进口国固定效应的回归结果，第（4）、（5）、（6）列报告了控制了产品 – 进口国固定效应和年度固定效应的回归结果，第（7）、（8）、（9）列则报告了同时控制产品 – 进口国固定效应、年度 – 产品固定效应以及年度 – 进口国固定效应的回归结果。其中，表 9 – 5 的第（1）、（4）、（7）列核心解释变量仍为滞后五期的进口国 SPS 通告数，第（2）、（5）、（8）列以

表9-3　技术标准规制引致出口产品质量升级回归结果（HS2位代码01~24）

变量	d1	d2	d3	d4	d5	d6	d7	d8	d9
	(1)	(2)	(3)	(4)	(5)	(6)	(7)	(8)	(9)
前沿距离	-1.032***	-1.034***	-1.032***	-1.029***	-1.031***	-1.029***	-1.040***	-1.042***	-1.040***
	(-174.609)	(-176.099)	(-174.557)	(-171.458)	(-172.824)	(-171.379)	(-162.999)	(-163.198)	(-162.915)
技术标准	0.008*	0.003	0.008*	0.009*	0.003	0.008*	0.007*	-0.004	0.006*
	(1.682)	(0.175)	(1.681)	(1.745)	(0.154)	(1.738)	(1.952)	(-0.379)	(1.864)
交互项	-0.014*	-0.008	-0.013*	-0.014*	-0.009	-0.013*	-0.015**	0.000	-0.014**
	(-1.819)	(-0.370)	(-1.848)	(-1.831)	(-0.391)	(-1.865)	(-2.538)	(0.000)	(-2.503)
产品-进口国固定效应	是	是	是	是	是	是	是	是	是
年度-产品固定效应	否	否	否	否	否	否	是	是	是
年度-进口国固定效应	否	否	否	否	否	否	是	是	是
年度固定效应	否	否	否	是	是	是	否	否	否
样本量	36341	36341	36341	36341	36341	36341	36207	36207	36207
R^2	0.716	0.716	0.716	0.717	0.716	0.717	0.826	0.826	0.826
调整后 R^2	0.652	0.652	0.652	0.653	0.653	0.653	0.769	0.769	0.769
F值	1.0e+04	1.0e+04	1.0e+04	9999.065	9979.268	9997.331	8954.954	8902.099	8947.702

注：*、** 和 *** 分别表示在10%、5%和1%的显著水平下显著。

表9-4　技术标准规制引致出口产品质量升级回归结果（HS2 位代码 25~98）

变量	d1 (1)	d2 (2)	d3 (3)	d4 (4)	d5 (5)	d6 (6)	d7 (7)	d8 (8)	d9 (9)
前沿距离	-1.045*** (-1.0e+03)	-1.045*** (-1.0e+03)	-1.045*** (-1.0e+03)	-1.050*** (-1.0e+03)	-1.050*** (-1.0e+03)	-1.050*** (-1.0e+03)	-1.052*** (-965.916)	-1.052*** (-965.211)	-1.052*** (-965.213)
技术标准	-0.014** (-2.000)	0.009*** (2.749)	0.004 (1.243)	-0.014** (-1.983)	0.008** (2.385)	0.003 (0.992)	-0.016** (-2.533)	0.004 (1.153)	-0.001 (-0.223)
交互项	0.006 (0.480)	-0.011** (-2.400)	-0.007 (-1.367)	0.005 (0.403)	-0.012** (-2.441)	-0.007 (-1.494)	0.010 (0.846)	-0.006 (-1.244)	-0.002 (-0.346)
产品-进口国固定效应	是	是	是	是	是	是	是	是	是
年度-产品固定效应	否	否	否	否	否	否	是	是	是
年度-进口国固定效应	否	否	否	否	否	否	是	是	是
年度固定效应	否	否	否	是	是	是	否	否	否
样本量	1051250	1051250	1051250	1051250	1051250	1051250	1051214	1051214	1051214
R^2	0.727	0.727	0.727	0.727	0.727	0.727	0.804	0.804	0.804
调整后 R^2	0.669	0.669	0.669	0.670	0.670	0.670	0.756	0.756	0.756
F值	3.6e+05	3.6e+05	3.6e+05	3.5e+05	3.5e+05	3.5e+05	3.1e+05	3.1e+05	3.1e+05

注：*、** 和*** 分别表示在10%、5%和1%的显著水平下显著。

表 9-5

技术标准规制引致出口产品质量升级稳健性检验（全产品类别）

变量	d1	d2	d3	d4	d5	d6	d7	d8	d9
	(1)	(2)	(3)	(4)	(5)	(6)	(7)	(8)	(9)
前沿距离	-1.050***	-1.050***	-1.050***	-1.051***	-1.051***	-1.051***	-1.048***	-1.048***	-1.048***
	(-771.494)	(-770.899)	(-770.343)	(-770.996)	(-770.403)	(-769.875)	(-492.999)	(-492.802)	(-492.671)
技术标准	0.003	0.011***	0.007**	0.003	0.010**	0.006**	-0.000	0.007**	0.004*
	(0.635)	(2.892)	(2.385)	(0.617)	(2.630)	(2.204)	(-0.114)	(2.503)	(1.672)
交互项	-0.011	-0.017***	-0.014***	-0.011	-0.017***	-0.014***	-0.005	-0.008*	-0.007*
	(-1.504)	(-2.973)	(-3.055)	(-1.580)	(-2.988)	(-3.134)	(-0.846)	(-1.899)	(-1.862)
产品-进口国固定效应	是	是	是	是	是	是	是	是	是
年度-产品固定效应	否	否	否	否	否	否	是	是	是
年度-进口国固定效应	否	否	否	否	否	否	是	是	是
年度固定效应	否	否	否	是	是	是	否	否	否
样本量	679709	679709	679709	679709	679709	679709	679669	679669	679669
R^2	0.706	0.706	0.706	0.706	0.706	0.706	0.877	0.877	0.877
调整后 R^2	0.647	0.647	0.647	0.648	0.648	0.648	0.848	0.848	0.848
F值	2.0e+05	2.0e+05	2.0e+05	2.0e+05	2.0e+05	2.0e+05	8.1e+04	8.1e+04	8.1e+04

注：*、**和***分别表示在10%、5%和1%的显著水平下显著。

滞后五期的进口国 TBT 通告数衡量进口国技术标准强度，第（3）、（6）、（9）列采用滞后五期的 SPS 和 TBT 通告数加总来衡量进口国技术标准规制。由表 9 - 5 可以看出，在各种固定效应设置下，前沿距离变量仍显著为负，证明了回归的稳健性。再次验证了 5 年前位于技术前沿的产品相比技术落后的产品而言，处于技术前沿的产品质量升级幅度相对更小，相反远离技术前沿的产品质量升级幅度更大。表 9 - 5 的第（1）、（4）、（7）列当中滞后五期的进口国 SPS 通告数对产品质量升级的影响并不显著，而第（2）、（5）、（8）列则显示，滞后五期的进口国 TBT 通告数对产品质量升级具有显著的正向影响，第（3）、（6）、（9）列中加总的通告数对产品质量升级也有显著的促进作用，因此总体而言再次验证了进口国技术标准规制确实导致了出口产品质量水平的显著提升，而这种激励效应主要体现在进口国 TBT 通告方面。表 9 - 5 中技术标准规制与技术前沿距离的交互项系数仍显著为负，再次验证了反向的逃离效应与专属效应。

表 9 - 6 报告了 HS2 位代码 01 ~ 24 的食品、农产品的产品质量升级影响因素分析结果，与表 9 - 2 相似，划分了产品类别后，SPS 通告对于 HS2 位代码 01 ~ 24 的食品、农产品质量升级的影响比 TBT 通告更加显著。SPS 通告与 TBT 通告加总后的总体通告数对食品、农产品质量升级也具有显著的正向促进作用。此外，技术前沿距离与食品、农产品质量升级仍显著负相关。

表 9 - 7 报告了 HS2 位代码 25 ~ 98 的工业制成品的产品质量升级影响因素稳健性分析结果。与表 9 - 3 相似，划分了产品类别后，TBT 通告对于 HS2 位代码 25 ~ 98 的工业制成品的质量升级具有显著的正向影响，与之相应地，SPS 通告对 HS2 位代码 25 ~ 98 的工业制成品质量升级的影响并不显著，甚至为负，这也再次验证了前文分析的结论，TBT 通告主要针对工业制成品，而 SPS 通告则主要针对食品和初级农产品。

本章对技术标准规制影响企业产品创新的竞争效应进行了实证研究，所得出的研究结论如下：

第一，进口国技术标准规制确实通过导致出口产品质量水平提升而促进了企业产品创新。进口国技术标准规制对企业出口产品质量升级的激励效应首先来自于出口企业对进口国技术标准规制的适应，出口企业为了满足进口国不断提升的技术和安全的要求，必须通过技术创新提升产品质量安全控制能力，最终提升出口产品质量；其次，出口企业对进口国技术标准规制的遵循也间接通过向本国和海外市场消费者传递自身技术水平信号形成了潜在的声誉效应。

表 9-6

技术标准规范制引致出口产品质量升级稳健性检验（HS2 位代码 01～24）

变量	d1	d2	d3	d4	d5	d6	d7	d8	d9
	(1)	(2)	(3)	(4)	(5)	(6)	(7)	(8)	(9)
前沿距离	-1.067***	-1.068***	-1.066***	-1.079***	-1.080***	-1.079***	-1.023***	-1.025***	-1.024***
	(-140.898)	(-142.926)	(-140.785)	(-139.068)	(-140.962)	(-138.950)	(-96.636)	(-97.360)	(-96.639)
技术标准	0.006	0.015	0.006*	0.006	0.009	0.006*	0.006**	-0.006	0.005**
	(1.519)	(0.706)	(1.652)	(1.594)	(0.449)	(1.652)	(2.110)	(-0.691)	(1.980)
交互项	-0.008	-0.021	-0.009*	-0.009	-0.013	-0.009	-0.009*	0.017	-0.007
	(-1.524)	(-0.698)	(-1.646)	(-1.590)	(-0.435)	(-1.643)	(-1.852)	(1.063)	(-1.644)
产品-进口国固定效应	是	是	是	是	是	是	是	是	是
年度-产品固定效应	否	否	否	否	否	否	是	是	是
年度-进口国固定效应	否	否	否	否	否	否	是	是	是
年度固定效应	否	否	否	是	是	是	否	否	否
样本量	24863	24863	24863	24863	24863	24863	24834	24834	24834
R^2	0.696	0.696	0.696	0.700	0.700	0.700	0.875	0.875	0.875
调整后 R^2	0.632	0.632	0.632	0.637	0.637	0.637	0.834	0.834	0.834
F 值	6852.781	6827.091	6853.375	6667.666	6642.250	6668.655	3179.405	3161.508	3180.653

注：*、** 和 *** 分别表示在10%、5%和1%的显著水平下显著。

表 9 – 7　技术标准规制引致出口产品质量升级稳健性检验（HS2 位代码 25 ~ 98）

| 变量 | d1 | d2 | d3 | d4 | d5 | d6 | d7 | d8 | d9 |
	(1)	(2)	(3)	(4)	(5)	(6)	(7)	(8)	(9)
前沿距离	-1.050***	-1.049***	-1.049***	-1.050***	-1.050***	-1.050***	-1.049***	-1.049***	-1.049***
	(-758.591)	(-757.567)	(-757.214)	(-758.137)	(-757.123)	(-756.799)	(-484.098)	(-483.738)	(-483.732)
技术标准	-0.013	0.011***	0.007	-0.012	0.010**	0.006	-0.016*	0.008***	0.004
	(-0.958)	(2.813)	(1.629)	(-0.938)	(2.572)	(1.468)	(-1.706)	(2.611)	(1.124)
交互项	-0.008	-0.017***	-0.015**	-0.008	-0.017***	-0.016**	0.004	-0.009**	-0.007
	(-0.449)	(-2.902)	(-2.401)	(-0.479)	(-2.923)	(-2.457)	(0.237)	(-2.056)	(-1.368)
产品 – 进口国固定效应	是	是	是	是	是	是	否	否	否
年度 – 产品固定效应	否	否	否	否	否	否	是	是	是
年度 – 进口国固定效应	否	否	否	否	否	否	是	是	是
年度固定效应	否	否	否	是	是	是	否	否	否
样本量	654846	654846	654846	654846	654846	654846	654808	654808	654808
R²	0.706	0.706	0.706	0.706	0.706	0.706	0.878	0.878	0.878
调整后 R²	0.648	0.648	0.648	0.648	0.648	0.648	0.848	0.848	0.848
F 值	1.9e + 05	1.9e + 05	1.9e + 05	1.9e + 05	1.9e + 05	1.9e + 05	7.8e + 04	7.8e + 04	7.8e + 04

注：*、**和***分别表示在 10%，5% 和 1% 的显著水平下显著。

第二，技术前沿距离对产品质量升级具有显著负向作用。相对而言位于技术前沿企业产品质量升级的速度反而更慢，产品质量升级幅度更小；而相对远离技术前沿的企业，其产品质量升级幅度更大。其原因在于，对于已经达到或者接近进口国的安全和技术要求的企业而言，其产品质量提升的空间有限；对于相对远离技术前沿的企业而言，由于其产品技术和质量水平距离进口国标准尚有较大差距，其通过技术创新提升产品质量水平的动机更强烈，因此往往可以比已经处于技术前沿的企业实现更大幅度的产品质量升级，形成后发优势。

第三，技术标准规制与技术前沿距离的交互项系数显著为负，说明当进口国技术标准规制强度提升时，位于技术前沿的企业因遵从技术标准的成本相对较低，而导致产品创新动力不足和产品创新能力下降；与之相对应的技术落后的企业，面对进口国技术标准规制则具有较强的创新和产品质量提升动力。因而本章研究结论显示，技术标准规制引致企业产品创新的竞争效应反映为反向的逃离效应与专属效应。

第8章和第9章分别对进口国技术标准规制影响企业产品创新的成本效应和竞争效应展开了研究。从研究结论可以看出，进口国技术标准规制确实能够通过提升贸易成本激励企业提升出口产品质量，无论从成本效应角度还是竞争效应角度，进口国技术标准对于出口产品质量升级均具有正向作用。但企业相对于技术前沿距离以及技术标准规制与前沿距离的交互项则显著负向作用于出口产品质量升级。因此，企业相对于技术前沿的距离是判定进口国技术标准规制如何影响企业贸易行为及产品质量升级的关键因素。从竞争效应角度来看，我国一些技术水平相对落后的企业，反而具有一定的后发优势，可以更快通过技术创新实现对进口国技术标准的适应和对前沿企业的技术赶超。

第 10 章　技术标准规制引致企业创新的研究结论与对策研究

改革开放以来，伴随我国不断扩大对外开放程度，进出口贸易额持续增长，近年来我国进入产业结构转型升级、经济高质量发展的崭新阶段，出口贸易寻求质与量的双重增长。与此同时，我国出口贸易所面临的国际环境发生深刻变化，在全球贸易自由化的背景下，我国加入 WTO 乃至 RCEP 等国际贸易协议，关税为代表的传统贸易壁垒对我国出口贸易的影响逐步减弱，而以技术标准规制为代表的非关税措施在国际贸易中所扮演的角色却越发重要。相对于发达国家而言，技术相对落后、屡屡受到技术标准规制制约的出口国，我国如何应对被视为非关税壁垒的技术性贸易措施当前具有重要的现实意义。

本书首先对我国产品出口基本特征及所面对的进口国技术标准情况进行系统描述。在此基础上分别从静态和动态两种角度对进口国技术标准影响我国企业出口二元边际的机制进行实证检验，并发现在当期中进口国技术标准规制确实对企业出口产生了抑制效应。

基于进口国技术标准对当期企业出口的抑制效应，本书对标准进行滞后多期处理，对技术标准在未来多期内促进企业出口增长的理论假设进行实证验证。发现技术标准规制促进企业出口具有一定的时滞性，进而将未来的出口增长归因为企业技术创新。将企业技术创新划分为以专利研发衡量的过程创新与以产品质量升级衡量的产品创新，并分别对技术标准激励出口企业技术创新的效应进行实证验证。

在验证技术标准规制引致企业过程创新方面，以专利申请衡量企业过程创新，发现进口国技术标准规制确实对出口企业的专利研发产生了促进作用。

在验证技术标准规制引致企业产品创新方面，首先将出口企业产品创新定义为出口产品质量升级，并对企业出口产品质量进行精确测度。对企业出口价格、全要素生产率及出口产品质量的逻辑关系进行研究，发现企业产品创新能力越强、消费者对产品偏好程度越高、产品质量差异度越高，企业生产率与出口产品价格越倾向于呈正相关关系；反之，二者则呈负相关关系。

其次，在科学测度出口产品质量的基础上，将技术标准规制影响微观企业产品创新的效应归结为成本效应和竞争效应。基于企业内生决定出口产品质量的理论框架，对企业均衡出口产品质量的决定机制和进口国技术标准规制引致企业产品创新的成本效应展开研究。研究发现，进口国技术标准规制可以通过提升企业贸易成本促进在位企业提升出口产品质量。

最后，采用 ABGHP 技术前沿分析框架对进口国技术标准规制引致企业产品创新的竞争效应展开研究。将进口国技术标准规制定义为外生引入的竞争，分析竞争、相对于技术前沿的距离对企业出口产品质量升级的影响。研究发现，进口国技术标准规制对于出口产品质量升级具有正向作用。

根据笔者研究结论，本书提出以下对策建议：

第一，由于短期内进口国技术标准对于企业的出口确实具有一定的抑制效应，我国对外贸易依存度较高，近年来在多边贸易中面临着一定的压力。因此对于我国的贸易政策制定而言，应尽可能提升国内的技术标准，使之与国际标准接轨和兼容，促进技术标准协调化，应是我国近年来的主要目标之一。在国家层级的贸易谈判中，也应更加重视与进口国之间在多种商品的技术标准上的协调一致，从而避免不必要的贸易摩擦。2015 年，我国发布《共同推动认证认可服务"一带一路"建设的愿景与行动》，倡导"一带一路"沿线国家加强质量认证认可合作，即是在这一方面所做出的努力。2021 年，RCEP（《区域全面经济伙伴关系协定》）订立以后，我国在与日本、韩国、澳大利亚、新西兰以及东盟十国的贸易往来中，也将面临着成员国技术性贸易措施所带来的机遇与挑战，我国也应加大对 RCEP 相关规则和标准的研究，做好法律规则、技术标准的对接工作，充分利用区域全面经济伙伴关系带来的贸易便利的同时，尽可能削减标准差异和差距带来的不利影响。

第二，考虑到我国经济当前步入寻求高质量发展的转型期，对外贸易已进入由寻求数量、价格优势转向寻求质量优势阶段，鼓励和引导企业出口高质量产品也成为未来我国拓展海外市场、扩大对外开放和推动出口贸易进一步发展的重要理念。在此背景下，我国政府更应着力于引导企业增强创新能力，一方面引导企业通过专利等多种形式增强过程创新能力，以加快适应进口国技术标准；另一方面也应通过鼓励多层次、差异化生产增强企业产品创新能力。此外，更应配合产品差异化加大对海外消费市场的拓展力度，针对不同目标市场消费者的偏好精准出口，从而保证企业生产率与出口产品价格和质量水平呈正向关系，这同时符合党的十九大报告所提出的"加强创新能力开放合作"与"实行高水平贸易"的要求。

第三，对于出口型企业也应有一定的贸易政策倾斜，尤其是对于从事食品、农产品出口的企业而言，由于食品、农产品往往加工程度较低，从事食品、农产品出口企业相比传统制造业企业也存在一定的技术劣势，在出口贸易中遭遇 SPS 措施的情况也相对较多，理应通过技术扶持和补贴等多种形式在贸易政策上给予更多倾斜。

第四，对于企业自身而言，在开放经济环境中面临进口国本土企业和其他出口企业竞争压力，要谋求自身发展，也必须提升自身的生产效率、创新能力和产品质量水平。具体而言，一是要通过技术创新等手段加强对进口国贸易政策和技术标准的适应能力，增强出口的持续性，减少"一锤子买卖"，这将有利于提升企业的技术创新动力，从长远来看，对于中国企业成长与对外贸易发展转型具有重要意义。二是针对进口关税水平较高的出口目的国和产品领域，应促进产品多样化，提高产品质量差异度水平，针对技术标准规制较为严格，进口国发布通告相对频繁的出口目的国和产品领域，则应尽量保证产品质量的统一化。三是鉴于企业规模与出口产品质量并无显著的正相关性，谋求高质量出口的企业也无须一味追求扩张，应适度寻求企业规模、产品多样性及生产效率的协调发展。

参 考 文 献

[1] 鲍晓华. 食品安全标准促进还是抑制了我国谷物出口贸易？——基于重力模型修正贸易零值的实证研究 [J]. 财经研究, 2011, 37 (3)：60 - 70.

[2] 陈彦长, 谭力文. 技术性贸易措施对出口企业影响力研究 [J]. 中国软科学, 2011 (2)：154 - 165.

[3] 陈勇兵, 陈宇媚. 贸易增长的二元边际：一个文献综述 [J]. 国际贸易问题, 2011 (9)：160 - 168.

[4] 陈勇兵, 陈宇媚, 周世民. 贸易成本、企业出口动态与出口增长的二元边际——基于中国出口企业微观数据：2000—2005 [J]. 经济学 (季刊), 2012, 11 (4)：1477 - 1502.

[5] 陈志钢, 宋海英, 董银果, 王鑫鑫. 中国农产品贸易与 SPS 措施：贸易模式、影响程度及应对策略分析 [M]. 杭州：浙江大学出版社, 2011.

[6] 董银果. 卫生和植物检疫措施影响农产品贸易的理论模型——以猪肉为例 [J]. 国际贸易问题, 2006 (2)：102 - 108.

[7] 董银果. SPS 措施对中国水产品出口贸易的影响分析 [J]. 华中农业大学学报 (社会科学版), 2011 (2)：50 - 55.

[8] 董银果. 中国农产品应对 SPS 措施的策略及遵从成本研究 [M]. 北京：中国农业出版社, 2011.

[9] 董银果, 黄俊闻. SPS 措施对出口农产品质量升级的影响——基于前沿距离模型的实证分析 [J]. 国际贸易问题, 2018, 430 (10)：49 - 61.

[10] 董银果, 李圳. SPS 措施对农产品贸易的影响——基于 Heckman 两阶段方法的实证分析 [J]. 浙江大学学报 (人文社会科学版), 2017 (3)：145 - 156.

[11] 段辉娜. SPS 措施对中国农产品出口影响的局部均衡分析 [J].

统计与决策，2010（13）：144 - 146.

[12] 樊海潮，郭光远. 出口价格、出口质量与生产率间的关系：中国的证据 [J]. 世界经济，2015（2）：58 - 85.

[13] 高磊. 食品安全标准对企业出口质量的影响 [J]. 华南农业大学学报（社会科学版），2017（6）.

[14] 国家统计局. 中国统计年鉴（2019）[M]. 北京：中国统计出版社，2020.

[15] 郭俊芳，武拉平. 食品安全标准的贸易效应分析——以中国农产品出口为例 [J]. 农业展望，2014（11）：69 - 74.

[16] 江凌. 技术性贸易壁垒的经济效应及应对策略选择：基于中国农产品出口的分析 [M]. 北京：科学出版社，2018.

[17] 康志勇. 中国本土企业研发对企业出口行为的影响："集约边际"抑或"扩展边际" [J]. 世界经济研究，2013（10）：29 - 36，48，87 - 88.

[18] 李兵，岳云嵩，陈婷. 出口与企业自主技术创新：来自企业专利数据的经验研究 [J]. 世界经济，2016（12）：72 - 94.

[19] 李坤望，王有鑫. FDI 促进了中国出口产品质量升级吗？——基于动态面板系统 GMM 方法的研究 [J]. 世界经济研究，2013（5）：62 - 68，91.

[20] 秦臻，倪艳. SPS 措施对中国农产品出口贸易影响的实证分析——基于 HMR 法和极大似然法的比较 [J]. 国际贸易问题，2014（12）：37 - 47.

[21] 盛丹，包群. 基础设施对中国企业出口行为的影响："集约边际"还是"扩展边际" [J]. 世界经济，2011（1）：17 - 36.

[22] 施炳展，邵文波. 中国企业出口产品质量测算及其决定因素——培育出口竞争新优势的微观视角 [J]. 管理世界，2014（9）：90 - 106.

[23] 施炳展. 中国企业出口产品质量异质性：测度与事实 [J]. 经济学（季刊），2014，13（1）：263 - 284.

[24] 宋海英，Jensen，H. Helen. SPS 措施对中国蜂蜜出口欧盟的影响——基于面板数据的实证分析 [J]. 国际贸易问题，2014（1）：83 - 91.

[25] 孙东升. 技术性贸易壁垒与农产品贸易 [M]. 北京：中国农业科学技术出版社，2006.

[26] 孙东升，周锦秀，杨秀平. 我国农产品出口日本遭遇技术性贸易壁垒的影响研究 [J]. 农业技术经济，2005（5）：6 - 12.

［27］田东文，叶科艺．安全标准与农产品贸易：中国与主要贸易伙伴的实证研究［J］．国际贸易问题，2007（9）：110－115．

［28］王明益．内外资技术差距与中国出口产品质量升级研究——基于中国7个制造业行业数据的经验研究［J］．经济评论，2013（6）：59－69．

［29］王学君，朱灵君，田曦．食品安全标准能否提升出口产品质量？［J］．现代经济探讨，2017（9）：47－56．

［30］王耀中，贺婵．标准差距对我国农产品贸易影响的实证分析［J］．国际经贸探索，2008，24（5）：26－29．

［31］王瑛，许可．食品安全标准对我国农产品出口的影响——基于引力模型的实证分析［J］．国际贸易问题，2014（10）：45－55．

［32］魏浩，林薛栋．进出口产品质量测度方法的比较与中国事实——基于微观产品和企业数据的实证分析［J］．财经研究，2017（5）．

［33］武玉英，郭珉．我国水产品出口欧盟遭遇技术性贸易壁垒的影响研究［J］．财贸研究，2007（2）：62－66，77．

［34］谢兰兰．标准对中国农产品出口的贸易效应研究［M］．北京：中国社会科学出版社，2019．

［35］熊彼特．经济发展理论［M］．北京：中国社会科学出版社，2009．

［36］许家云，毛其淋，胡鞍钢．中间品进口与企业出口产品质量升级：基于中国证据的研究［J］．世界经济，2017，40（3）：52－75．

［37］严皓，凌潇．差异化标准下农产品贸易中的食品安全问题［J］．食品工业，2015（5）：267－270．

［38］叶宁华，包群，张伯伟．进入、退出与中国企业出口的动态序贯决策［J］．世界经济，2015（2）．

［39］殷德生．中国入世以来出口产品质量升级的决定因素与变动趋势［J］．财贸经济，2011（11）：31－38．

［40］余淼杰，张睿．中国制造业出口质量的准确衡量：挑战与解决方法［J］．经济学（季刊），2017（2）：27－48．

［41］余淼杰，李乐融．贸易自由化与进口中间品质量升级——来自中国海关产品层面的证据［J］．经济学（季刊），2016（2）：1011－1028．

［42］余淼杰，袁东．贸易自由化、加工贸易与成本加成——来自我国制造业企业的证据［J］．管理世界，2016（9）：33－43．

［43］余淼杰．中国的贸易自由化与制造业企业生产率［J］．经济研

究，2010（12）.

［44］张海东. 技术性贸易壁垒与中国对外贸易［M］. 北京：对外经济贸易大学出版社，2004.

［45］张杰，郑文平，翟福昕. 中国出口产品质量得到提升了么？［J］经济研究，2014（10）：46－59.

［46］章棋，张明杨，应瑞瑶. 双边技术性贸易措施对我国蔬菜出口贸易的影响分析［J］. 国际贸易问题，2013（3）：48－60.

［47］赵伟，韩媛媛，赵金亮. 异质性、出口与中同企业技术创新［J］. 经济理论与经济管理，2012，32（4）：5－15.

［48］中国汽车工业协会，中国汽车技术研究中心，丰田汽车公司. 汽车工业蓝皮书：中国汽车工业发展年度报告（2018）［M］. 北京：社会科学文献出版社，2018.

［49］中国汽车技术研究中心，中国汽车工业协会. 中国汽车工业年鉴（2014）［M］. 成都：中国汽车工业出版社，2014.

［50］中国汽车技术研究中心，中国汽车工业协会. 中国汽车工业年鉴（2015）［M］. 成都：中国汽车工业出版社，2015.

［51］中国汽车技术研究中心，中国汽车工业协会. 中国汽车工业年鉴（2016）［M］. 成都：中国汽车工业出版社，2016.

［52］中国汽车技术研究中心，中国汽车工业协会. 中国汽车工业年鉴（2017）［M］. 成都：中国汽车工业出版社，2017.

［53］中华人民共和国 WTO/TBT 国家通报咨询中心，中华人民共和国 WTO/SPS 国家通报咨询中心. 国外技术性贸易措施对中国重点产品出口影响研究报告（2017）［M］. 北京：中国质检出版社，2017.

［54］中华人民共和国 WTO/TBT 国家通报咨询中心，中华人民共和国 WTO/SPS 国家通报咨询中心. 国外技术性贸易措施对中国重点产品出口影响研究报告（2018）［M］. 北京：中国质检出版社，中国标准出版社，2018.

［55］Abbott F. M. , Sykes A. O. Product Standards for Internationally Integrated Goods Markets［J］. *The American Journal of International Law*, 1996, 90（1）：162.

［56］Aghion P. , Blundell R. , Griffith R. , et al. Entry and Productivity Growth：Evidence from Microlevel Panel Data［J］. *Journal of the European Economic Association*, 2004, 2（2－3）：265－276.

［57］Aghion P. , Bloom N. , Griffith R. , et al. Competition and Innovation: An Inverted U Relationship [J]. *Quarterly Journal of Economics*, 2002, 120 (2).

[58] Aghion P. , Blundell R. , Griffith R. , et al. The Effects of Entry on Incumbent Innovation and Productivity [J]. *The Review of Economics and Statistics*, 2009, 91 (1): 20 – 32.

[59] Alarcón, S. , Sánchez, M. Is There a Virtuous Circle Relationship Between Innovation Activities and Exports? A Comparison of Food and Agricultural Firms [J]. *Food Policy*, 2016 (61): 70 – 79.

[60] Albornoz, F. , Pardo, H. F. C. , Corcos, G. , Ornelas, E. Sequential Exporting [J]. *Journal of International Economics*, 2012, 88 (1): 17 – 31.

[61] Amable B. , Demmou L. , Ledezma I. Product Market Regulation, Innovation, and Distance to Frontier [J]. *Industrial and Corporate Change*, 2010, 19 (1): 117 – 159.

[62] Amiti M. , Khandelwal A. K. Import Competition and Quality Upgrading [J]. *The Review of Economics and Statistics*, 2013, 95 (2): 476 – 490.

[63] Amiti, M. , Itskhoki, O. , Konings, J. Importers, Exporters, and Exchange Rate Disconnect [J]. *Social Science Electronic Publishing*, 2014, 104 (7): 1942 – 1978 (1937).

[64] Anders, S. , J. A. Caswell. Assessing the Impact of Stricter Food Safety Standards on Trade: HACCP in US Seafood Trade with the Developing World [C]. Selected paper of the 2006 American Agricultural Economics Association Annual Meetings, 2006.

[65] Antoniades A. Heterogeneous Firms, Quality, and Trade [J]. *Journal of International Economics*, 2015, 95 (2): 263 – 273.

[66] Baldwin, R. , Harrigan, J. Zeros, Quality, and Space: Trade Theory and Trade Evidence [J]. *American Economic Journal Microeconomics*, 2011, 3 (2): 60 – 88.

[67] Bas, M. and V. Strauss-Kahn. Input-trade Liberalization, Export Prices and Quality Upgrading [J]. *Journal of International Economics*, 2015, 95 (2): 250 – 262.

[68] Bastos, P. and J. Silva. The Quality of a Firm's Exports: Where You Export to Matters [J]. *Journal of International Economics*, 2010, 82 (2): 99 – 111.

[69] Beghin J. C. , Bureau J. C. Quantitative Policy Analysis of Sanitary, Phytosanitary and Technical Barriers to Trade [J]. *Economic Journal*, 2001, 87 (3): 107 – 130.

[70] Beghin J. C. , Xiong B. Economic Effects of Standard-like Nontariff Measures: Analytical and Methodological Dimensions [R]. Center for Agricultural and Rural Development (CARD) Working Paper 16 WP569, 2016.

[71] Bernard, A. B. , J. Eaton, J. Jensen, J. B. & Kortum, S. Plants and Productivity in International Trade [J]. *American Economic Review*, 2003, 93 (4): 1268 – 1290.

[72] Bernard A. B. , Jensen J. B. , Redding S. J. , et al. Firms in International Trade [J]. *Journal of Economic Perspectives*, 2007 (21).

[73] Blind K. , Jungmittag A. Trade and the Impact of Innovations and Standards: The Case of Germany and the UK [J]. *Applied Economics*, 2005, 37 (12): 1385 – 1398.

[74] Bourle's, R. , Cette, G. and Cozarenco, A. Employment and Productivity: Disentangling Employment Structure and Qualification Effects [J]. *International Productivity Monitor*, 2012 (23): 44 – 54.

[75] Brandt, L. , Biesebroeck, J. V. , Zhang, Y. Creative Accounting or Creative Destruction? Firm-Level Productivity Growth in Chinese Manufacturing [J]. *Journal of Development Economics*, 2012, 97 (2): 339 – 351.

[76] Broda, C. , Weinstein, D. E. Globalization and the Gains from Variety [J]. *Quarterly Journal of Economics*, 2006, 121 (2): 541 – 585.

[77] Buis, M. L. Not All Transitions Are Equal: The Relationship Between Inequality of Educational Opportunities and Inequality of Educational Outcomes [C]. In Inequality of Educational Outcome and Inequality of Educational Opportunity in the Netherlands during the 20th Century, 2009.

[78] Cadot O. , Gourdon J. Non-tariff Measures, Preferential Trade Agreements, and Prices: New Evidence [J]. *Review of World Economics*, 2016, 152 (2): 227 – 249.

[79] Clougherty J. A. , Grajek M. International Standards and International Trade: Empirical Evidence from ISO 9000 Diffusion [J]. *International Journal of Industrial Organization*, 2014, 36 (sep.): 70 – 82.

[80] Chaney, T. Distorted Gravity: The Intensive and Extensive Margins of International Trade [J]. *American Economic Review*, 2008, 98 (4): 1707 –

1721.

[81] Chen, C. , Yang, J. , Findlay, C. Measuring the Effect of Food Safety Standards on China's Agricultural Exports [J]. *Review of World Economics*, 2008, 144 (1): 83 – 106.

[82] Chen, M. X. , Otsuki, T. , Wilson, J. S. Do Standards Matter for Export Success? [R]. World Bank Policy Research Working Paper, No. 3809, 2006.

[83] Clerides, S. K. , Lach, S. , Tybout, J. R. Is Learning by Exporting Important? Micro-dynamic Evidence from Colombia, Mexico, and Morocco [J]. *Quarterly Journal of Economics*, 1998, 113 (3): 903 – 947.

[84] Crinò, R. and P. Epifani. Productivity, Quality and Export Behaviour [J]. *Economic Journal*, 2012, 122 (565): 1206 – 1243.

[85] Crozet, M. , Head, K. , Mayer, T. Quality Sorting and Trade: Firm-level Evidence for French Wine [J]. *CEPR Discussion Papers*, 2009, 79 (2): 609 – 644 (636).

[86] Damijan, J. P. , Kostevc, Č. , Polanec, S. From Innovation to Exporting or Vice Versa? [J]. *World Economy*, 2010, 33 (3): 374 – 398.

[87] Daniele C. , Valentina R. , Alessandro O. Quality Upgrading, Competition and Trade Policy: Evidence from the Agri-food Sector [J]. *European Review of Agricultural Economics*, 2015, 42 (2).

[88] Deardorff A. V. , Stern R. M. Measurement of Non-Tariff Barriers [R]. OECD Economics Department Working Papers No. 179, 1997.

[89] Disdier, A. , Fontagné, L. , Minouni, M. The Impact of Regulations on Agricultural Trade: Evidence from the SPS and TBT Agreement [J]. *American Journal of Agricultural Economics*, 2008, 90 (2): 336 – 350.

[90] Disdier, A. C. , Marette, S. The Combination of Gravity and Welfare Approaches for Evaluating Non-Tariff Measures [J]. *American Journal of Agricultural Economics*, 2010 (92): 713 – 726.

[91] Dulleck U. , Foster N. , Stehrer R. , et al. Dimensions of Quality Upgrading-Evidence for CEEC's [J]. *Vienna Economics Papers*, 2003, 13 (1): 51 – 76.

[92] Fajgelbaum, P. D. , Khandelwal, A. K. Measuring the Unequal Gains from Trade [J]. *Quarterly Journal of Economics*, 2016, 131 (3): 1113 – 1180.

[93] Fan, H. , Yao, A. L. , Yeaple, S. R. Trade Liberalization, Quali-

ty, and Export Prices [J]. *The Review of Economics and Statistics*, 2015, 97 (5): 1033 – 1051.

[94] Fan, H. , Lai, L. C. , et al. Credit Constraints, Quality, and Export Prices: Theory and Evidence from China [J]. *Journal of Comparative Economics*, 2015 (43): 390 – 416.

[95] Feenstra, R. C. and Romalis, J. International Prices and Endogenous Quality [J]. *Quarterly Journal of Economics*, 2014, 129 (2): 477 – 527.

[96] Feenstra, R. C. , Li, Z. , Yu, M. Exports and Credit Constraints under Incomplete Information: Theory and Evidence from China [J]. *The Review of Economics and Statistics*, 2014, 96 (4): 729 – 744.

[97] Ferro, E. , Otsuki, T. , Wilson, J. S. The Effect of Product Standards on Agricultural Exports [J]. *Food Policy*, 2015 (50): 68 – 79.

[98] Fischer R. , Serra P. Standards and Protection [J]. *Journal of International Economics*, 1998, 52 (2).

[99] Fontagné, L. , Orefice, G. , et al. Product Standards and Margins of Trade: Firm-level Evidence [J]. *Journal of International Economics*, 2015, 97 (1): 29 – 44.

[100] Ganslandt, M. , Markusen J. R. Standards and Related Regulations in International Trade: A Modeling Approach [R]. NBER Working Paper, No. 8346, 2001.

[101] Gervais, A. Product Quality and Firm Heterogeneity in International Trade [J]. *Canadian Journal of Economics*, 2015, 48 (3): 1152 – 1174.

[102] Gibbons, M. The New Production of Knowledge: The Dynamics of Science and Research in Contemporary Societies [J]. *Higher Education Policy*, 1994, 10 (1): 94 – 97.

[103] Gilbert, C. L. , Tollens, E. Does Market Liberalization Jeopardize Export Quality? Cameroonian Cocoa, 1995 – 2000 [R]. CEPR Discussion Papers, 2012, 12 (4): 561 – 562.

[104] Goldberg, P. K. , Verboven, F. The Evolution of Price Dispersion in the European Car Market [J]. *Review of Economic Studies*, 2001, 68 (4): 811 – 848.

[105] Hallak, J. C. , Schott, P. K. Estimating Cross-country Differences in Product Quality [J]. *Quarterly Journal of Economics*, 2011, 126 (1): 417 – 474.

[106] Hallak, J. C. , Sivadasan, J. Firms' Exporting Behavior under Quality Constraints [R]. NBER Working Paper, No. 14928, 2009.

[107] Hallak, J. C. Product Quality and the Direction of Trade [J]. *Journal of International Economics*, 2006, 68 (1): 238 –265.

[108] Helpman E. , Melitz M. J. , Yeaple S. R. Export Versus FDI with Heterogeneous Firms [J]. *American Economic Review*, 2004, 94 (1): 300 – 316.

[109] Henn, C. , Papageorgiou, C. , Spatafora, N. Export Quality in Advanced and Developing Economies: Evidence from a New Dataset [R]. WTO Working Paper, ERSD – 2015 – 02.

[110] Henson, S. , A. -M. Brouder, W. Mitullah. Food Safety Requirements and Food Exports from Developing Countries: The Case of Fish Exports from Kenya to the European Union [J]. *American Journal of Agricultural Economics*, 2000, 82 (5): 1159 – 1169.

[111] Henson, S. , Jaffee, S. Understanding Developing Country Strategic Responses to the Enhancement of Food Safety Standards [J]. *The World Economy*, 2008, 31 (4): 548 – 568.

[112] Hooker, N. H. , Caswell, J. A. A Framework for Evaluating Non-Tariff Barriers to Trade Related to Sanitary and Phytosanitary Regulation [J]. *Journal of Agricultural Economics*, 1999, 50 (2), 234 – 246.

[113] Hummels, D. , Klenow, P. J. The Variety and Quality of a Nation's Exports [J]. *American Economic Review*, 2005, 95 (3): 704 – 723.

[114] Lacovone, L. The Analysis and Impact of Sanitary and Phytosanitary Measures [J]. *Integracin & Comercio*, 2005 (22).

[115] Johan F. M. Swinnen, Anneleen Vandeplas. Quality, Efficiency Premia, and Development [J]. *Social Science Electronic Publishing*, 2008.

[116] Johnson, R. Trade and Prices with Heterogeneous Firms [J]. *Journal of International Economics*, 2012, 86 (1): 43 – 56.

[117] Jongwanich J. Impact of Food Safety Standards on Processed Food Exports from Developing Countries [J]. *Food Policy*, 2009, 34 (5): 447 – 457.

[118] Kalaba M. , Kirsten, J. , Sacolo, T. Non-Tariff Measures Affecting Agricultural Trade in SADC [J]. *Agrekon*, 2016, 55 (4).

[119] Khandelwal, A. K. , Schott, P. K. , Wei, S. Trade Liberalization

and Embedded Institutional Reform: Evidence from Chinese Exporters [J]. *American Economic Review*, 2013, 103 (6): 2169 – 2195.

[120] Khandelwal, A. The Long and Short (of) Quality Ladders [J]. *Review of Economic Studies*, 2010, 77 (4): 1450 – 1476.

[121] Kugler, M., Verhoogen, S. Prices, Plant Size, and Product Quality [J]. *Review of Economic Studies*, 2012, 79 (1): 307 – 339.

[122] Lall, S. The Technological Structure and Performance of Developing Country Manufactured Exports, 1985 – 1998 [R]. OEH Working Paper, No. 84, 2000.

[123] Lawless, M. Deconstructing Gravity: Trade Costs and Extensive and Intensive Margins [J]. *Canadian Journal of Economics*, 2010, 43 (4): 1149 – 1172.

[124] Levinsohn, J., Petrin, A. Estimating Production Functions Using Inputs to Control for Unobservables [J]. *Review of Economic Studies*, 2003, 70 (2): 317 – 341.

[125] Li, Y., Beghin, J. C. A Meta-analysis of Estimates of the Impact of Technical Barriers to Trade [J]. *Journal of Policy Modeling*, 2012, 34 (3): 497 – 511.

[126] Loecker, J. D. Do Exports Generate Higher Productivity? Evidence from Slovenia [J]. *Journal of International Economics*, 2007, 73 (1): 69 – 98.

[127] Mangelsdorf A., Portugal-Perez A., Wilson J. S. Food Standards and Exports: Evidence for China [J]. *World Trade Review*, 2012, 11 (3): 507 – 526.

[128] Melitz M. J., Ottaviano G. I. P. Market Size, Trade, and Productivity [J]. *Review of Economic Studies*, 2010, 75 (1): 295 – 316.

[129] Melitz, M. J. The Impact of Trade on Intra-industry Reallocations and Aggregate Industry Productivity [J]. *Econometrica*, 2003, 71 (6): 1695 – 1725.

[130] Moenius, J. *The Bilateral Standards Database (BISTAN) —A Technical Reference Manual* [M]. San Diego: University of California, 1999.

[131] Moenius, J. The good, the Bad and the Ambiguous: Standards and Trade in Agricultural Products [R]. Iatrc Summer Symposium Food Regulation and Trade: Institutional Framework, Concepts of Analysis and Empirical Evi-

dence, 2007.

[132] Nicita, A. , Gourdon, J. A Preliminary Analysis on Newly Collected Data on Non-Tariff Measures [J]. *Unctad Blue*, 2013 (53).

[133] OECD and European Commission. Proposed Guidelines for Collecting and Interpreting Technological Innovation Data: The Oslo manual [J]. *Productivity Growth and the New Economy*, 1997 (1): 7 – 14.

[134] Olper A. , Raimondi V. Market Access Asymmetry in Food Trade [J]. *Review of World Economics*, 2008, 144 (3): 509 – 537.

[135] Otsuki, T. , J. S. Wilson, M. Sewadeh. Saving Two in a Billion: Quantifying the Trade Effect of European Food Safety Standards on African Exports [J]. *Food Policy*, 2001, 26 (5): 495 – 514.

[136] Philips, R. W. *Innovation and Firm Performance in Australian Manufacturing* [M]. Australia: Industry Commission, 1997.

[137] Piveteau, P. , Smagghue, G. Estimating Firm Product Quality Using Trade Data [J]. *Journal of International Economics*, 2019, 118 (5): 217 – 232.

[138] Rauch, J. Networks versus Markets in International Trade [J]. *Journal of International Economics*, 1999, 48 (1): 7 – 35.

[139] Reyes, J. International Harmonization of Product Standards and Firm Heterogeneity in International Trade [R]. Policy Research Working Paper, 2011, No. 5677.

[140] Roberts, M. J. , Tybout, J. R. The Decision to Export in Colombia: An Empirical Model of Entry with Sunk Costs [J]. *American Economic Review*, 1997, 87 (4): 545 – 564.

[141] Roberts, D. Preliminary Assessment of the Effects of the WTO Agreement on Sanitary and Phytosanitary Trade Regulations [J]. *Journal of International Economic Law*, 1998, 1 (3): 377 – 405.

[142] Schott, P. K. Across-Product Versus Within-Product Specialization in International Trade [J]. *Quarterly Journal of Economics*, 2004, 119 (2): 647 – 678.

[143] Sutton, J. Rich Trades, Scarce Capabilities: Industrial Development Revisited [J]. *Social Science Electronic Publishing*, 2002 (33): 1 – 22.

[144] Swann, G. M. P. , P. Temple, et al. Standards and Trade Perform-

ance: The UK Experience [J]. *Economic Journal*, 1996, 106 (438): 1297 – 1313.

[145] Swann, G. M. P. *The Economics of Standardization*, *Final Report for Standards and Technical Regulations Directorate Department of Trade and Industry* [M]. Manchester: University of Manchester, 2000.

[146] Thinany, D. , Barrett, C. Regulatory Barriers in an Integrating World Food Market [J]. *Review of Agricultural Economics*, 1997, 19 (1): 91 – 107.

[147] UNCTAD. Trade and Development Report 2018: Power, Platforms and the Free Trade Delusion [R]. 2019.

[148] Unnevehr, L. J. Food Safety Issues and Fresh Food Product Exports from LDCs [J]. *Agricultural Economics*, 2000, 23 (3): 231 – 240.

[149] Verhoogen E. A. Trade, Quality Upgrading, and Wage Inequality in the Mexican Manufacturing Sector [J]. *The Quarterly Journal of Economics*, 2008, 123 (2): 489 – 530.

[150] Wilson, J. , Otsuki, T. , Majumdar, B. Balancing Food Safety and Risk: Do Drug Residue Limits Affect International Trade in Beef? [J]. *Journal of International Trade & Economic Development*, 2003, 12 (4).

[151] Wilson, J. S. , Otsuki, T. To Spray or Not to Spray: Pesticides, Banana Exports, and Food Safety [J]. *Food Policy*, 2004, 29 (2).

[152] Yu, M. , Tian W. China's Processing Trade: A Firm-Level Analysis [C]. In Mckay, H. & Song, L. (eds), *Rebalancing and Sustaining Growth in China*, Australian National University Press, 2012: 111 – 148.

图书在版编目（CIP）数据

技术标准规制、企业出口行为与引致创新效应／张
肇中著. -- 北京：经济科学出版社，2022. 11
国家社科基金后期资助项目
ISBN 978 - 7 - 5218 - 4241 - 8

Ⅰ. ①技⋯　Ⅱ. ①张⋯　Ⅲ. ①技术标准 - 政府管制 -
影响 - 企业创新 - 研究　Ⅳ. ①F273. 1

中国版本图书馆 CIP 数据核字（2022）第 219009 号

责任编辑：凌　敏
责任校对：杨　海
责任印制：张佳裕

技术标准规制、企业出口行为与引致创新效应

张肇中　著

经济科学出版社出版、发行　新华书店经销
社址：北京市海淀区阜成路甲 28 号　邮编：100142
教材分社电话：010 - 88191343　发行部电话：010 - 88191522
网址：www. esp. com. cn
电子邮箱：lingmin@ esp. com. cn
天猫网店：经济科学出版社旗舰店
网址：http：//jjkxcbs. tmall. com
北京季蜂印刷有限公司印装
710 × 1000　16 开　13. 25 印张　260000 字
2023 年 4 月第 1 版　2023 年 4 月第 1 次印刷
ISBN 978 - 7 - 5218 - 4241 - 8　定价：58. 00 元
（图书出现印装问题，本社负责调换。电话：010 - 88191545）
（版权所有　侵权必究　打击盗版　举报热线：010 - 88191661
QQ：2242791300　营销中心电话：010 - 88191537
电子邮箱：dbts@esp. com. cn）